Droit et Cultures

Revue internationale interdisciplinaire

Publiée par la Fédération Interdisciplinaire
de Nanterre en Droit (FIND)
de l'Université Paris Ouest Nanterre La Défense
et par l'Association Française Droit et Cultures

Revue soutenue par l'Institut
de Sciences Humaines et Sociales du CNRS

Avec le concours

de l'Université Paris Ouest Nanterre La Défense et
du Centre National du Livre

L'Harmattan

REVUE DROIT ET CULTURES

Revue internationale interdisciplinaire

Directeur de la publication : Christiane BESNIER (CANTHEL, Paris Descartes/Paris Ouest Nanterre)

Responsable de l'édition numérique : Jacqueline LAHMANI (CNRS)

Éditeur numérique : Association Française Droit et Cultures (AFDC)

Revue Droit et Cultures, Université Paris Ouest Nanterre La Défense,
200 avenue de la République, 92001 Nanterre Cedex, Tel. : 33(1) 40 97 73 65
email : jlahmani@u-paris10.fr

Sommaire numéro 72-2016/2

Dossier
Les langues autochtones dans la cité
sous la responsabilité de Daphné L. Romy-Masliah et Michael Hornsby

Table of contents 72-2016/2

Indigenous Languages in the City
Daphné L. Romy-Masliah & Michael Hornsby

ONT CONTRIBUÉ À CE NUMÉRO

Frank Alvarez-Pereyre, linguiste et anthropologue, est directeur de recherche émérite au CNRS, rattaché au Muséum national d'histoire naturelle. Après des recherches conduites sur des terrains européens, il s'est attaché aux langues et traditions liturgiques dans les communautés juives, maintenant par ailleurs un intérêt constant pour les théories et méthodes de la recherche interdisciplinaire. Il est notamment l'auteur, le coauteur, l'éditeur ou le coéditeur des ouvrages suivants : *Aspects de l'espace en Europe* (Paris, 1979), *Qu'est-ce que parler ?* Langue et société en Province du Maine (Paris, 1984), *La transmission orale de la Mishnah* (Paris/Jérusalem, 1990), *Le Politique et le religieux* (Paris, 1995), *Linguistique des langues juives et linguistique générale* (Paris, 2003), *L'exigence interdisciplinaire* (Paris, 2003), *Le droit interne hébraïque* (Strasbourg, 2004), *Catégories et catégorisation.* Une perspective interdisciplinaire (Paris, 2008).

Hélène Artaud est docteure de l'Ehess en anthropologie sociale, et maître de conférences en Anthropologie maritime au Muséum national d'histoire naturelle de Paris, dans l'UMR, « Hommes, natures, sociétés ». Ses recherches explorent la variété des formes d'interactions avec ce milieu, en insistant plus particulièrement sur leurs fondements sensibles et épistémologiques, ainsi que leur devenir et transformations dans le cadre des aires marines protégées. Elle est l'auteure, entre autres de « De l'"efficacité" symbolique des interdits à leur fonctionnalité écologique. Variations sur le "tabou" en milieux maritimes », *Anthropologie de la conservation*, S. Bahuchet et M. Roué (dir.), *Revue d'ethnoécologie*, 6 (2014) ; « La mer à fleur de sens : De la mètis maritime à quelques invariants sur le leurre », in H. Artaud (dir.), *Leurrer la nature*, *Cahiers d'Anthropologie Sociale*, numéro 9, L'Herne (2013) ; « Mer partagée, part maudite. La fabrique rituelle d'un horizon maritime : mer et sacré chez les pêcheurs Imrâgen (Mauritanie) » in C. Picard (dir.), *La mer et le sacré dans le monde musulman, Revue des Mondes Musulmans et de la Méditerranée (REMMM)*, n°130, p. 53-70 (2012).

Nadia Belaidi est chargée de recherche au CNRS au sein de l'UMR CNRS 7206 Eco-Anthropologie et Ethnobiologie (Département Hommes, Natures, Sociétés – Muséum national d'histoire naturelle). Sa démarche, fondée sur l'anthropologie du droit et l'anthropologie politique, se situe dans une approche téléologique du droit où les valeurs (sociales) de la nature (et les droit(s) et politique(s) qui y sont liés) sous-tendent l'ensemble de ses réflexions. Ses travaux se concentrent sur les processus de reconstruction des relations hommes-nature et leurs potentialités en tant que levier de cohésion sociale (vivre-ensemble, altérité) à partir, principalement, de l'étude de l'expérience des *Peace Parks* en Afrique australe et de stratégies d'écologie sociale, telles que les initiatives d'éducation à l'environnement (voir les dernières publications : « Justice environnementale et dynamiques socio-écologiques : processus et perspectives à partir de l'exemple des Parcs pour la paix » in A. Kolata et G. Benest (dir.), *Territoires écologiques : quelle écologie, quelle économie pour un territoire ?*, L'Harmattan, Paris, 2015, p. 101-109 ; « Théorie du droit et front écologique : apport à la (re)définition de la justice environnementale », *Développement durable et territoires*, vol. 6, n°1, mars 2015 ; « L'environnement, une valeur sociale essentielle ? L'ordre public écologique, du concept à la juridicité. Exemple des polices de l'eau en droit français », *Droit et Cultures*, n°68-2014/2).

Claudine Brohy a grandi à la frontière des langues, avec le français, l'allemand et le suisse-allemand (singinois), puis l'anglais et l'espagnol. Elle est actuellement Lectrice et collaboratrice scientifique au Centre de langues et au Domaine du plurilinguisme et de la didactique des langues étrangères de l'Université de Fribourg. Elle a une formation d'enseignement Français Langue Etrangère, allemand et anglais, puis a étudié la sociolinguistique à Fribourg et au Canada. Sa thèse de doctorat portait sur les couples et familles bilingues. Claudine Brohy est engagée dans des commissions universitaires, cantonales, régionales, nationales et internationales qui traitent des langues, du plurilinguisme et de l'enseignement des langues, mais également du concept d'apprentissage des langues du Canton de Fribourg. Elle a également collaboré à diverses commissions sur le plurilinguisme à l'Université en vue de créer un centre de recherche sur le plurilinguisme. Parmi ses missions figurent notamment le concept général de l'enseignement des langues en Suisse de la CDIP (1998), le Groupe de recherche sur l'enseignement des langues étrangères de la CIIP (GREL), le Gruppe zweisprachiger Unterricht de la NW EDK, la Loi fédérale sur les langues nationale et la compréhension entre les communautés linguistique, la Commission d'experts de la Charte européenne des langues régionales ou minoritaires du Conseil de l'Europe. Ses domaines de recherche portent sur la politique linguistique, les minorités linguistiques, les langues en contact, l'enseignement bilingue, la diglossie en milieu plurilingue, la didactique intégrée, le plurilinguisme et les institutions et le plurilinguisme au sens large. Parmi ses très nombreuses publications, citons les plus récentes : C. Brohy, P. A. Genoud ; J.-L. Gurtner, (2014): «Discourse on multilingualism, language competence, use and attitudes in German-English bilingual vocational schools in Switzerland» In: Agnieszka Otwinowska and Gessica De Angelis (eds): *Learning and teaching in multilingual contexts. Conceptual, sociolinguistic and educational perspectives*, Bristol: Multilingual Matters. 167-198 ; D. Moore et C. Brohy (2013) : « Identités plurilingues et pluriculturelles » In: J. Simonin et S. Wharton (eds): *Sociolinguistique du contact. Dictionnaire des termes et concepts.* Lyon : ENS Éditions, 289-315 ; C Brohy (2013) : « Plurilinguisme, diglossie et minorités : le cas de la Suisse » In: Lengas, 73. http://lengas. revues.org ; (2012) : «Bilingualism and the city: Measuring linguistic conviviality in two bilingual cities in Switzerland» In: *Law, language and the multilingual state.* Proceedings of the 12th International Conference of the International Academy of Linguistic Law. Bloemfontein, South Africa: Sun Media, 103-123. Overview of the Conference, VII-XI.

Lorena Córdova Hernández est enseignante chercheur de l'École des Beaux-arts de l'Université Autonome Benito Juárez de Oaxaca (UABJO), Mexique et est coordinatrice de l'Institut national des Langues autochtones (Inali) de l'État de Oaxaca et d'une partie de l'État du Chiapas. Au cours de ses recherches, elle a analysé les attitudes et les idéologies linguistiques des locuteurs des langues tepehua et chuj (maya), contribuant à la perspective de la récupération linguistique comme instrument symbolique pour la prise du pouvoir (politique, religieux, économique et éducatif) dans les politiques multiculturelles de la part des agences aussi bien gouvernementales qu'internationales. Elle a, de plus, développé des recherches autour de la revitalisation linguistique à partir d'une perspective écologique ascendante (depuis la base jusqu'au sommet) ainsi que l'interaction communicationnelle des communautés mayas frontalières entre le Mexique et le Guatemala. Elle coordonne actuellement pour l'Inali le projet *Revitalización de lenguas en riesgo del Sur del País*, qui implique une collaboration avec les communautés de locuteurs pour générer des initiatives de promotion et de renforcement des langues et/ou variétés linguistiques du zapotèque, du chocholtèque, de l'ixcatèque, du zoque, du chontal et du mam. Elle est également coauteur, avec José Antonio Flores Farfán de l'ouvrage intitulé *Guía de revitalización lingüística. Para una gestión formada e informada* (2012).

Namory Diakhaté est diplômé de l'Université Cheikh Anta Diop, Dakar, où il a obtenu une Licence et une Maîtrise en Littérature et civilisation des pays de langue anglaise, option britannique. Il possède également un Master en Développement durable de la Faculté des Sciences économiques et de gestion de la même université. Namory Diakhaté s'est depuis spécialisé en montage de projets de développement environnemental après avoir suivi un semestre d'étude en milieu rural avec le programme de Living Routes en collaboration avec l'Université de Massachusetts Amherst et le Réseau national des éco villages du Sénégal. Par la suite, il a rejoint le projet « E-TIC Vitrine du Sahel » d'ICVolontaires, où il a coordonné un ensemble d'activités de terrain. Il a également contribué à différentes activités de recherche avec les ONG SEM Fund et SunnyMoney. Tout récemment, il s'est spécialisé en techniques de Sécurité Alimentaire à travers des activités de permaculture et d'agroforesterie dans la vallée du fleuve Sénégal, où il commence une vie d'agriculteur biologique.

Daphné L. Romy-Masliah, sociolinguiste, a collaboré à la direction de cet ouvrage dont elle a traduit tous les textes en anglais. Docteur ès Lettres de l'Université Paris IV Sorbonne, elle a enseigné en France (IUT de Villetaneuse), au Canada (McMaster University), en Suisse (Université de Genève), en Algérie (Université de Sidi Bel-Abbès) et donné des séminaires en Thailande (NaDee) et en Israël (Oranim College). Elle est professeur invitée à l'Université de Sidi Bel-Abbès depuis 2003 et après une carrière dans la Genève Internationale, notamment auprès des fondations de Kofi A. Annan, elle partage désormais son temps entre l'enseignement de l'anglais à Genève et ses activités académiques. Son domaine de recherche a trait à la relation entre la langue anglo-américaine, le plurilinguisme et le multiculturalisme. Elle est l'auteur de plusieurs articles ainsi que de *L'Anglais et les Cultures : Analyse Sociolinguistique des Situations Plurilingues et Multiculturelles au Canada, en Australie et aux Etats-Unis,* Lille, Presses Universitaires du Septentrion, 2000. Daphné a collaboré à plusieurs ouvrages sur la question de la langue et du droit depuis 1986 et a dirigé respectivement avec Larissa Aronin, Geneviève Koubi, Probal Das Gupta et Papia Sengupta les numéros 54 (2007/2), 63 (2012/1) et 67 (2014/1) de la revue *Droit et Cultures.* Elle a créé et anime outre son blog *Cosmopolitique.org,* un groupe de plus de 6000 sociolinguistes sur *Facebook,* permettant ainsi d'identifier de nouvelles problématiques avec des chercheurs du monde entier. Certaines des contributions à ce numéro sont d'ailleurs dues à ces réseaux sociaux.

Michael Hornsby a obtenu son doctorat en sociolinguistique à l'Université de Southampton, où il a étudié les effets de la mondialisation sur la revitalisation du Breton en Bretagne. Sa recherche s'attache aux 'nouveaux' locuteurs ou locuteurs en langue seconde de langues minoritaires. Michael fait partie d'un réseau paneuropéen qui s'intéresse à ce phénomène dans un grand nombre de langues minoritaires. Il a enseigné les langues celtiques et la sociolinguistique dans plusieurs universités polonaises depuis 2009 et a récemment été nommé à la tête du département des langues et littératures celtiques de l'Université Adam Mickiewicz à Poznań, Pologne. Parmi ses publications, citons : «Language Sectarianism: Europe's regional languages and their revival» (with TimofeyAgarin) in LászlóMarácz and MireilleRosello (eds.). 2012. *Multilingual Europe and Multicultural Europeans.* Amsterdam: Rodopi ; «Minority Semiotic Landscapes: An Ideological Minefield?» (with Dick Vigers) In Heiko F. Marten, Luk Van Mensel and DurkGorter (eds.), 2012, *Minoritylanguages in the linguisticlandscape.* Basingstoke: Palgrave Macmillan, 57-73 ; « Etre ou ne pas être (une minorité)? Le kachoube en Pologne » (avec TomaszWicherkiewicz). *Droit et Cultures* 63 (S'entendre sur la langue): 51-78. «Revitalisation of minority languages: Tensions between local and hybrid varieties» 2010. *Publications of Vöro Institute,* Issue 24, p. 30-50 ; «The Ideology of Monolingualism as 'Standard' in Brittany, AHRC Centre for Irish and Scottish Studies» 2010. *From Vestiges to the Very Day: New Voices in Celtic Studies,* Aberdeen, 67-75 ; «From the centre to the periphery: Recent debates on the place of Breton (and other regional languages) in the French Republic» In: Robert McColl Millar, (ed.) 2010, *Marginal dialects: Scotland, Ireland and beyond.* Aberdeen: Forum for Research on the Languages of Scotland and Ireland, 171-197. URL: http://www.abdn.ac.uk/pfrlsu/volumes/vol1/.

Margarita Huayhua (PhD, University of Michigan, 2010)) est maître assistante en anthropologie à l'Université du Massachusetts (Dartmouth). C'est une autochtone dont le quechua est la langue première (et le demeure) et dont la recherche s'intéresse aux cultures andines, particulièrement aux questions de pouvoir et de domination sociale dans une perspective comparative avec d'autres pays d'Amérique Latine. Elle s'intéresse aux interactions qui se tissent entre les cultures et dans lesquelles les valeurs morales et ontologies sociales aident à formaliser des relations de hiérarchie. Elle prête une attention particulière à l'utilisation de la langue dans la vie quotidienne et les idées implicites que révèlent les participants en matière de racialisation, d'ethnicité, de genre et de langue entre autres distinctions sociales. Elle a notamment publié «Racism and Social Interaction in a Southern Peruvian *combi*» (2014), *Ethnic and Racial Studies;* «Everyday Discrimination in the Southern Andes», (2013) *In Para quê serve o conhecimento se eu não posso dividi-lo? Estudios Indiana 5; Public Health Policies and Indigenous Population* (2005), Instituto de Estudios Peruanos et «The Exclusion of the *Runa* as Subject of Rights in Perú», (1999), *Bulletin de I'Institut Français d'Études Andines.*

Viola Krebs (PhD, MSc, BA) est sociolinguiste et spécialiste en communication. Elle enseigne à UBIS (*University of Business and International Studies*) ainsi que, de manière ponctuelle, à l'Université de Genève (UNIGE). En outre, elle fait partie des Conseils d'administration de Maaya – Réseau Mondial pour la Diversité Linguistique et de l'Université Européenne du Volontariat (EFU). Elle est également fondatrice et directrice exécutive d'ICVolontaires, une organisation internationale de volontaires à but non lucratif oeuvrant dans le domaine de la communication. Ses travaux se focalisent sur les thèmes suivants : communication et technologies, langues et migration, éducation bilingue, secteur à but non lucratif et volontariat. Parmi ses publications, il convient de mentionner « Langues, cyberespace et migration », dans *NET.LANG, Réussir le Cyberespace Multilingue*, C&F Editions, Caen, France, 2012 , «Intrinsic and extrinsic motivations of cybervolunteers in an applied distributed computing environment», dans *Freiwilligenarbeit zwischen Freiheit und Professionalisierung*, éd. Seismo, Zurich, 2013, « Bilinguisme, interculturalité et communication politique », *L'anglais et les cultures : carrefour ou frontières ? Droit et culture* 54/2007 , Harmattan,». Viola Krebs a obtenu son doctorat dans le domaine des Sciences de la communication et de l'information de l'Université de Strasbourg qui porte sur le « Cybervolontariat : Socio-pragmatique d'une activité citoyenne au XXIe siècle ».

Charles de Lespinay est collaborateur depuis l'origine de la revue *Droit et Cultures.* Historien et anthropologue du droit, il est aussi africaniste. Il est membre du Centre d'histoire et d'anthropologie du droit (CHAD) de l'Université de Nanterre dont il est docteur et où il a enseigné longtemps l'anthropologie du droit. D'origine bretonne, il a appris la langue de ses ancêtres et a une sensibilité « minoritaire ». Il s'est beaucoup intéressé dans ses recherches à la place de la langue comme source d'histoire. Outre sa thèse (*Territoires et droits en Afrique noire*) soutenue à Nanterre en 1999 qui porte partiellement sur l'autochtonie et ses dérives génocidaires, il a écrit divers articles et contribué à divers ouvrages sur les autochtones, les minorités, le génocide du Rwanda, le génocide arménien et sur diverses populations minoritaires ou autochtones d'Afrique noire dont il a étudié l'histoire, la culture et le droit, en Casamance (Sénégal, Guinée-Bissau), Bénin, Togo, Burundi et Rwanda. À citer en particulier son petit article de vulgarisation « Autochtonie et droit foncier en Afrique noire », *Le Courrier ACP-Union Européenne*, Dossier sur les Peuples autochtones, janvier-février 1999, n°173, p. 40-42, ainsi que « Toponymie, autochtonie, revendication foncière : le cas des Baynunk en Afrique de l'Ouest », p. 107-127, in H. Guillorel & G. Koubi, *Langues & droits. Langues du droit, droit des langues*, Bruxelles: Bruylant, 1999, ou encore : «Toponímia e língua baynunk como indicadores da história de Casamansa antes do século XVI», *Soronda - Revista de estudos guineenses* n. 18, jul. 1994, p. 135-161.

Dr. Brock Pitawanakwat (Anishinaabe de la Première Nation de Whitefish River) est maître-assistant au Département d'Études autochtones de l'Université de Sudbury, Canada. De 2010 à 2013, Brock est détaché en tant que chercheur auprès de la Commission Vérité et Réconciliation (Canada) dans le domaine de l'éducation et de la revitalisation culturelle autochtone à la suite du scandale du Système des Pensionnats Indiens (IRSS). Avant de rejoindre la Commission V&R, Brock fut maître-assistant, Président des Études supérieures et Directeur en exercice du Programme de Gouvernance aborigène à l'Université de Winnipeg. Sa thèse de doctorat soutenue dans le cadre du Programme de Gouvernance autochtone de l'Université de Victoria porte sur la manière et les motivations des Anishinaabeg de conserver et revitaliser l'Anishinaabemowin, leur langue ancestrale.

Doris Schüpbach est originaire de Biel/Bienne en Suisse. Après une carrière de quelques années comme bibliothécaire, elle s'est installée à Melbourne, en Australie, où elle a obtenu un Diplôme universitaire d'Enseignement de l'anglais, langue seconde, de l'Université RMIT, une maîtrise en linguistique appliquée et un doctorat tous deux obtenus à l'Université de Melbourne. Sa thèse de doctorat, intitulée *Shared languages, shared stories, shared identities? An Exploration of Life Stories of Swiss-German Immigrants in Australia* a été publiée par Peter Lang en 2008. Elle est actuellement chercheure associée à l'unité de recherche sur le Multiculturalisme et la communication interculturelle au sein de l'École des langues et de linguistique de l'Université de Melbourne. Son domaine de recherche et d'intérêt se concentre sur le contact linguistique, le plurilinguisme et le multilinguisme dans leurs interactions, la langue et l'identité, la migration et la citoyenneté et les méthodes de recherche qualitative en sociolinguistique, notamment l'analyse discursive et les approches narratives. Quelques publications : (2015). «German or Swiss? Address and other routinised formulas in German-speaking Switzerland» In: John Hajek & Yvette Slaughter (eds.), *Challenging the Monolingual Mindset.* Bistol: Multilingual Matters, p. 63-77 ; (2009), «Testing language, testing ethnicity? Policies and practices surrounding the ethnic German Aussiedler», *Language Assessment Quarterly,* 6/1, p. 78-82 ; (2009), «Language transmission revisited: Family type, linguistic environment and language attitudes», *Journal of Bilingual Education and Bilingualism,* 12/1, p. 15-30 ; (2008), *Shared languages, shared stories, shared identities? An Exploration of Life Stories of Swiss-German Immigrants in Australia.* Frankfurt/M.: Peter Lang ; (2008), «Franco-German language contact in Switzerland: The case of Biel-Bienne» In: Jane Warren & Heather Benbow (eds.), *Multilingual Europe: Reflections on Language and Identity.* Newcastle upon Tyne: Cambridge Scholars Publishing, p. 149-166 ; Michael Clyne, Heinz.-L. Kretzenbacher, Catrin Norrby and Doris Schüpbach (2006), «Perceptions of variation and change in German and Swedish address», *Journal of Sociolinguistics,* 10/3, p. 287-319.

Jean-Dominique Wahiche est docteur d'État en Droit et linguiste, ingénieur de recherche au Muséum national d'histoire naturelle au sein de l'UMR CNRS 7206 Eco-anthropologie et Ethnobiologie (Département Hommes, Natures, Sociétés) et professeur associé à l'Université Omar Bongo de Libreville (Gabon). Il a créé un enseignement de droit du patrimoine naturel au Muséum et fait partie en tant qu'expert de la délégation française à la Convention sur la diversité biologique, en particulier sur les aspects relatifs aux connaissances traditionnelles des communautés autochtones et locales et l'accès et le partage des avantages issus de l'utilisation des ressources génétiques. Ses travaux portent en particulier sur les liens entre les connaissances traditionnelles et le droit coutumier qui contribuent à la protection de l'environnement, en particulier en Afrique centrale. Il exerce également les fonctions de directeur du service des stations marines du Muséum. Il est coauteur de l'article « Quelle définition des petits métiers de la pêche, De l'analyse juridique à l'ethnoécologie des pêcheurs lagunaires languedociens », Nastassia Reyes, Serge Bahuchet, *Revue d'ethnoécologie*, 7 (2015).

Miryam Yataco est sociolinguiste et enseignante plurilingue spécialisée en droit linguistique. Son travail se concentre sur l'intersection entre la sociolinguistique (bilinguisme et conflits linguistiques), le rôle des politiques de l'État quant à la diversité linguistique, l'éducation des minorités linguistiques et autochtones dans le monde et dans l'application des droits de la personne ayant trait à l'usage public et privé de la langue maternelle. Ses recherches incluent la revitalisation des langues, la planification linguistique, les idéologies linguistiques, la théorie du bilinguisme et du développement cognitif, l'acquisition et l'enseignement des langues secondes et étrangères, l'oralité et les alphabétisations plurielles. Parmi ses derniers thèmes de recherche figurent la description du discours théorique et pratique dans la construction de l'inégalité par le biais de la langue dans le contexte péruvien contemporain. Entre 1990 et 2012 Miryam Yataco fut professeur dans le cadre du programme d'études multilingues et multiculturelles de l'Université de New York. Elle a eu en outre l'honneur d'être professeur assistante aux côtés du père fondateur de la sociolinguistique, le Dr. Joshua Fishman de 1999 à 2007. Elle fut l'élève du théoricien anticolonialiste africain, le Dr. Ngugi wa Thiong'o. En 2013 sa candidature fut proposée par le Dr. Tove Skuttnab-Kangas pour recevoir le Ellen L. Lutz Indigenous Rights Award, distinction récompensant les activistes œuvrant dans le domaine des droits autochtones et leur survie culturelle. Elle a également reçu plusieurs marques de reconnaissance internationale notamment la bourse Frances C. Allen (1994-95) du Centre D'Arcy McNickle, pour l'Histoire des Amérindiens.

Daphné L. Romy-Masliah, Michael Hornsby

Présentation

Aborder les peuples autochtones par le biais de leur présence linguistique dans la ville peut paraître une approche sinon antinomique du moins irréaliste dans la mesure où l'on conçoit ce type de population, depuis Homère et Rousseau, dans une relation indissociable avec un territoire d'origine aux antipodes de l'urbanité. Pourtant, la globalisation et l'extension urbaine font que soit les autochtones sont désormais en ville, soit la ville est venue à eux.

D'une certaine manière, ce numéro fait écho au numéro 64 de *Droit et Cultures* intitulé *S'entendre sur la Langue* que Geneviève Koubi débutait en rappelant qu'« (A)ucun espace politique n'est sociolinguistiquement homogène puisque, par exemple, les langues autochtones présentes sont multiples, et que les aires linguistiques et culturelles ne coïncident pas nécessairement avec les frontières politiques »[1]. À ces limites d'ordre étatique, il a semblé utile d'ajouter une dimension *intra muros, urbi* plutôt qu'*orbi.*

Bien que certaines langues autochtones soient sans nul doute gravement menacées, d'autres ont survécu ou ont été revitalisées. Parmi celles qui ont très bien résisté à l'hégémonie linguistique du « tout espagnol », citons les langues andines et surtout l'aymara et le quechua langues premières largement parlées encore par des locuteurs monolingues comme Yataco et Córdova Hernández nous le rappellent… en espagnol ! En réalité, la présence même de ces langues dans des contextes urbains peut avoir des répercussions sur le plan juridique pour octroyer à ces langues un statut officiel au niveau national (comme c'est le cas du quechua dans certains pays d'Amérique du Sud par exemple). Mais ces gestes vont-ils au-delà du symbole et l'utilisation des langues autochtones par les fonctionnaires forcés de les pratiquer est-elle dénuée de préjugés ? Huayhua démontre par une étude de cas qu'il n'en est rien au Pérou.

Parmi les thèmes récurrents dans ce numéro, une large place est dévolue à cette robuste vitalité qui tour à tour maintient, sert d'émulation, transforme ou entraîne des phénomènes d'hybridation dans des environnements urbains du fait même de la migration, des technologies de la communication et des pressions de la globalisation. Cette présence autochtone dans le cadre urbain peut conduire à des actions pour intégrer ces langues dans un cadre juridique et leur donner un statut officiel (comme c'est le cas dans plusieurs

1 J.-C. Beacco et K. Cherkaoui Messin, « Les politiques linguistiques européennes et la gestion de la diversité des langues en France », *Langue française*, 2010/3 n° 167, p. 95.

pays d'Amérique du Sud cités par Yataco et Huayhua concernant le quechua). Dans d'autres cas, notamment les langues minoritaires, on assiste à des positions sociales renforcées par des cadres juridiques nationaux et transnationaux (tels que la Charte européenne pour les Langues régionales ou minoritaires en particulier) bien que l'application de ce type de disposition soit loin d'être uniforme ni ne garantisse la survie dans un sens de réelle communication pour les langues recensées. Cependant, tout en observant que la Charte n'offre aucune garantie pour le futur d'une langue minoritaire ou régionale, le fait que la France demeure un des très rares pays européens à refuser de la ratifier – nonobstant sa richesse de langues régionales sur son territoire – en dit long sur sa politique linguistique envers les minorités et leurs langues. L'idéologie herdérienne faisant coïncider une seule nation et une seule langue pour un seul État résiste et perdure en France. Certes, comme le souligne ici Charles de Lespinay, il s'agit pour le droit français de l'impossibilité d'admettre sur son territoire national l'existence du groupe ethnique. C'est d'ailleurs, souligne-t-il ici, le « seul pays d'Europe aujourd'hui à avoir cette position ». Et la récente décision du Sénat, le 27 octobre 2015 qui rejette le projet de loi approuvé par le Parlement, en faveur de la ratification de la Charte – promesse de campagne du Président Hollande – est un signe de plus que cette approche ne semble pas destinée à changer dans le futur proche. Michel Treguer avait accusé la vision à court terme qui sous-tend une telle attitude et nombreux sont les auteurs, y compris dans ce numéro de *Droit et Cultures*, qui insistent sur le fait que la reconnaissance des langues minoritaires ne menace nullement le moindre sens d'unité nationale. Treguer indique les avantages qui en découleraient pourtant, en se référant au breton :

> Tous les bretonnants sont bilingues. Très peu de citoyens demandent aujourd'hui à pouvoir mener une vie complètement en breton. « La langue de la République est le français ». Les élèves des écoles bilingues deviennent aisément multilingues. « L'immersion » linguistique est la seule méthode qui permette d'obtenir ce précieux résultat, dont la France devrait se réjouir[2].

On peut regretter, à la suite de Norbert Rouland, que « (L)a quasi-universalité de la minoration du statut des étrangers montrent que l'ouverture à l'Autre et son respect ne sont jamais acquis »[3]. Certes, quelle qu'en soit sa définition (et Belaidi *et al.* nous en fournissent quatre dont une inédite), l'autochtone ne devrait jamais être l'étranger, pourtant, au sens latin il est autre et cette même référence à l'aliénation revient sous la plume des auteurs de ce numéro, en particulier Pittawanakwat.

---

2 Treguer 2008, p. 7.

3 Rouland *et al.*, 1996, p. 555.

Peut-on classer certaines langues minoritaires parmi les langues autochtones ? Comment les distinguer, puisqu'elles sont toutes issues de l'histoire mais également du droit ? Ceci constitue l'une des parties de la problématique que nous avons soumise à des historiens (Charles de Lespinay), anthropologues et linguistes (Belaidi *et al.*) et cela constitue précisément la première partie de ce numéro même si la réponse n'est jamais tranchée catégoriquement. Ainsi, on ne saurait exclure la dimension historique globalisée puisque « (P)endant longtemps, l'Europe connaitra (des) bouleversements. États dissociés et remembrés (...) peuples égrenés sur leurs frontières, sans compter ceux qu'en son sein l'Empire soviétique déporta en masse : les minorités sont les enfants de ces tumultes »[4].

Il n'est pas inutile de rappeler[5] la variété des appellations, d'indigènes, aborigènes et premières nations dans la tradition anglo-saxonne à l'autochtonie dont Belaidi *et al.* donnent ici une description complète à la fois culturelle et anthropologique et dont Lespinay dresse le portrait sensible. Les diverses manières d'appréhender les minorités et leurs langues par différents types d'acteurs (linguistes, anthropologues, fonctionnaires officiels etc.) et la manière dont ces mêmes acteurs choisissent de définir (et donc limiter ou restreindre) les groupes avec lesquels ils sont en contact, ont des répercussions sur la reconnaissance et l'engagement subséquent des gouvernements et autres instances officielles, ce que soulignent Belaidi *et al.* dans ce volume.

Une question importante et que n'hésite pas à poser Pitawanakwat est de savoir si nous pouvons considérer qu'il y a un droit à l'éducation dans sa propre langue. Cet auteur y répond en préconisant que la communauté elle-même et ses individus se responsabilisent sans attendre de législations inopérantes. Du point de vue de la loi en effet, la réponse n'est pas si aisée. La plupart des traités internationaux restent ambigus quand ils ne sont pas muets sur la langue d'instruction dans l'éducation, proposant parfois qu'une langue minoritaire soit simplement enseignée comme discipline ou dans d'autres cas que l'enseignement à l'école se fasse par le biais précisément de cette langue mais dans une mesure qui n'est que rarement précisée dans les législations nationales. Peu de textes le permettent dans la réalité – notamment dans le cas des peuples autochtones et, lorsque c'est le cas, ils demeurent difficiles à mettre en application pour des raisons pratiques (là où existent une concentration démographique et un nombre d'étudiant suffisants, etc.). En Europe, deux traités suivent cette voie : la Convention Cadre pour la Protection des Minorités nationales et la Charte européenne des Langues régionales ou minoritaires déjà citée plus haut. Aucun de ces deux textes n'est directement applicable. Comme nous l'avons indiqué, la Charte

---

4 *Op. cit.*, p. 429.

5 *Idem.*

européenne ne crée aucun droit dont puisse se réclamer individus ou groupes mais seulement des obligations non contraignantes pour les autorités des États signataires. La Convention Cadre, bien que relevant des droits de l'homme, ne peut pas être directement appliquée devant quelque tribunal que ce soit ; elle n'est qu'un « traité cadre » et nécessite donc une législation nationale pour entrer en application dans un pays[6]. D'une manière générale, alors que nombreux sont les pays qui sur le papier affirment être en faveur de la préservation des langues minoritaires, ceci n'est pas toujours traduit dans des applications pratiques, telles que l'éducation en langue minoritaire, qui permettraient d'agir concrètement pour la protection des langues en question.

Les articles présentés dans ce numéro recouvrent une variété de situations minoritaires pour des langues dans des contextes urbains. Il était essentiel pour poser ces questions de justifier la juxtaposition surprenante de l'autochtonie et de l'urbanisation ainsi que le fait de nous attacher à des situations minoritaires en Europe qui ne relèvent pas spontanément de la problématique des peuples autochtones. C'est pourquoi la première partie s'attache aux définitions et descriptions avec deux articles particulièrement évocateurs. Tout d'abord, le texte de Charles de Lespinay dissèque et analyse les concepts d'autochtonie et de minorité en commençant par questionner leur dénomination même. Il pose les questions essentielles en examinant les définitions qu'il met en perspective et en contexte en n'éludant pas, tout autant que Belaidi *et al.*, les allusions au mythes homérien et rousseauiste et à la dimension qu'on dirait même aujourd'hui écologique que préservent ces peuples dans une relation particulière à la fameuse Pacha Mama, terre-mère. Belaidi *et al.* recensent ainsi quatre dimensions allant de la plus classique (« une autochtonie qui nait de la terre »), à celle qui relève de l'émancipation et du droit des peuples à disposer d'eux-mêmes ») en passant par les définitions plus politiques ou mystiques.

Dans la deuxième partie du journal sont évoquées plus spécifiquement des études de cas concernant un certain nombre de langues autochtones dans des contextes urbains tels que l'Anishinaabemowin d'Amérique du Nord et particulièrement du Canada (Pitawanakwat). Elle précède une étude édifiante sous la plume de Huayhua sur la manière dont ces langues autochtones classifient la place des femmes dans les hiérarchies urbaines du sud des Andes. Yataco et Córdova-Hernández se penchent ensuite sur la signifiance autant que sur la signalisation de la présence des langues autochtones dans le paysage linguistique urbain du Pérou et du Mexique.

6 REFERENCE DOCUMENT, EDUCATION, DISCRIMINATION AND LANGUAGE, Update 1 February 2015, Prof. Dr. Fernand de Varennes.

Cette partie se conclut sur la dimension africaine que décrit Viola Krebs à travers les dynamiques linguistiques dans un contexte urbain d'Afrique qui mériterait un numéro spécifique, en particulier au Sénégal et en Tanzanie. Il est ainsi intéressant de constater que l'apparition du téléphone cellulaire et des réseaux sociaux ont incité à développer une écriture pour des langues orales voire la création de nouvelles langues pour les outils de communication par internet, faisant écho au constat de Pitawanakwat.

La troisième partie de ce numéro restitue les expériences européennes en matière de communautés minoritaires citadines avec des études de cas examinant notamment le passage du Yiddish de la langue locale d'Europe centrale et orientale à une langue de la diaspora urbaine mondiale (Hornsby). Enfin, le numéro se conclut sur la place des langues minoritaires qu'on peut à juste titre qualifier d'autochtones dans le cas du paysage plurilingue et citadin de villes bilingues en Suisse (Brohy and Schüpbach).

Ce que ce numéro s'est attaché à transcrire à travers ces exemples variés puisés dans un éventail géographique très étendu, c'est la communauté d'expériences que rencontrent de nombreuses langues minoritaires et autochtones dans des environnements urbains parfois récents, loin de leur territoire d'origine, le plus souvent rural, et comment leurs locuteurs s'efforcent non pas de survivre, mais de vivre malgré ou peut-être grâce aux défis de la vie citadine au XXIe siècle.

Crédit photo : Daphné Romy-Masliah
MBAM – Jouet d'Adultes, collectif BGL.

Une installation qui fait indirectement écho à la « crise d'Oka » qui, en juillet 1990, a vu l'insurrection des autochtones de Kanesatake et de Kahnawake, au sud-ouest de Montréal, et dans laquelle le caporal Marcel Lemay a trouvé la mort.

Partie 1

Autochtones, indigènes et minorités en droit

Charles de Lespinay

Les concepts d'autochtone (*indigenous*) et de minorité (*minority*)

Résumé : Si l'on peut constater que l'autochtone est « le membre d'une population installée sur un territoire donné avant tous les autres, qui a établi des relations particulières, anciennes et toujours actuelles avec ce territoire et son environnement, et qui a des coutumes et une culture qui lui sont propres », il est surtout considéré comme membre d'une population dominée à qui il faudrait rendre justice pour le mal qu'elle a subi. En tant que « dominé », l'autochtone s'apparente au membre d'une minorité, elle aussi dominée, et la différence entre les deux concepts n'est pas toujours évidente, entre l'autochtone minoritaire et le minoritaire non autochtone dont les cultures et les biens sont mis à mal par un pouvoir dominant qui est plus récent dans la trame historique. On verra que les termes utilisés pour traduire en droit ces concepts ont leur importance car ils sont parfois impossibles à transposer d'une langue à une autre.
En ce qui concerne la France, ancien État conquérant, il s'agit de ne pas reconnaître de torts à l'égard des populations assujetties ni de droits à leur profit. Au contraire, et fort « généreusement », il s'agit de faire entrer ces populations dans la civilisation moderne, en les intégrant dans la culture majoritaire de l'État et en les obligeant à en parler la langue, seule autorisée sur le territoire. Il est en effet interdit de porter atteinte à l'unicité du peuple français et tout texte international reconnaissant des droits collectifs ou individuels à des autochtones et des minorités est considéré comme contraire à la Constitution de la République française, cependant « patrie des droits de l'homme ».
À travers le parcours rapide de quelques textes internationaux, la singularité française se révèle mais n'est pas si éloignée que cela des positions restrictives de beaucoup de droits nationaux, du fait des enjeux politiques importants soulevés par ces deux concepts volontairement mal définis en droit et qui peuvent faire craindre une remise en cause des souverainetés nationales et de l'unité des États.

Mots-clés : autochtone, autochtonie, minorité, peuple tribal, identité, langue minoritaire, ethnocide, domination, OIT, ONU, Conseil de l'Europe.

The Concepts of Indigenous and Minority

Abstract: If the definition of the indigenous as «the member of a population settled on a given territory before the others and which has established specific ancient yet still valid relationships with this territory and its environment, with traditions and a culture of its own », he is above all considered as the member of a dominated population still in need of justice for the damage it underwent. As a «dominated» population, the indigenous share a lot with members of a minority equally dominated and the difference between both concepts – that of a minoritized indigenous population and a non-indigenous minority whose cultures and goods were damaged by a dominating power which is historically more recent, is not always obvious. We shall verify that the terms used to

translate into law these concepts are considerable when they are not impossible to translate from one language into the other.
In the case of France, former colonial state, the question lies in how not to admit wrongs inflicted to subjected populations nor to provide them with any specific rights they could enjoy. On the contrary, these populations are very «generously» invited to enter the modern civilization as integral part of the State's majority culture and forced to adopt its language, the only one authorized throughout its territory. Indeed, it is forbidden to violate the unicity of the French People and any international text which recognizes collective or individual rights to indigenous or minority populations is considered contrary to the Constitution of the French Republic, aka «homeland of human rights».
However, after a brief review of some international texts, the French singularity reveals a similarity with the restrictive positions of many national laws, given the important political stakes underpinning these two voluntarily ill-defined concepts from a legal point of view and which might threaten to constitute a path towards the reconsideration of national sovereignties and the States' unity.

Keywords: Indigenous, Indigeneity, Minority, Tribal people, Identity, Minority language, Ethnocide, Domination, ILO, UN, Council of Europe.

Les anthropologues ont été les premiers à s'intéresser au concept d'autochtone, rencontré fréquemment dans les enquêtes de terrains où des populations se revendiquaient comme « là depuis toujours » ou comme « premiers occupants », arrivés avant les autres, afin de conserver la maîtrise de leur territoire contesté ou approprié par d'autres. Ont été aussi donnés à ces populations les qualificatifs discutables de « primitifs » et de « premiers ».

Les historiens n'ont pas été en reste dans leurs études de l'histoire du peuplement, adoptant des théories migratoires, diffusionnistes, évolutionnistes pour expliquer certaines ressemblances entre cultures, justifier des différences de « niveau » technologique et culturel, ou faire croire à une hiérarchie entre peuples à travers le monde allant du primitif au civilisé, l'Occidental… Cependant, l'histoire conteste la distinction « autochtone » – « premier occupant ». Il en est de même du droit.

Les juristes, peu habitués à définir les concepts qui pourraient fonder les règles de droit, se sont néanmoins pendant de nombreuses années[1] posé la saine question de savoir quels droits spécifiques pouvaient avoir les autochtones par rapport aux autres, premiers occupants venus d'ailleurs ou « envahisseurs » venus plus récemment, ou bien par rapport aux minorités.

Le concept de minorité pose un problème, nous semble-t-il plus grave, à cause de son étymologie touchant à la notion de nombre et à celle d'enfance ou d'incapacité. Les « minoritaires » sont censés être 1) moins nombreux, 2) moins « civilisés » puisque « dans l'enfance » par rapport à la culture majoritaire, 3) avec moins de droits que les autres puisque « mineurs » et minoritaires à la fois. Corollairement, ils ont en face d'eux une majorité (parfois composée de minorités alliées entre elles) considérée comme adulte (civilisée) et disposant seule de la capacité d'administrer majoritaires et minoritaires. Des idéologues ont donc confondu la minorité ethnique ou culturelle, ou la minorité linguistique, avec la minorité politique : ainsi, seules les ethnies majoritaires, par le pouvoir des élections, auraient le droit et la maturité de gouverner en imposant leur loi aux ethnies minoritaires immatures, cela indéfiniment puisque les minoritaires n'auraient jamais le

1 Voir au sein de la Commission des droits de l'homme de l'ONU les travaux de la sous-commission de la lutte contre les mesures discriminatoires et de la protection des minorités, groupe de travail sur les populations autochtones et groupe de travail sur les minorités.

pouvoir à cause de l'encouragement au vote ethnique[2]. Cette confusion n'est pas étrangère à un certain nombre de génocides à travers le monde, auxquels Pierre Clastres[3] ajoutait les ethnocides contre les peuples dont on avait tenté d'éradiquer la culture par la force et parfois le meurtre, « pour le bien » de ces peuples dans l'enfance, qu'il fallait civiliser… On a donc avec plus de justesse remplacé la notion de nombre (et le sous-entendu relatif à l'enfance et à l'incapacité) par celles de domination et de dépendance : une « minorité » ethnique est une population « non dominante », *a contrario* dominée, et dépendante d'une autre population même si elle est majoritaire en nombre.

Le deuxième problème des minorités est leur rattachement ou non à un territoire, et l'ancienneté ou non de ce rattachement, qui pourrait en faire des autochtones ou des premiers occupants par rapport à la majorité ou à l'État qui les gouverne. En outre, même des diasporas finissent par se constituer un ou des territoires, bien que partagé(s). Il en est de même des populations nomades. Quels droits leur reconnaître et en quels lieux ?

Un troisième problème vient des langues et religions qui ont circulé dans le temps à travers divers territoires, indépendamment des populations et des groupes ethniques, et qui ne sont donc pas toujours le monopole d'un groupe.

À ces notions d'autochtone et de minorité vient s'ajouter le problème posé aux juristes par l'habitude d'y accoler le terme « peuple », tendancieux au vu de son sens en droit public et en droit international, puisqu'un « peuple » est par définition « souverain », appelé à se gouverner lui-même sur un territoire qu'il possède, ou bien se trouve être l'héritier d'un État souverain, ici conquis et détruit par de nouveaux arrivants voisins ou lointains. Ainsi sont apparus les « peuples autochtones » et les « peuples minoritaires ». Il s'agit là d'une construction politique, à objet politique, visant à faire reconnaître le droit à l'autonomie ou à l'indépendance de ces « peuples ».

Mais en général, les juristes vont distinguer les « peuples autochtones » des « minorités », seuls les premiers ayant le droit de se revendiquer comme héritiers d'un État et/ou d'un territoire sur lequel ils exerçaient autrefois leur souveraineté avant d'être conquis par des envahisseurs, conservant un droit d'antériorité que le temps n'a pu détruire.

---

2 Nous pensons en particulier au Rwanda et au Burundi, longtemps minés par une démocratie à base faussement ethnique.

3 Pierre Clastres, « Ethnocide », in : *Encyclopaedia universalis* (article aujourd'hui sur internet).

Ensuite, on va lister les peuples qui ont le droit d'être autochtones[4], sur la base de critères inconnus, et exclure le reste du monde…

Explorons un peu plus ces notions et ce que les juristes en ont fait.

Les points de vue de l'anthropologie, de l'histoire et du droit

D'entrée, quels que soient les enjeux, il ne devrait y avoir en droit qu'une seule définition 1) de l'autochtone : le membre d'une population installée sur un territoire donné avant tous les autres, qui a établi des relations particulières, anciennes et toujours actuelles avec ce territoire et son environnement, et qui a des coutumes et une culture qui lui sont propres[5] ; 2) du « minoritaire » : le membre d'un groupe non dominant, attaché ou non à un territoire, qui se distingue des groupes environnants par ses spécificités sociales, culturelles et économiques, par la conscience d'une identité spécifique, et qui peut être régi ou non par des traditions qui lui sont propres.

Dans le premier cas, on insiste sur la relation au territoire, et dans le deuxième on insiste sur la spécificité. Mais l'ambiguïté entre les deux demeure et n'a pu être effacée malgré les pressions politiques de la part de certaines populations autochtones pour ne pas être confondues avec des minorités ethniques. Si ces deux catégories de personnes ou de populations intéressent les juristes et les politiques, c'est du fait de leur non domination, des discriminations relatives à leur sol et/ou à leur culture qu'elles disent avoir subi, des réparations qu'elles demandent (dont la publicité faite à la notion de « discrimination positive », entorse au principe d'égalité, pour réparer certains torts subis) et des divers statuts qu'elles revendiquent.

L'anthropologie estime que l'autochtone est celui qui n'a pas de traditions d'origines : sorti du sol ou descendu du ciel, ou bien venu de nulle part, « il a toujours été là ». S'il a des traditions d'origine, fondées ou non, il ne s'agit plus d'un autochtone mais d'un « premier occupant ». Aussi peut-on écrire que l'autochtone est un premier occupant qui n'a pas le souvenir d'une migration antérieure à son installation sur les terres qu'il occupe actuellement. Et le premier occupant est souvent un autochtone qui s'est forgé des traditions d'origine pour se mettre à la hauteur des conquérants

---

4 Il s'agit souvent d'une auto-qualification. Ainsi les Boers d'Afrique du Sud se sont-ils qualifiés « autochtones » en Afrique.

5 Voir C. de Lespinay, « Autochtonie et droit foncier en Afrique noire », *Le Courrier ACP-Union Européenne*, Dossier sur les Peuples autochtones, janvier-février 1999, n°173, p. 40-42. Il existe des autochtones qui ont perdu leur culture d'origine mais qui n'en continuent pas moins à revendiquer leurs droits autochtones sur leurs terres (comme par exemple les Mamahun de Dassa-Zoumè au Bénin).

brillants qui l'ont assujetti par la suite. Il faut ajouter qu'un autochtone, comme un premier occupant, a une relation privilégiée avec la terre, la nature, les divinités chtoniennes et de la nature avec lesquelles il est censé avoir pactisé. Certains se disent même issus des divinités chtoniennes (puisque sortis du sol ou de l'eau) ou des divinités du ciel (puisque « tombés » du ciel).

L'histoire nous montre cependant que tout dépend de la profondeur historique de nos connaissances. Par exemple, les Amérindiens sont-ils des autochtones puisque l'on sait qu'ils ont migré en plusieurs vagues entre 30 000 ans et 12 000 ans avant nous sur le continent américain, ou sont-ils simplement des premiers occupants ? Et quels Amérindiens seraient des autochtones par rapport à ceux qui seraient arrivés « après » ? On sait aussi que certaines traditions d'origine, en Afrique noire en particulier, n'ont aucune base réelle et sont des mythes construits, destinés à fonder la société et lui donner une légitimité territoriale plus brillante qu'une origine autochtone à l'égard d'arrivants plus récents, selon les concepts de l'époque de leur création. Toute population ayant migré à une période ou une autre de son existence depuis des millénaires, le vrai autochtone ne serait-il pas le descendant d'un premier occupant, fondateur d'un territoire, qui aurait perdu la mémoire de ses origines antérieures, et qui aurait pu en outre avoir assimilé ou exterminé des occupants antérieurs aujourd'hui « oubliés » ? Les recherches historiques, archéologiques, linguistiques, ethnographiques ou génétiques peuvent apporter de mauvaises surprises à ceux qui se croient autochtones, sans pour autant remettre en cause leur statut…

En droit, il n'y a aucune différence entre un autochtone et un premier occupant, puisque le fait de savoir si le fondateur d'un territoire, premier arrivé sur place, a ou non des traditions d'origine n'a aucune conséquence sur les droits qu'il a acquis sur le sol. On peut juste se demander si l'on ne nous cache pas l'existence de populations antérieures, détruites ou plus ou moins assimilées, afin d'asseoir cette antériorité. En ce qui concerne les Amériques, le problème ne se pose pas, ou du moins pas entre les pré-colombiens et les post-colombiens. Le problème se pose entre les Amérindiens eux-mêmes, à propos de leurs migrations internes et des nombreuses conquêtes dont ils ont été l'objet les uns ou les autres par d'autres peuples amérindiens. Ce sujet est sacré. On n'en parlera pas car l'essentiel pour les Amérindiens est d'abord de se protéger et d'être reconnus par les descendants de leurs envahisseurs et par le reste du monde… À la spécificité territoriale et à l'antériorité d'occupation, les juristes ont souvent ajouté la nécessité d'avoir une culture, une langue spécifiques et une conscience de groupe pour avoir le droit d'être autochtone. D'autres ont estimé qu'un traité « signé » avec son conquérant[6] ou tout élément montrant qu'un peuple formait un État ou entité souveraine avant sa conquête prouvait son autochtonie.

La profondeur historique des sources et l'interprétation de l'histoire peuvent poser le problème de la réalité d'une première occupation, nous renvoyant très loin dans le temps pour chercher une antériorité. C'est le cas des Bretons armoricains en France, considérés comme des étrangers ayant migré de Grande-Bretagne au VIe siècle de l'ère chrétienne, mais s'étant mélangés aux autochtones armoricains et pouvant de ce fait être considérés comme étant leurs descendants et leurs héritiers. Cette interprétation est considérée comme peu sérieuse par une majorité d'historiens, probablement pour des raisons politiques, alors que rien ne l'interdit. À l'inverse, nous connaissons des populations autochtones qui ont des mythes d'origine les faisant venir d'ailleurs, mythes parfois inventés pour se donner une légitimité face à des envahisseurs paraissant plus illustres. C'est le cas parmi d'autres des Baynunk de Casamance, réputés unanimement autochtones par les populations arrivées après eux et venues de l'Est : bien qu'étant considérés comme descendants de génies chtoniens, les Baynunk se sont alors forgé des mythes d'origine les rattachant aussi à l'Est, celui de l'Égypte, de l'islam et de la chrétienté…

À combien d'années, de siècles, de millénaires remonter en arrière pour prouver son antériorité ? Nous connaissons le cas d'Israël où l'on remonte à 3 000 ans pour démontrer une antériorité en Palestine. En Europe, l'archéologie et les études génétiques semblent montrer la présence des Scandinaves en Scandinavie il y a 10 000 ans, à une époque où les ancêtres des Sami (surnommés Lapons en français), dits autochtones de Scandinavie, initialement nomades, vivaient peut-être en Sibérie. Il en est de même des Massaï au Kenya et en Tanzanie, peuple nomade ayant changé de territoire il y a environ 300 ans d'après leurs traditions d'origine, mais considéré comme autochtone par rapport aux populations locales antérieures. La notion d'autochtonie a été appliquée à plusieurs reprises pour protéger des populations nomades ou anciennement nomades… Et il est vrai que des populations autochtones sans contestation, comme les Inuit en Arctique, ou les Touaregs en Afrique saharienne et sahélienne, sont nomades sur d'énormes territoires qu'elles estiment leur appartenir depuis des millénaires.

6 Isabelle Schulte-Tenckhoff, *La question des peuples autochtones*, Bruxelles, Bruylant et Paris, LGDJ (Collection « Axes Savoir »), 1997, p. 179-184.

L'anthropologue Isabelle Schulte-Tenckhoff écrit : « D'une manière générale, le qualificatif d'autochtone est donc réservé à des populations aujourd'hui non dominantes du point de vue économique, politique et socioculturel (mais pas nécessairement numérique), descendant des habitants originels d'un territoire donné, victimes de génocide, de conquête et de colonisation »[7]. Ainsi se trouvent résumés les points abordés ci-dessus. Cependant, on ne voit pas en quoi un génocide ou une colonisation seraient la preuve de l'existence d'autochtones et à l'inverse que leur absence irait à l'encontre de cette existence, ce qui n'est pas le cas de la conquête, phénomène hélas permanent de l'histoire humaine jusqu'au XXIe siècle compris… D'autres anthropologues ont ajouté l'auto-identification, le sentiment d'appartenance à un groupe et la continuité historique d'occupation d'un territoire donné comme critères de l'autochtonie. Beaucoup de minorités se reconnaîtraient dans ces définitions, si on leur en laissait le droit…

Cependant, le droit international n'exige pas que, pour être autochtone, une population doive être originaire ou première occupante de son territoire. Elle doit avoir occupé ce territoire avant l'arrivée des populations qui le contrôlent aujourd'hui et s'y être maintenue ensuite malgré les discriminations subies. On estime aussi que des populations expulsées de leur territoire originel conservent un droit sur ce territoire : on pense en particulier ici à un certain nombre de diasporas à travers le monde, dont les Arméniens occidentaux ayant fui de Turquie pour échapper au génocide de 1915. Enfin, il faut que la population qui remplit toutes les conditions soit non dominante pour avoir le statut autochtone. Si elle correspond à tous les critères mais qu'elle est « dominante », elle ne peut être autochtone. Autant dire que tout cela n'est guère réaliste ni satisfaisant au regard aussi bien des preuves ethnographiques que du principe d'égalité entre les humains et les peuples. L'objectif des juristes n'est pas d'adopter une définition valable pour tous, mais d'aider ceux qui ont besoin d'être protégés, même au détriment de la réalité ethnographique, historique ou archéologique. Seuls ceux-là auront le statut d'autochtones et la reconnaissance de leur qualité de « peuple ». Les textes internationaux que nous allons présenter rapidement, à fondement peu juridique et souvent seulement déclaratifs c'est-à-dire sans portée obligatoire, vont confirmer ce malaise aussi bien pour les autochtones que pour les minorités et rester dans l'état actuel peu applicables dans les droits internes.

---

7 *Op. cit.* p. 7-8. Rappelons le cas des Africains noirs d'Afrique du Sud qui ont été un groupe majoritaire non dominant pendant la durée de l'apartheid.

Les premières « définitions » : les conventions n° 107 et 169 de l'OIT

L'Organisation internationale du travail (OIT) a été la première organisation internationale à formaliser le statut à la fois des autochtones et des minorités. Les deux textes qui suivent ont été traduits littéralement de l'anglais en français et pourraient s'imposer à la France[8] alors même que cette traduction est inappropriée puisqu'elle ne correspond pas à des concepts scientifiques et juridiques, en France comme ailleurs dans le monde. Il est nécessaire de rappeler ici que les concepts de races humaines et de tribus[9] ou de tribal et de semi-tribal n'ont aucun fondement scientifique ni juridique, même si l'influence de la langue anglaise pourrait finir par les imposer sans que jamais on en connaisse le sens puisque aucune définition juridique officielle n'en existe en droit international...

> *Convention n°107 de l'OIT, du 26 juin 1957, « concernant la protection et l'intégration des populations aborigènes et autres populations tribales et semi-tribales dans les pays indépendants », article 1er paragraphe 1 a) et b) et paragraphe 2 :*
>
> *1. This Convention applies to (a) members of tribal or semi-tribal populations in independent countries whose social and economic conditions are at a less advanced stage than the stage reached by the other sections of the national community, and whose status is regulated wholly or partially by their own customs or traditions or by special laws or regulations ; (b) members of tribal or semi-tribal populations in independent countries which are regarded as indigenous on account of their descent from the populations which inhabited the country, or a geographical region to which the country belongs, at the time of conquest or colonisation and which, irrespective of their legal status, live more in conformity with the social, economic and cultural institutions of that time than with the institutions of the nation to which they belong.*
>
> *2. For the purposes of this Convention, the term* **semi-tribal** *includes groups and persons who, although they are in the process of losing their tribal characteristics, are not yet integrated into the national community.*
>
> « 1. La présente convention s'applique a) aux membres des populations tribales ou semi-tribales dans les pays indépendants, dont les conditions sociales et économiques correspondent à un stade moins avancé que le stade atteint par les autres secteurs de la communauté nationale et qui sont régies totalement ou partiellement par des coutumes ou des traditions qui leur sont propres ou par une législation spéciale [minorités][10] ; b) aux membres des populations tribales ou semi-tribales dans les pays indépendants, qui sont considérées comme aborigènes du fait qu'elles descendent des populations qui habitaient le pays, ou une région géographique à laquelle appartient le pays, à l'époque de la conquête ou de la colonisation et qui, quel que soit leur statut juridique, mènent une vie plus conforme aux institutions sociales, économiques et culturelles de cette époque qu'aux institutions propres à la nation à laquelle elles appartiennent [autochtones][11].

---

8 Si elle ratifiait ces conventions, ce qui n'est pas le cas et n'est de toute façon plus d'actualité.

9 Terme cependant encore utilisé par l'administration française à propos des *Kanak* de Nouvelle-Calédonie.

10 Ajouté par nous.

11 *Idem.*

2. Aux fins de la présente convention, le terme ***semi-tribal*** comprend les groupes et personnes qui, bien que sur le point de perdre leurs caractéristiques tribales, ne sont pas encore intégrés dans la communauté nationale ».

Ici, pour être aborigène (*indigenous*), c'est-à-dire autochtone, il suffit de descendre ou de faire partie d'une population (et non d'un « peuple ») habitant « le pays » avant sa conquête ou sa colonisation. L'autochtonie est donc définie *a contrario* par l'arrivée ultérieure d'un envahisseur colonialiste, qui ne peut être un voisin autochtone... Elle concerne les populations surnommées « aborigènes » et accessoirement « tribales » et « semi-tribales » (termes non définis dans la convention), si ces dernières descendent de populations antérieures à « la conquête », sinon elles seront des « minorités »... Selon le paragraphe 2 de l'article 1, les populations semi-tribales seraient des populations tribales en voie d'acculturation. L'objectif du texte est de parachever leur acculturation en intégrant ces populations parmi (ou à côté de) leurs envahisseurs, ce qui pourrait être qualifié moralement[12] d'ethnocide en cas de commencement d'exécution. Lors de la rédaction de cette convention, nous sommes à la veille des indépendances et des luttes qui les ont accompagnées pour la libération des peuples colonisés...

En droit français, les notions de « tribal » et « semi-tribal » n'ont aucun sens juridique, alors qu'elles en ont un dans le monde anglophone où « tribal » désigne des populations estimées comme étant plus ou moins autochtones (« aborigènes ») et nomades, vivant sous des régimes communautaires, claniques ou lignagers dans des secteurs géographiques qui leur ont été reconnus, avec leurs propres chefs « traditionnels ». On entend par exemple parler souvent dans les médias francophones des « populations tribales » de l'Afghanistan, du Pakistan, de l'Inde et des pays environnants, qui ont un statut particulier en droit local et se partagent une partie du territoire qu'elles tentent de contrôler militairement. Il semble que cette expression ne prenne nullement en compte l'histoire, la culture, les migrations et les origines réelles de ces populations au sein d'un territoire déterminé. Il est à regretter qu'à travers l'anglicisation des sources médiatiques, on puisse voir ainsi apparaître de plus en plus dans les médias francophones les termes *race*[13] et *tribu*, comme s'ils permettaient de décrire une réalité scientifique et juridique du monde humain différenciant en particulier les Occidentaux, qui se disent « civilisés », d'autres peuples qui restent à civiliser. Cela va de pair avec l'idée encore très répandue que les

---

12 « Moralement » car l'ethnocide n'a pas de reconnaissance juridique en droit international.

13 En Australie, le *Native Title Act* de 1993 reconnaît comme autochtone toute collectivité qui appartient à la « race aborigène d'Australie », le critère racial semblant fondamental. Le critère de race a été abandonné par la France à la fin de la colonisation dans les années 1960.

peuples occidentaux, alors analphabètes, sont entrés dans « l'histoire » et la civilisation il y a 5 000 ans avec l'invention de l'écriture en Orient et en Égypte[14], ce qui ne serait pas le cas des autres peuples, sans écriture, en particulier d'Amérique et d'Afrique noire[15], restés dans la préhistoire ou la protohistoire jusqu'au moment de leur colonisation entre le XVIe siècle et le XXe siècle...[16].

Ce premier exemple montre l'influence des documents internationaux, autrefois écrits en français, aujourd'hui écrits en anglais et traduits mot à mot en français sans aucune critique du sens juridique de termes mal traduits (ou intraduisibles). La définition de cette Convention 107 insiste sur le fait qu'une population tribale, semi-tribale ou aborigène doit vivre selon ses anciennes institutions et cultures. Le fait pour elle de s'adapter aux modes de vie urbains ou « modernes » lui ferait perdre son statut que l'on qualifierait aujourd'hui d'autochtone. Cette interprétation ancienne pollue aujourd'hui l'interprétation des textes plus récents, par exemple en ce qui concerne les Amérindiens d'Amérique septentrionale. De même, un mariage mixte risque d'entraîner pour les conjoints comme pour les descendants la perte du statut autochtone, d'autant plus s'ils ne sont pas acceptés par la communauté autochtone dont l'un des conjoints est issu. Autant de situations nouvelles qui peuvent surprendre les ethnologues.

En réalité, cette Convention met en parallèle deux types de populations « tribales » et « semi-tribales » : celles qui descendent de populations estimées autochtones, auxquelles il ne faut pas toucher, et les autres que nous appellerions aujourd'hui « minorités » et qui doivent être civilisées au vu de leur « stade moins avancé » (protohistorique) afin de les intégrer dans la majorité. Nous sommes en 1957, époque où l'on croyait encore que l'homme blanc était le détenteur de la Civilisation qu'il avait l'obligation d'imposer au reste du monde avec des méthodes que Pierre Clastres allait qualifier d'ethnocidaires, ceci malgré les guerres de libération en cours et l'échec patent des colonisations à cette même époque… La Convention suivante, de 1989, est plus claire et a coupé les ponts avec les désirs d'assimilation antérieurs.

---

14 Ou au plus tard avec l'invasion romaine il y a 2 000 ans.

15 En oubliant les écritures précolombiennes et les écritures africaines (libyque et surtout hiéroglyphes d'Égypte et de Nubie).

16 En 1914, moins de la moitié de la population française savait lire et écrire le français. La majorité (composée de minorités linguistiques, de paysans et d'ouvriers) vivait-elle donc dans la préhistoire ou, à la rigueur, la protohistoire ?

Convention n°169 de l'OIT, du 27 juin 1989, « concernant les peuples indigènes et tribaux dans les pays indépendants », article 1er paragraphe 1a) et b) et paragraphe 2, qui se substitue à la convention n°107 :

> *1. This Convention applies to : (a) tribal peoples in independent countries whose social, cultural and economic conditions distinguish them from other sections of the national community, and whose status is regulated wholly or partially by their own customs or traditions or by special laws or regulations ; (b) peoples in independent countries who are regarded as indigenous on account of their descent from the populations which inhabited the country, or a geographical region to which the country belongs, at the time of conquest or colonisation or the establishment of present state boundaries and who, irrespective of their legal status, retain some or all of their own social, economic, cultural and political institutions.*
>
> *2. Self-identification as indigenous or tribal shall be regarded as a fundamental criterion for determining the groups to which the provisions of this Convention apply.*
>
> « 1. La présente convention s'applique a) aux peuples tribaux dans les pays indépendants qui se distinguent des autres secteurs de la communauté nationale par leurs conditions sociales, culturelles et économiques et qui sont régis totalement ou partiellement par des coutumes ou par des traditions qui leur sont propres ou par une législation spéciale [minorités] ; b) aux peuples dans les pays indépendants qui sont considérés comme indigènes du fait qu'ils descendent des populations qui habitaient le pays, ou une région géographique à laquelle appartient le pays, à l'époque de la conquête ou de la colonisation ou de l'établissement des frontières actuelles de l'État, et qui, quel que soit leur statut juridique, conservent leurs institutions sociales, économiques, culturelles et politiques propres ou certaines d'entre elles [autochtones].
>
> 2. Le sentiment d'appartenance indigène ou tribale doit être considéré comme un critère fondamental pour déterminer les groupes auxquels s'appliquent les dispositions de la présente convention ».

Cette Convention, actuellement en vigueur et qui se substitue à la précédente, distingue expressément les « peuples indigènes », c'est-à-dire autochtones, des « peuples tribaux » qui seraient des minorités ethniques, c'est-à-dire sociales, culturelles, économiques, ayant des coutumes propres. Il est expressément précisé que le terme « peuples » n'a aucune valeur juridique. Philippe Karpe, dans sa thèse[17], estimait que les deux termes « indigènes » et « tribaux » avaient le même sens et militait pour cela en cherchant en pure perte à donner une place en droit international au terme « tribal ». On ne voit pas pourquoi l'OIT a accordé à chacun un texte particulier si ce n'est pour les distinguer. Cependant, on ne voit pas non plus pourquoi les peuples dits « tribaux » qui correspondent aux critères internationaux ne pourraient pas revendiquer leur autochtonie malgré l'appellation qui leur a été donnée et qui les met à part des autres peuples de façon nous semble-t-il fort péjorative. Néanmoins, les groupes de pression autochtones ont contesté l'assimilation des peuples tribaux à des minorités. Il est vrai que cette Convention contredit en partie la Convention n°107 qui précise que certaines populations tribales et semi tribales doivent être considérées comme aborigènes. Cependant, le nouveau texte ne parle plus

---

17 Philippe Karpe, *Les collectivités autochtones*, Thèse de droit public, Univ. Paris X - Nanterre, 2002, 1054 p.

d'intégration et accorde aux autochtones le qualificatif de « peuples » et non plus de « populations », ce qui leur ouvrirait un droit potentiel à l'autodétermination ou du moins à la reconnaissance de leur spécificité juridique et politique en droit international. L'emploi du terme « peuples » reste majoritairement contesté aujourd'hui par les États concernés à cause de ses implications juridiques surtout en matière de droit pour ces peuples à l'autodétermination.

« Indigène », traduit ici de l'anglais *indigenous*, est l'équivalent des termes français « autochtone » et « aborigène ». En 1989, la langue française n'utilise plus dans les travaux académiques le terme « indigène » depuis près de trente ans. On remarquera le maintien du concept d'antériorité (à la conquête, la colonisation, l'établissement de l'État actuel et de ses frontières) et l'obligation pour ces « peuples » de conserver au moins une partie de leurs institutions et de leur culture propres. Un autochtone qui aurait tout perdu, institutions, culture (langue, religion, mode de vie), autonomie politique, n'aurait plus le droit d'être autochtone... Il va aussi « de soi » qu'un autochtone qui quitte sa région d'origine perd son statut d'autochtone dans la nouvelle région où il va s'installer. Cette dernière position soutenue par différents droits internes aux Amériques, notamment aux USA, pose un problème car elle laisserait à penser qu'un Amérindien ne le reste que s'il habite sur le territoire d'une réserve : partout ailleurs en Amérique, il ne serait pas autochtone, sans pour autant avoir les droits des Américains non-autochtones, sauf à abandonner son statut d'origine, qu'il conserve néanmoins sans pouvoir l'invoquer. En outre, le danger reste de laisser croire qu'un autochtone qui est bilingue ou ne parle plus la langue de ses ancêtres, ou bien qui s'est « occidentalisé » d'une façon ou d'une autre (par mariage, par le lieu de résidence, par l'activité) perd son statut.

Finalement, serait autochtone toute minorité ethnique et linguistique antérieure à la conquête, qui se distingue des caractéristiques générales de la société nationale (cf. Brésil, loi n°6001 du 19.12.1973, article 3 § 1er), qui a une conscience identitaire (ou « sentiment d'appartenance ») et qui aurait été l'objet de discriminations de la part de la population et de l'État dominants issus de la conquête. Cela nous fait revenir à la notion de minorité ethnique et linguistique, et donc au concept d'ethnie et à la conscience de former un groupe différent de la majorité ambiante. Il ne vient à l'idée de personne qu'un État (comme au Sénégal ou en Guinée-Bissau) peut être constitué de minorités ethniques et linguistiques plus ou moins importantes dont les jeux d'alliance et d'opposition font que certaines sont considérées comme « minoritaires » et les autres comme majoritaires (c'est-à-dire dominantes) par le nombre et le pouvoir qu'elles détiennent ensemble. La traduction de l'expression *self-identification* par « sentiment d'appartenance » au lieu de « auto-identification » est intéressante. Le fait de s'identifier ou d'être identifié par ses pairs comme individuellement autochtone ou minoritaire n'a pas exactement le même sens qu'avoir le sentiment d'appartenir à un groupe autochtone ou une minorité. Il est même surprenant de la part de juristes français d'avoir fait ce choix lorsque l'on sait la phobie de la France à l'égard des velléités autochtones ou minoritaires de certains de ses citoyens, et seul pays européen à souffrir aujourd'hui encore de ce complexe. Néanmoins, dans la mesure où cette convention pourrait porter atteinte à leur souveraineté, peu d'États l'ont signée puis ratifiée...

Ainsi, pourrait être considérée comme autochtone juridiquement toute population issue des premiers occupants, minoritaire et ayant besoin de protection contre les discriminations de la population dominante. Les autres autochtones, majoritaires dans leur pays, n'auraient besoin d'aucune protection... À remarquer que, si les autochtones et les minorités ont la possibilité de s'auto-qualifier comme tels, c'est en fin de compte l'État « conquérant » à qui ils « appartiennent » qui décidera seul des suites éventuelles à donner à leurs revendications. *A contrario*, une population déclarée comme « minorité » n'aurait pas le droit de revendiquer son autochtonie sur le territoire qu'elle occupe « depuis toujours », par descendance des premiers occupants. On voit là que le droit international élaboré par des groupes de pression, en voulant protéger, arrive à exclure avec un manque de discernement flagrant.

Au vu de la compétence limitée de l'OIT, ces textes, insuffisamment ratifiés, n'ont eu aucune conséquence pratique mais ils ont contribué à poser les jalons d'une coutume internationale en faveur des populations autochtones et des minorités, en faisant progresser la réflexion au sein des instances de l'ONU.

Les définitions de l'ONU et du Conseil de l'Europe

Si l'OIT a débroussaillé le terrain, la Commission des droits de l'homme de l'Organisation des Nations unies a dû travailler de nombreuses années avant de s'accorder sur la définition de l'autochtonie et sur celle de la minorité, sans pour autant que les résolutions qui ont suivi ne les reprennent, ni ne tiennent compte des définitions antérieures de l'OIT... Comme d'habitude, les juristes ont finalement préféré ne pas définir les concepts, trop dangereux politiquement, et laisser à un avenir incertain le soin de démêler les fils tracés.

1. L'Assemblée générale des Nations unies a adopté le 18 décembre 1992, par la résolution 47/135, une *Déclaration des droits des personnes appartenant à des minorités nationales ou ethniques, religieuses et linguistiques.* Par-là, elle distingue formellement les minorités, présentées comme des personnes ou des individus qui n'ont que des droits individuels, des autochtones présentés comme « peuples » ou collectivités avec des droits collectifs, malgré leurs points communs relatifs à leur conscience collective, aux discriminations qu'ils subissent et qui peuvent aussi toucher à leurs droits territoriaux. En effet, si les minorités ethniques ne se fondent pas en général sur un droit territorial pour demander la protection de leur culture, d'autres se posent en collectivités fortement et très anciennement ancrées territorialement, différentes historiquement et linguistiquement, avec une identité forte, ayant existé avant la construction de l'État contemporain qui, selon elles, les domine. Leur combat est peu différent de celui des peuples autochtones et va parfois aussi jusqu'à la revendication d'un droit à l'autodétermination[18].

Contrairement aux textes relatifs aux peuples autochtones ceux qui concernent les minorités se restreignent à la protection individuelle de leur culture (langue, religion, mode de vie) mais pas à leurs éventuels droits territoriaux et à ce qui reste de leurs institutions propres. Le fait pour des minorités d'avoir été conquises au cours des siècles derniers avant la fixation des frontières actuelles de l'État qui les englobe ne leur donne pas les mêmes droits que les autochtones reconnus comme tels, malgré leur égale antériorité et le texte de la Convention 169 de l'OIT qui laisse la voie ouverte à une interprétation contraire. Manifestement les enjeux politiques et les craintes des dirigeants des États concernés par ces deux sujets ne sont pas en faveur des autochtones et des minorités ethniques. Eux seuls ont le droit de signer, ratifier puis interpréter librement ces textes en fonction de leur intérêt propre et de leur peur ou non de conforter un « communautarisme » qui n'existe plus depuis longtemps. De même, eux seuls ont le droit de dire si un traité signé par leurs prédécesseurs avec des autochtones ou des minorités est valable ou non (en général, c'est non…).

Article 1

1. States shall protect the existence and the national or ethnic, cultural, religious and linguistic identity of minorities within their respective territories and shall encourage conditions for the promotion of that identity.

---

18 La France a connu en métropole le cas des fronts de libération de la Bretagne, du Pays basque et de la Corse, l'Espagne ceux de Catalogne et aussi du Pays basque, la Grande Bretagne ceux de l'Irlande et de l'Ecosse.

[Les États protègent l'existence et l'identité nationale ou ethnique, culturelle, religieuse et linguistique des minorités, sur leurs territoires respectifs, et favorisent l'instauration des conditions propres à promouvoir cette identité] (texte français officiel)

Article 2

1. Persons belonging to national or ethnic, religious and linguistic minorities (hereinafter referred to as persons belonging to minorities) have the right to enjoy their own culture, to profess and practise their own religion, and to use their own language, in private and in public, freely and without interference or any form of discrimination.

[Les personnes appartenant à des minorités nationales ou ethniques, religieuses et linguistiques (ci-après dénommés personnes appartenant à des minorités) ont le droit de jouir de leur propre culture, de professer et de pratiquer leur propre religion et d'utiliser leur propre langue, en privé et en public, librement et sans ingérence ni discrimination quelconque]

En France, l'application éventuelle de ces textes de même que d'autres qui les ont suivi sur les langues minoritaires a été vidée de toute substance. Certains personnages politiques avaient même déclaré en public souhaiter interdire de parler une langue minoritaire au-delà de la porte du logement des personnes concernées, confondant l'espace privé et l'espace public, et de finalement n'autoriser la survie d'une culture minoritaire qu'au sein d'un espace familial fermé... L'interdiction de fait des langues minoritaires dans la constitution française par l'imposition de la langue française comme seule langue de la République n'augure d'aucun avenir en France pour les langues autochtones, nationales ou étrangères qui n'ont pas de statut de langues officielles d'États étrangers. Seuls les États ont le droit de définir ce qu'est une minorité et de décider ou non de la protéger.

On remarque que les droits de ces personnes appartenant à des minorités restent individuels et ne leur donnent aucunement la possibilité d'organiser leur survie de façon collective... Est le plus souvent pris en compte le territoire de l'État et non celui des minorités lorsque celles-ci ont un territoire ancestral déterminé.

Les minorités seraient selon les travaux onusiens des groupes de population distincts existant au sein d'un État, possédant des caractéristiques ethniques, religieuses ou linguistiques qui diffèrent nettement de celles du reste de la population, mais n'ayant aucun droit collectif. On évite dans ces travaux l'utilisation du terme « peuple ». Aucune référence n'est faite à un territoire déterminé, ce qui permet d'englober les minorités sans territoire défini, comme en France les membres de diasporas (Arméniens par exemple) ou les nomades (Tsiganes par exemple), et évite de faire des rapprochements avec le concept d'autochtonie. Ces groupes doivent être non dominants, minoritaires en nombre, et ressortissants de l'État sur le territoire duquel ils résident. Cependant on peut concevoir que des collectivités autochtones majoritaires et que des groupes ethniques majoritaires sur le territoire d'un État soient non dominants et l'objet de discrimination du fait du non respect de leurs spécificités par des dirigeants privilégiant une vision occidentale du droit et donc de l'action de l'État, au détriment de la défense de leur propre culture et des intérêts territoriaux de leurs populations (cas par exemple de la Bolivie ou de divers États africains, successeurs de l'État colonial français).

Artificiellement, les minorités ne sont donc pas considérées comme des collectivités pouvant avoir des droits propres, mais seulement comme un ensemble de « personnes » ou d'« individus » dont les droits culturels doivent être préservés à titre individuel et non collectivement. Elles ne seraient pas des peuples et n'auraient aucun droit à une existence juridique et politique propre (statut spécial, autonomie, indépendance). On se demande comment on peut préserver des langues, des cultures, des spécificités sans reconnaître l'existence d'une collectivité seule apte à les faire vivre et à les maintenir en vie en les transmettant. Pour parler et entendre une langue, il faut être au moins deux. Pour la reproduire, il faut être plus nombreux, disposer d'institutions éducatives et médiatiques et être visible (et non caché au sein d'une unité familiale le plus souvent bilingue) ; il faut enfin être reconnu et respecté.

En ce qui concerne les minorités, les efforts de l'Europe sont allés plus loin à la même époque que ceux de l'ONU, en se limitant cependant aux langues.

2. *La Charte européenne des langues régionales ou minoritaires*, Conseil de l'Europe, 5 novembre 1992

À travers cette Charte, le Conseil de l'Europe a fait un effort exceptionnel pour définir les concepts utiles. Il ne s'agit pas d'une déclaration comme à l'ONU mais d'une convention internationale qui, signée et ratifiée par un État, devient obligatoire sur son territoire, en général après l'élaboration plus ou moins rapide de textes d'application en droit interne.

Article 1 – Définitions

Au sens de la présente Charte :

a. par l'expression « langues régionales ou minoritaires », on entend les langues :

i. pratiquées traditionnellement sur un territoire d'un État par des ressortissants de cet État qui constituent un groupe numériquement inférieur au reste de la population de l'État; et

ii. différentes de la (des) langue(s) officielle(s) de cet État;

elle n'inclut ni les dialectes de la (des) langue(s) officielle(s) de l'État ni les langues des migrants ;

b. par « territoire dans lequel une langue régionale ou minoritaire est pratiquée », on entend l'aire géographique dans laquelle cette langue est le mode d'expression d'un nombre de personnes justifiant l'adoption des différentes mesures de protection et de promotion prévues par la présente Charte ;

c. par « langues dépourvues de territoire », on entend les langues pratiquées par des ressortissants de l'État qui sont différentes de la (des) langue(s) pratiquée(s) par le reste de la population de l'État, mais qui, bien que traditionnellement pratiquées sur le territoire de l'État, ne peuvent pas être rattachées à une aire géographique particulière de celui-ci.

Ce texte, élaboré après de longues tractations, a déplu à la France à cause entre autres de l'emploi du terme « groupe » dans le paragraphe a). La France avait aussi réagi avec réticences lors de l'adoption de la Convention internationale sur le génocide du 9 décembre 1948, introduite très tardivement en droit pénal français (article 211-1 et 2 du Code pénal), mais non appliquée en France à propos de génocides qui n'ont pas eu lieu sur son sol. L'expression « groupe » national, ethnique, racial ou religieux avait posé problème car elle permettait de reconnaître à une population victime de génocide le droit de former un groupe ethnique, sur le territoire national, ce qui est contraire au droit français, seul pays d'Europe aujourd'hui à avoir cette position. Tout en élargissant la définition du génocide de façon louable dans son Code pénal, la France exige l'existence d'un plan concerté, non exigée par le droit international, remplaçant la preuve de l'intention génocidaire essentielle en matière de génocide, et rendant presque impossible toute preuve et donc toute poursuite…

Le Conseil constitutionnel français (avis n°99-412 DC du 15 juin 1999) a estimé que la ratification de la Charte, malgré les réserves faites par la France lors de la signature, était contraire à la Constitution de la République. Rappelons que le terme « France » est en général remplacé par le terme « République » dans les écrits et les discours français, ce qui peut surprendre beaucoup d'Européens. Cette Charte portait atteinte à l'article 1 de la Constitution qui consacre l'indivisibilité de la République, l'égalité devant la loi et l'unicité du peuple français (qui se dégage de l'ensemble des articles de la constitution). Elle portait aussi atteinte à l'article 2 qui stipule que la langue de la République est le français. De même, la notion de groupe utilisée par la Charte est contraire à la Constitution qui ne reconnaît que les individus. Enfin, le Conseil constitutionnel estime que seul le français peut être du domaine de la vie publique en France, cantonnant les autres langues à la sphère privée. De ce fait on peut légitimement croire que le droit international des minorités, comme celui des autochtones, est contraire à la Constitution française[19]. Les défenseurs de la Charte ont pu alors se demander si cette Constitution ne serait pas plutôt contraire au droit

19 Il est en effet difficile de ratifier une convention sans reconnaître, à l'égard de ceux qui en sont l'objet, des droits et des obligations que la Constitution française interdit de reconnaître…

international des droits de l'homme et ont proposé de la réviser. *A contrario*, on lit des déclarations d'opposants à la charte qui qualifient les minorités européennes de « tribus », issues du passé, les renvoyant hors du « monde civilisé » et souhaitant leur disparition prochaine. En conclusion, la conception de l'unicité du peuple français s'oppose à la reconnaissance aussi bien de droits collectifs que de droits individuels qui diffèrent de ceux de la majorité des citoyens et mettent en cause le français, seule langue qu'ils ont le droit de parler en France.

Comme on l'a vu, la Charte parle de « groupe » et de « numériquement inférieur », en évitant le concept de « situation non dominante » qui laisse entendre l'existence d'une domination par une majorité d'une autre culture ou par un groupe « dominant ». La minorité ethnique est renvoyée à une définition quantitative. Quant à la notion de « dialecte », sans valeur linguistique, elle n'est pas expliquée et se prête donc aux interprétations les plus diverses puisque certains politiques semblent estimer que les langues régionales d'origine romane sont finalement des dialectes ou même des « patois » de la langue nationale, en somme du français « dégénéré »... Nous n'en dirons pas plus sur ce texte non ratifié pour le moment par la France qui l'avait pourtant fait amender à de nombreuses reprises, l'avait signé et avait fait noter ses réserves relatives aux passages qu'elle se refusait de ratifier. Rappelons néanmoins que les pays européens pour la plupart, dont l'Allemagne, ont fait l'effort de la ratifier et de la mettre en application, allant jusqu'à donner un statut aux Tsiganes.

3. *Déclaration 61/295 des Nations Unies sur les droits des peuples autochtones*, 13 septembre 2007

Contrairement aux travaux préparatoires du groupe de travail des peuples autochtones qui avait essayé de donner une définition juridique de l'autochtone, la déclaration qui en est issue a fait l'impasse sur les concepts tout en conservant le terme de « peuple » qui ouvre la porte à un droit spécifique et « souverain » des autochtones sur leur territoire. On donne ici des droits à des populations que l'on évite soigneusement de définir, en laissant aux États dont elles pensent être victimes de discrimination le soin d'en faire ou non la liste... Cette absence de définition des concepts indispensables à donner un sens à un texte juridique est constante en droit français comme en droit international. Il est dangereux de définir. Il vaut mieux laisser l'État, accessoirement les juristes, interpréter les textes. Plus ils sont flous mieux c'est et moins ils sont applicables, et en tout cas ils dépendent du bon vouloir interprétatif de l'État signataire. Rappelons qu'il ne s'agit que d'une « déclaration » qui n'engage personne, mais qui va contribuer avec le temps à l'émergence d'une coutume internationale qui pourra, un jour peut-être, servir de référence.

> *Article 1*
>
> *Indigenous peoples have the right to the full enjoyment, as a collective or as individuals, of all human rights and fundamental freedoms as recognized in the Charter of the United Nations, the Universal Declaration of Human Rights and international human rights law.*
>
> « Les peuples autochtones ont le droit, à titre collectif ou individuel, de jouir pleinement de l'ensemble des droits de l'homme et des libertés fondamentales reconnus par la Charte des Nations Unies, la Déclaration universelle des droits de l'homme et le droit international relatif aux droits de l'homme. »
>
> *Article 9*
>
> *Indigenous peoples and individuals have the right to belong to an indigenous community or nation, in accordance with the traditions and customs of the community or nation concerned. No discrimination of any kind may arise from the exercise of such a right.*
>
> « Les autochtones, peuples et individus, ont le droit d'appartenir à une communauté ou à une nation autochtone, conformément aux traditions et aux coutumes de la communauté ou de la nation considérée. Aucune discrimination quelle qu'elle soit ne saurait résulter de l'exercice de ce droit. »

Le texte précise : « les autochtones, peuples et individus », ce qui les distingue clairement des minorités qui ne sont composées que d'individus, d'après les textes internationaux les concernant. Finalement, seule l'OIT avait donné une définition, souvent contestée, mais qui avait le mérite d'exister. On pourra proposer d'utiliser la définition de la Convention de l'OIT n°169 pour éclairer le sens que la déclaration de l'ONU de 2007 pourrait donner au terme « autochtone »

José Martinez Cobo, rapporteur spécial de l'ONU, en 1987 avait proposé la définition suivante qui a fait consensus dans les milieux autochtones et se fonde sur la continuité historique d'occupation ancestrale avec les premiers occupants, l'auto-identification comme autochtone et la nécessité pour l'individu de se réclamer d'un groupe autochtone et d'être reconnu par celui-ci :

> Par communautés, populations et nations autochtones, il faut entendre celles qui, liées par une continuité historique avec les sociétés antérieures à l'invasion et avec les sociétés précoloniales qui se sont développées sur leurs territoires, s'estiment distinctes des autres segments de la société qui dominent à présent sur leurs territoires ou parties de ces territoires. Elles constituent maintenant des segments non dominants de la société et elles sont déterminées à préserver, développer et transmettre aux futures générations leurs territoires ancestraux et leur identité ethnique, qui constituent la base de la continuité de leur existence en tant que peuples, conformément à leurs propres modèles culturels, à leurs institutions sociales et à leurs systèmes juridiques.

Sont écartées de cette définition toutes les populations autochtones qui ont été conquises par leurs voisins immédiats, non considérés comme des envahisseurs coloniaux, comme c'est le cas de beaucoup de populations africaines ou asiatiques assujetties et parfois chassées de chez elles ou, plus près de l'Europe, des Arméniens occidentaux, en outre victimes de génocide. Les enjeux de l'autochtonie sont parfois considérables, si l'on considère le cas de la région des Grands Lacs (Rwanda et Burundi), où des chercheurs ont pu établir que l'élevage bovin remontait à plus de 2 000 ans[20], alors que les penseurs du génocide de 1994 au Rwanda soutenaient que les Tutsi (et populations assimilées : les Hima et, au Burundi, les Ganwa) « seraient » arrivés dans la région avec le bétail bovin au XVIIe siècle pour réduire en esclavage les populations antérieures. Au nom de l'autochtonie, ces « penseurs » voulaient faire disparaître l'envahisseur supposé, qui pourrait finalement être lui aussi un autochtone dont les ancêtres seraient arrivés avant ceux de ses assassins ou seraient plus probablement les mêmes que ceux de ses assassins, beaucoup plus proches parents qu'on ne le croit[21]...

Qu'en penser ?

Si le droit international des droits de l'homme est un moyen de révéler au monde des réalités humaines qu'il a tendance à oublier, il n'en reste pas moins que ses plus grandes avancées sont restées au stade des déclarations et n'ont jamais pu arriver au stade de la convention internationale. Il y a cependant des exceptions notables dont la Convention internationale pour la prévention et la répression du crime de génocide du 9 décembre 1948 et la Convention européenne de sauvegarde des droits de l'homme et des libertés fondamentales du 4 novembre 1950.

Un projet de Convention-cadre relative à la protection des minorités nationales a été présenté au Conseil de l'Europe le 8 février 1991. Il reprend les textes internationaux existant et s'engage à ne pas contrevenir aux droits internes. Il évite de même de définir la notion de minorité. Cependant on y mentionne les « minorités nationales » en tant que telles (dont les minorités d'origine étrangère sont exclues) et l'on y encourage la reconnaissance de

---

20 Thèse (soutenue en 1986) de Jean-Népomucène Nkurikiyimfura, *Le gros bétail et la société rwandaise, Evolution historique des XIIe-XVe siècles à 1958*, Paris, L'Harmattan, 1994, victime du génocide du Rwanda avec sa femme et ses enfants, pour le fait d'être né Tutsi et peut-être d'avoir prouvé l'ancienneté de l'élevage bovin...

21 Voir la passionnante thèse d'Antoine Nyagahene (*Histoire et peuplement. Ethnies, clans et lignages dans le Rwanda ancien et contemporain*, 1997, Univ. Paris VII, publiée par les Presses universitaires du Septentrion, Villeneuve d'Ascq, 1998) montrant que beaucoup de Hutus et de Tutsis du Rwanda appartiennent à de mêmes lignages et ont des ancêtres communs, ce qui ne fait que confirmer que les concepts hutu-tutsi se rattachent à d'anciennes distinctions socioéconomiques, souvent temporaires, qui n'ont rien d'ethnique ou de « racial ». Antoine a échappé de peu au génocide, mais y a perdu une partie de sa famille, dont son épouse...

l'identité de ces minorités ainsi que le refus de l'assimilation forcée des individus qui en font partie. Quatre États sur 47 ne l'ont pas signée : la France, Andorre, Monaco et la Turquie, dont les trois premiers ne forment qu'un sur le plan des relations internationales. Par conséquent les minorités et les autochtones dépendant de la République française ne peuvent que se référer aux textes généraux sur les droits de l'homme qui ont été signés et ratifiés par la France, en se souvenant que, même lorsqu'ils ont été ratifiés comme la convention sur le génocide, il est souvent difficile de les faire intégrer dans le droit national et dans la pratique judiciaire. En réalité, la portée de cette convention est très limitée, ce qui n'est pas le cas de la Charte européenne de 1992 que nous avons citée.

En ce qui concerne cette Charte, il s'agissait de prendre en compte la totalité des langues minoritaires, « traditionnellement » parlées sur le territoire d'un État membre du Conseil de l'Europe[22]. Cette convention allait donc plus loin que la précédente, en se limitant aux langues. Le refus répété de la France de reconnaître l'existence irréfutable de minorités et d'identités collectives, autochtones ou non, sur son sol[23] en fait le seul pays du Conseil de l'Europe pour lequel la notion d'identité et de langue reste un domaine sensible, protégé et interdit. La Constitution française prévoit qu'il n'existe dans la République qu'une langue, un seul peuple formé d'individus, tous égaux sauf lorsqu'il s'agit de revendiquer des spécificités culturelles qui risquent de porter atteinte à la sécurité et à l'unicité de l'État. Nation « une et indivisible », libre, égalitaire et fraternelle, elle ne peut accepter de reconnaître qu'il puisse exister des grains de sable dans ses rouages unitaires et qu'il paraît difficile de continuer à se fonder en 2016 sur la philosophie de la terreur révolutionnaire de 1793-1794 pour interdire aux minorités le droit d'exister sous prétexte que ce droit porterait atteinte à la République et ferait

22 L'auteur a eu l'occasion de rédiger en janvier 1999, dans la perspective de cette Charte, un rapport pour la DGLF sur les manuels, dictionnaires, périodiques, ouvrages en langues régionales de France métropolitaine et d'Outre-mer. C. de Lespinay, 1999, *Langues régionales et « trans-régionales » de France*, http://www.culture.fr/culture/dglf/lang-reg/methodes-apprentissage/1langreg.htm (adresse fermée aujourd'hui). Ces publications étaient très nombreuses et de grande qualité, couvrant tout le territoire et toutes les langues minoritaires nationales. Dans son introduction, le rapport jugeait non scientifique et uniquement politique le classement par le ministère des parlers d'oïl comme « langues » et des parlers d'oc comme « dialectes » d'une langue occitane unifiée, au détriment de la linguistique et de l'histoire de ces langues. Ce classement risquait d'empêcher la protection des langues vivantes provençale, gasconne et languedocienne entre autres, parce qu'appelées « dialectes », au profit d'une langue occitane « unifiée » artificielle et morte. Cela risquait de donner des idées à ceux qui estimaient que les langues d'oïl étaient des dialectes ou patois du français unifié d'Ile-de-France… La Charte ne protégeant pas les dialectes, parmi lesquels certains rangeaient le flamand et l'alsacien, il ne restait plus grand chose à protéger en métropole à part peut-être le breton, le basque et le catalan, cependant subdivisés eux-mêmes en dialectes.

23 Exception faite de la Nouvelle-Calédonie, de la Polynésie française et, pour le moment, de Mayotte (qui cependant, en tant que département français, a perdu son statut de droit coutumier et de droit coranique).

resurgir de vieilles craintes identitaires et communautaristes chez les responsables politiques. Il reste donc à modifier la Constitution française (la procédure est en cours mais il n'est pas sûr qu'elle arrive à son terme) pour permettre la ratification de cette charte, en sachant qu'elle sera accompagnée le moment venu de la déclaration interprétative présentée par la France lors de la signature, qui enlève à la charte une bonne partie de son intérêt pour son application en France.

Nous ne parlerons pas des nombreux traités signés par les puissances coloniales avec d'anciens pouvoirs locaux car ceux-ci, qui établissent bien l'existence d'États ou de peuples indépendants antérieurs à la colonisation ou à la création de nouveaux États, sont considérés comme n'ayant de valeur qu'en faveur du conquérant. L'arrêt *Rex v. Syliboy* (10 septembre 1928, 1 DLR 307) rendu en Nouvelle Écosse à propos des droits de chasse des Indiens Micmac obtenus par un traité de 1752 avec la France, ne précise-t-il pas avec un aplomb extraordinaire :

> Treaties are unconstrained Acts of independent power. But the Indians were never regarded as an independent power. A civilized nation first discovering a country of uncivilized people or savages held such country as its own until such time as by treaty it was transferred to some other civilized nation. The savages' rights of sovereignty even of ownership were never recognized. Nova Scotia had passed to Great Britain not by gift or purchase from even by conquest of the Indians but by treaty with France, which had acquired it by priority of discovery and ancient possession; and the Indians passed with it.

C'est donc le conquérant qui décide, au nom de la civilisation, d'attribuer ou non aux peuples « non civilisés » qu'il a conquis le droit d'avoir eu une existence, juridique, politique ou ethnique avant leur conquête. Cette position est restée dominante chez les juristes internationalistes. Et pour confirmer cette position, ces traités ne sont pas reconnus comme tels, sans jamais se poser la question de savoir si la conquête est un acte juridique juste, équitable, respectueux des droits humains, qui peut s'imposer unilatéralement et sans contestation aux générations à venir. À cette interprétation ancienne, qui décharge le conquérant de toute responsabilité et ne laisse qu'à lui seul le droit d'interpréter les textes signés, s'ajoute celle qui veut que la notion d'État ne peut s'appliquer qu'à des entités du monde occidental et aux pays dont ce monde a reconnu le droit d'être des États souverains. C'est ainsi que les colonisateurs n'ont jamais reconnu en tant qu'États les empires et royaumes qui ont précédé leurs conquêtes en Asie, en Afrique, dans les Amériques et ailleurs, mais seulement ceux qui se sont créés par la suite sous leur influence, en adoptant leurs normes et avec leur aval.

Cette supériorité présupposée de l'Occident sur le reste du monde est à l'origine de la théorie anthropologique des sociétés avec État et des sociétés sans État. Quand l'on voit classer par certains les empires africains médiévaux du Ghana, du Mali ou du Songhaï dans les « sociétés sans État », malgré leur organisation politique centralisée, la maîtrise politique et militaire de leur territoire sur des milliers de kilomètres à une époque où l'Europe était subdivisée en de nombreux pays et seigneuries où l'insécurité était la règle, on se demande pourquoi un tel aveuglement subsiste aujourd'hui.

En fin de compte, il semble délicat de laisser à une majorité dirigeante sur un territoire déterminé le droit de décider unilatéralement de l'existence ou non, de la spécificité, de la réalité de la conscience collective d'une communauté minoritaire et/ou autochtone qui, seule, devrait pouvoir décider de sa réalité, subjective ou fondée sur des faits anthropologiques, culturels, religieux, philosophiques, linguistiques, etc. Ce que les anthropologues ont surnommé l'ethnicité ou la conscience ethnique. Combien de temps le dogme d'un État unitaire peut-il nier des réalités culturelles, territoriales, importantes pour un grand nombre de citoyens, en attendant qu'elles aient disparu sous ses coups puis qu'arrive le regret de leur disparition et, peut-être, le classement de ce qu'il en reste comme objet muséographique ?

En conclusion, l'objectif de cet article n'a pas été de parler des droits éventuels des « autochtones » et des « minorités », mais de poser le problème des réalités sous-jacentes et de la définition des concepts destinés à traduire ces réalités, en pointant la difficulté pour les « conquérants » ou « dominants » et leurs juridictions de laisser aux intéressés eux-mêmes le soin de cette responsabilité qui fait peur car elle engage à l'égard du passé comme de l'avenir[24]. En fin de compte, une majorité de responsables politiques à travers le monde estime que le fait de reconnaître l'existence d'autochtones et de minorités sur le sol d'un État est contraire à la démocratie et condamne cet État à disparaître à plus ou moins brève échéance. Pour cette majorité, l'enjeu est donc important, même si les craintes paraissent exagérées.

24 En bibliographie, voir aussi les ouvrages anciens mais toujours d'actualité de : Norbert Rouland, Stéphane Pierré-Caps et Jacques Poumarède, *Droit des minorités et des peuples autochtones*, Paris, Presses Universitaires de France, 1996 ; Alain Fenet, Geneviève Koubi, Isabelle Schulte-Tenckhoff et Tatjana Ansbach, *Le droit et les minorités. Analyses et textes*, Bruxelles, Emile Bruylant, 1995.

Nadia Belaidi, Frank Alvarez-Pereyre,
Jean-Dominique Wahiche, Hélène Artaud

Autochtonie(s) et sociétés contemporaines La diversité culturelle, entre division et cohésion sociale[1]

Résumé : Si l'approche historique permet de comprendre que, derrière le substantif autochtone qui désigne communément « celui qui habite en son lieu d'origine », des réalités bien différentes ont existé au cours des temps, de nos jours, la notion n'est que partiellement utilisable dans la mesure où la situation des autochtones d'Amérique et d'Océanie est très différente de celle des autochtones en Afrique et en Asie. L'ethnologie et la sociologie, ou encore la science politique nous éclairent à ce sujet. L'apparition et l'évolution du terme autochtone en droit peuvent aussi être un indicateur du regard qu'a le pouvoir dominant sur des populations considérées comme marginales et de la place qui leur est accordée dans une société. Il peut en découler un droit potentiel à des institutions propres, à une éducation suivant les traditions du groupe qui accorde à l'autochtone le droit à la différence. Être reconnu comme autochtone donne alors accès à des traitements particuliers et même à de nouvelles sources de financements. Si à un niveau local, ce processus favorise des formes d'appropriations nouvelles de la mémoire collective et de la tradition, à un niveau plus global il stimule l'émergence de catégories et segmentations sociales associées à des droits spécifiques, souvent exclusifs, voire peu compatibles avec l'idée d'État. Pourtant, loin de se réduire à cette seule intention, une telle diversité culturelle peut aussi être un apport considérable à l'organisation de la *Cité*. Les cosmovisions et l'organisation sociale qu'elles suggèrent sont un support qui conduit à envisager un lien social qui pourrait être (ré)activé en repensant le lien Nature/Culture.

Mots-clés : autochtone, origine, différence, diversité, lien social, pygmées, Imraghen, autochtonisation, reconnaissance, nation.

Indigeneity(ies) and Contemporary Societies Cultural Diversity between Social Division and Cohesion

Abstract: If historical approach which enables us to understand that behind the substantive indigenous which commonly refers to «the people who live on their place of origin», very different realities have existed throughout the time, nowadays, this notion is only partially valid since the situation of Indigenous people in America and Oceania is quite different from those in Africa or Asia. Ethnography and sociology and even political

1 Cet article résulte de plusieurs réunions tenues au sein de l'UMR 7206 du Museum national d'histoire naturelle du CNRS de l'Université Paris 6. Outres les auteurs, y ont participé Richard Dumez et Serge Bahuchet. Nous remercions ce dernier pour la mise à disposition de ses données sur les pygmées.

science cast a different light on this topic. The apparition and evolution of the term «indigenous» in law can also be an indication of the way the dominating power has looked upon populations considered as marginal and the place which is attributed to them in a given society.
This could result in a potential right to specific institutions, to an education following the tradition of the group which provides the indigenous with a right to be different. The formal recognition of the indigenous statute thus gives access to a specific treatment and even to new sources of funding. If such a process, at a local level, can encourage new forms of appropriation of the collective memory and tradition, at a more global level, it stimulates the emergence of categories and social partitions associated with specific and more often than not exclusive rights which may have little to do with the notion of a State. However, far from reducing itself to the latter, such a cultural diversity can also constitute a major input to the organisation of the social and political life.
The Cosmo visions and the social organisation which they suggest sustain the perspective of a social link which could be (re)activated while rethinking the Nature/Culture relationship.

Keywords: Indigenous, Origins, Difference, Diversity, Social link, Pygmies, Imraghen, Indigenization, Recognition, Nation.

Introduction

Autour de la notion d'autochtonie, la persistance et la réinterprétation d'un mythe hérité de la Grèce antique s'associe au relatif manque de ressources en matiere d'analyse scientifique pour venir renforcer des préjugés locaux souvent tenaces. Sur ce socle instable se construisent des politiques potentiellement porteuses de conflits.

Les Occidentaux sont assez généralement obnubilés par la quête des origines. Ils mêlent inconsciemment le mythe homérien, l'illusion rousseauiste de l'homme naturel, avec la persistance d'un mode de production de chasse et de cueillette, survivance supposée de la préhistoire. Ils idéalisent les savoirs ancestraux, leur prêtant des vertus qui tendent parfois à réduire la valeur ajoutée, pourtant considérable, de la recherche scientifique. L'erreur est, à ce niveau, de confondre actuel et passé, histoire et préhistoire, mais aussi de s'engager dans des projections philosophiques et pratiques dont on ne se demande pas si elles sont compatibles. Tout cela aboutit à quelques travers épistémologiques et à des tautologies, que l'on s'efforcera de retraverser dans cet article.

L'image que l'on a souvent des populations autochtones est celle de groupes naturellement délimités et culturellement distincts, qui occupent ou ont occupé des espaces précis, qui vivent dans un autre temps, supposé éternel, immuable, le temps de nos origines perdues, le temps de la sagesse et de l'harmonie regrettée entre l'Homme et la Nature. Une telle représentation conduit à négliger les relations interethniques, les déplacements et les migrations, qui ont joué un rôle déterminant dans l'histoire des peuples, et pas seulement dans les contrées lointaines. C'est aussi nier la capacité de ces populations à être fortement connectées aux sphères internationales alors que la revendication de l'autochtonie résulte d'un effort local pour se préserver du flot envahissant de la mondialisation[2], en même temps qu'elle prouve de grandes connexions au global[3].

---

2 Peter L. Geschiere, *The peril of belonging. Autochtony, citizenship, and exclusion in Africa and Europe*, The University of Chicago Press, Chicago, 2009.

3 Achille Mbembe, « A propos des écritures africaines de soi », *Politique Africaine,* 2000 77, p. 16-43 ; AbdouMaliq Simone, «On the Wordling of African Cities», *African Studies Review*, 44 (2), 2001, p. 15-34.

Les peuples autochtones font entendre leur voix sur la scène internationale et prennent une place dans les institutions des Nations unies. Des revendications sociales (Convention 169 de l'OIT relative aux peuples indigènes et tribaux, 1989) à la reconnaissance culturelle (Convention pour la sauvegarde du patrimoine culturel immatériel, 2003), du droit à la propriété intellectuelle (Convention sur la diversité biologique, 2007) aux aspirations politiques (Déclaration des Nations Unies sur les droits des peuples autochtones, 1992), l'autochtonie sert autant de fondement au droit à l'altérité qu'elle permet de se démarquer d'une globalisation qui tend à effacer les particularismes. Loin de l'image surannée qu'on leur prête, c'est bien leur compréhension des mécanismes de la prise de décision et des groupes d'influence gouvernementaux et non-gouvernementaux qui leur permet de se faire reconnaître des droits particuliers.

La notion d'autochtonie est riche d'une histoire longue, tant pour ce qui est de la notion que pour ce qui concerne les phénomènes qu'elle vient nommer. Afin de dénouer quelque peu les fils souvent emmêlés de cette notion et de ses usages, nous procèderons en trois temps. On s'attachera tout d'abord à rendre compte de la manière dont a été déclinée la notion d'autochtonie au cours des temps. Ensuite, deux cas concrets et actuels, nous permettront de dégager des enseignements transversaux quant à l'utilisation de la notion. Enfin, on en viendra au sens que l'autochtonie peut donner à la Cité, notamment dans sa manière de concevoir le(s) lien(s).

Déclinaisons du concept d'autochtonie

La notion d'autochtonie, en tant que principe d'affirmation de soi mis en connexion avec l'autre, si elle met l'accent sur l'origine permet aujourd'hui d'introduire et de négocier la différence.

L'autochtonie ou la question de l'Origine

L'autochtonie est grecque, est-il dit, athénienne précisément. « Vers le milieu du Ve siècle (avant notre ère), les bonnes gens d'Athènes, ou plutôt les intellectuels du cercle de Périclès, ce n'est qu'une hypothèse, imaginent de faire prononcer, devant les cercueils alignés de leurs 'morts-à-la-guerre', un discours, une oraison en forme d'éloge de la cité, la leur. Cité si admirable qu'elle est par excellence 'née d'elle-même', autochtone. Quel est donc le contenu des oraisons funèbres ? Elles relèvent à Athènes et en Grèce du Ve siècle d'un genre baptisé 'archéologie' ou discours sur les commencements, *archai*, qui deviennent aisément les Principes et les Valeurs. 'Nous sommes les autochtones, nés de la terre même d'où nous parlons. Le Bons Autochtones, c'est Nous, sortis d'une terre dont les habitants sont restés identiques, 'les mêmes', depuis les origines. Sans discontinuité. Une terre que nos ancêtres nous ont transmise'. Héritage, hérédité, le passé en ligne directe »[4].

Pour classique que soit cette définition de l'autochtonie, il faut bien admettre qu'elle a connu des définitions concurrentes, dans la même sphère linguistique et culturelle, en un même temps, ou ailleurs. Thèbes ou la Crète ne l'entendaient pas de cette oreille, en effet. Quant à Platon, il suggérait qu'un établissement humain, qui se définit fondamentalement par un régime de lois, doit voir son édification trouver place dans un lieu vierge, désert même[5]. En contre-point, du côté du texte biblique, la Terre dite Promise s'appelle tout autant Terre de Canaan. Une terre Promise sous condition, dont l'accession est précisément liée à l'obligation continuellement répétée aux Hébreux d'intégrer concrètement le principe d'une loi radicalement transcendante à l'homme.

À regarder de près ces variations autour du fondement et de l'origine, on comprend que l'Autochtonie et la Fondation n'ont pas nécessairement un commerce facile : si l'on s'en tient à la définition strictement athénienne, les postures de fondation concurrentes deviennent provocation. Mais dans tous les cas, il y a bien fondation, postulat de fondation et, bien entendu, expression des motifs du fondement – ses raisons, ses projets, ses modalités. Selon les cas, l'enfantement du groupe voit la Terre, Nature, Dieu ou les Dieux, ou les Hommes établis en géniteurs ou en origine ; les différences ne sont pas minces entre ces présupposés et le monde antique aura accommodé ces options de façon variée, y compris en croisant les unes et les autres.

Sur des terres toutes proches « seule la naissance qualifie la race des nobles, et le temps, même sur plusieurs générations, ne peut transformer un anobli par écrit en un gentilhomme de premier rang »[6]. Les Francs et les Germains, venus du nord, constituaient la race noble, les autochtones – ceux qui n'avaient pas bougé et qui étaient du lieu même! – étaient les culs-terreux, les serfs[7].

Il y a donc là un nouveau paradigme. « A priori, les choses sont simples : l'identité d'un peuple barbare se concevait d'abord comme une extension de la territorialité du groupe et comme son imperméabilité aux apports étrangers, avant que d'apparaître comme l'expression de son ethnicité (laquelle se définit immuablement par la langue, les institutions et

---

4 Marcel Detienne, « Des métaphores de l'autochtonie au temps de l'identité nationale », *Cités*, 1/37, 2009, p. 147-153.

5 Marcel Detienne, *Comment être autochtone : du pur athénien au français raciné*, Seuil, Paris, 2003.

6 *Ibid.*, p. 125.

7 *Ibid.*, p. 126-127.

les mœurs »[8]. Plus précisément, « l'estime de soi chez les Barbares est probablement aux antipodes de la pensée qui a produit l'autochtonie grecque. D'une part, ils ont intuitivement renoncé à l'affirmation d'une origine enracinée, génératrice d'exclusion : au droit du sol, ils ont préféré la parenté, l'alliance et les affinités sociales. D'autre part, concevoir leur identité comme une relation aux cultures étrangères devenait une nécessité historique »[9].

L'Europe des invasions barbares, aux Ve-VIIe siècles, voit le pouvoir se construire de l'intérieur vers l'extérieur. Mais à partir du roi Pépin (soit en 751) s'établit « une logique politique et symbolique nouvelle qui pose sur le roi la main de Dieu »[10]. Un tout nouveau cadre se dessine alors. « Le type de sacralité introduit par le rite chrétien excède le thème de la puissance de l'étranger et de l'étrange : le sacre se distingue du don de la royauté au nouveau venu en tant qu'il ne s'inscrit pas dans la même historicité : il confère à la fonction royale la pérennité du divin et se trouve par là associé à la théorie du double corps du roi[11], tandis que la réception de l'étranger par les autochtones, répondant à une situation plus aléatoire et incertaine, trouve écho dans les gloses sur le caractère ambigu, tabou, du pouvoir. Les royautés théocratiques qui se mettent en place dans l'Europe du VIIIe siècle ne sont le prolongement exact ni des cités antiques où s'étaient développées les conceptions de l'étranger-roi, ni des tutelles « barbares » étayées par l'idéologie d'un roi autochtone charismatique. L'influence de la culture chrétienne et l'émergence d'un fort idéal de centralisation sont à l'origine d'un renouvellement de la pensée politique ancienne ; elles marquent l'avènement d'un modèle institutionnel qui enracine le pouvoir puis l'État dans un espace stabilisé continu »[12].

Il faut certainement être un peu plus complet à partir de là, en notant que la centralisation va de pair avec une projection dans l'humain plus généralement. L'expansion monumentale des puissances de l'Occident vers l'Afrique et les Amériques voit les populations de ces continents entrer dans une géographie mentale puissante, à tous les sens du terme. L'humanité se voit rapidement amputée de populations dans lesquelles les Occidentaux ont beaucoup de mal à voir des descendants d'Adam. Dans le même temps, ceux des humains qui s'attribuent les qualités d'Humanité vont régenter les territoires conquis et les populations qui y demeurent.

---

8 Serge Lewuillon, « Origines barbares. Pourquoi les Celtes n'ont jamais été des autochtones ? », *Autochtonies*, 2009, p. 7.

9 *Ibid.*, p. 17.

10 Alban Bensa, « Usages savants et politiques de la notion d'autochtonie », *Autochtonies*, 2009, p. 26-27.

11 Ernst Kantorowicz, *Les deux corps du Roi*. Essai sur la théologie politique au Moyen Age, Gallimard, Paris, 1989.

12 Alban Bensa, « Usages savants et politiques de la notion d'autochtonie », *op. cit.*, p. 27.

À ce stade, trois forces ont été mobilisées :

– une autochtonie qui nait de la terre où s'ancrent les racines de ceux qui y ont domicile, ces derniers régentant la présence plus ou moins accomplie et plus ou moins durable socialement de tout immigré;

– une autochtonie liée à une institution politique qui aura été établie par des non autochtones détenteurs de l'autorité suprême, qui vont déployer leur puissance à partir de ce centre tout en réglant la vie des natifs du lieu dans un jeu d'alliances nécessaires;

– une autochtonie où le pouvoir terrestre mobilise le pouvoir céleste dans un processus de centralisation qui projette deux registres de compétences – le monde d'en bas et le monde d'en haut – qui se veulent étanches et qui ne cessent pourtant de se fréquenter.

Dans ces cas de figures, les phantasmes de l'origine et du fondement existent à travers des formes d'organisation sociale parfaitement élaborées, où tous les protagonistes se voient attribuer une place, ou bien la construisent, ou la contestent. Dans tous les cas, parmi les paramètres sur lesquels vont s'exercer les formes de cadrage politique et juridique, la langue, la religion, la parenté et les alliances, les corps sociaux, l'emplacement pour les défunts vont compter parmi les indicateurs explicites de la projection de soi et des régimes de la gestion des autres. Ces paramètres seront parmi les plus récurrents que l'on puisse trouver aussi bien du côté des idéaux élaborés que du côté des négociations sans fin qui se produisent au jour le jour quand il s'agit du commerce effectif des différences.

De nos jours, une autre force s'est imposée en matière de fondation et d'autochtonie : l'émancipation des populations et le droit des peuples à disposer d'eux-mêmes se sont rejoints pour former le quatrième paradigme de l'autochtonie, et le plus actuel. Cela, en s'appuyant sur la figure cardinale de l'État-nation qui, potentiellement, peut générer autant d'entités étatiques qu'il y a de groupes différenciés, ou auto-différenciés.

En Amérique du sud, le courant indigéniste remonte à la deuxième moitié du XIXe siècle. Ce dernier prend acte du fait que si l'égalité juridique entre Indiens et Blancs a bien été stipulée dans les nouvelles républiques d'Amérique latine, les populations indiennes y font l'objet d'un véritable colonialisme intérieur. Dans le cadre des politiques indigénistes, les Indiens sont intégrés aux systèmes dominants. Devenus citoyens, ils « perdent leurs caractères distinctifs »[13]. Deux évolutions vont marquer la question indigéniste à partir de 1940. D'une part, celle-ci est posée à l'échelle du sous-continent, restant toutefois lourdement marquée par l'option intégrationniste

13 Marie-Chantal Barre, « Indigénisme, politique », *Encyclopedia Universalis*, Thésaurus III, 2008, p. 2687 ; Henri Favre, *L'indigénisme*, PUF, Paris, « Que sais-je ? » n° 3088, 1996.

dans un premier temps. C'est de 1980 que date « l'intégration non discriminatoire de la population indigène » et la mise en œuvre « du concept de participation »[14]. Au « nord », l'autochtonie apparaît avec l'auto-identification des Amérindiens comme « peuples autochtones » ou « premières nations » dans les années 1970. En 2006, 370 millions de personnes appartenant à plus de cinq mille cultures[15] se revendiquaient autochtones.

Le développement des États-nations a contribué à créer la perception et, par là, la distinction des minorités, aussi par le fait qu'apparaît le principe des nationalités. Le droit international a ensuite largement participé au renforcement de ce concept. Mais le sujet n'est pas épuisé par la distinction entre modèle de société dominant et minorités. En effet, la communauté internationale et les autochtones[16] eux-mêmes établissent une différenciation entre minorités et autochtones, et même entre communautés locales et autochtones comme le rappellent les débats de la conférence des Parties à la Convention sur la diversité biologique. Aux facteurs externes d'identification qui sont mis en œuvre au plan international, s'ajoutent donc les initiatives ou entreprises dont les représentants des peuples autochtones sont les porteurs au sein de l'instance onusienne[17].

L'autochtonie : le droit international comme plate-forme de négociation ?

Devenue planétaire, la problématique de l'autochtonie s'est vue prise en charge par les législations internationales et, au premier chef au sein de l'ONU. Les critères qui ont progressivement dessiné le paysage de l'autochtonie dans cette enceinte et dans les agences spécialisées qui ont à connaître de la problématique ont évolué avec le temps[18].

En 1926, la Convention 50 de l'Organisation internationale du travail (OIT) définit les travailleurs autochtones des pays indépendants comme « des travailleurs appartenant, ou assimilés, à la population indigène des territoires dépendants des membres de l'organisation, ainsi que les travailleurs appartenant, ou assimilés, à la population indigène non indépendante des territoires métropolitains des membres de l'organisation ». En 1957, l'OIT vise l'assimilation de ces populations à la population dominante, suivant ainsi la thèse évolutionniste.

---

14 *Ibid.*

15 Françoise Miron, « L'autochtonie, forme d'ethnicité ou exemple d'ethnogénèse ? », *Parcours anthropologiques*, 6, 2006, p. 58.

16 Geneviève Koubi et Isabelle Schulte-Tenckoff, « "Peuple autochtone" et "minorité" dans les discours juridiques : imbrications et dissociations », *RIEJ* n° 45, 2000, p. 1-26.

17 Françoise Miron, « L'autochtonie, forme d'ethnicité ou exemple d'ethnogénèse ? », *op. cit.*

18 Stéphane Pessina Dassonville, « Le statut des peuples autochtones à la croisée des savoirs », *Cahiers d'anthropologie du droit*, 2012, p. 7-29.

Mais dès 1989 (Convention 169), l'OIT revoit sa définition et utilise celle des rapports de José Martinez Cobo[19] établi par la Sous-commission pour la lutte contre les mesures discriminatoires et la protection des minorités à la demande le Conseil économique et social de l'ONU dont les éléments de définition vont s'appuyer sur plusieurs facteurs :

> Par communautés, populations et nations autochtones, il faut entendre celles qui, liées par une continuité historique avec les sociétés antérieures à l'invasion et avec les sociétés précoloniales qui se sont développées sur leurs territoires, se jugent distinctes des autres éléments des sociétés qui dominent à présent sur leurs territoires ou parties de ces territoires. Ce sont à présent des éléments non dominants de la société, et elles sont déterminées à conserver, développer et transmettre aux générations futures les territoires de leurs ancêtres et leur identité ethnique qui constituent la base de la continuité de leur existence en tant que peuple, conformément à leurs propres modèles culturels, à leurs institutions sociales et à leurs systèmes juridiques.
>
> Cette continuité historique peut consister dans le maintien, pendant une longue période jusqu'ici ininterrompue, de l'un des facteurs suivants ou de plusieurs :
>
> *a*) l'occupation des terres ancestrales ou au moins d'une partie de ces terres ;
>
> *b*) l'ascendance commune avec les premiers occupants de ces terres ;
>
> *c*) la culture en général ou sous certaines de ses manifestations (telles que religion, vie en système tribal, appartenance à une communauté autochtone, costume, moyens d'existence, mode de vie, etc.) ;
>
> *d*) la langue (qu'elle soit utilisée comme langue unique, comme langue maternelle, comme moyen habituel de communication au foyer ou dans la famille, ou comme langue principale, préférée, habituelle, générale ou normale) ;
>
> *e*) l'implantation dans certaines parties du pays ou dans certaines régions du monde ;
>
> *f*) d'autres facteurs pertinents. …[20].

Sont considérés ici des éléments objectifs tels que le territoire, l'ascendance ou la langue. Mais un facteur fondamental, déjà soulevé par l'OIT en 1989, est certainement celui plus subjectif du sentiment d'appartenance à un groupe autochtone, ressenti par l'individu et accepté par le groupe est retenu par la *Déclaration des Nations unies sur les droits des peuples autochtones*. De celui-ci découle un droit à des institutions propres et à une éducation suivant les traditions du groupe. Il transforme aussi juridiquement l'autochtone d'objet en sujet de droit et lui accorde ce qui est peut-être l'objectif essentiel, le droit à la différence.

La notion de « peuples autochtones »[21] est ainsi adoptée en 2007, après plus de vingt ans de controverses, dont certaines sont d'ailleurs loin d'être closes.

---

19 Rapporteur spécial pour la Sous-commission sur la prévention de la discrimination et la protection des minorités des Nations unies.

20 José Martinez Cobo, *Study of the problem of discrimintation against Indigenous Populations*, E/CN.4/sub.2/ 1986/7/Add.1 à 4.

Ce long cheminement trouve ses racines dans les luttes pour leurs droits des peuples de l'Amérique latine. Cette origine géographique va imprimer l'idée de la primo-installation sur la définition des autochtones dans le droit international, laquelle fait l'objet de beaucoup de débats depuis 1957 avec le premier texte mentionnant la question autochtone (C 107 du Bureau international du travail, révisée en 1989 sous le nom de *Convention relative aux peuples indigènes et tribaux*, C169). Avec les rapports Cobo, la notion d'autochtonie acquiert une autre dimension qualifiée de structurelle ou constructiviste[22], notamment sur l'insistance du Groupe de travail sur les populations autochtones (GTPA).

Cette extension du débat à d'autres parties et d'autres peuples du monde va conduire à une définition qui sera moins liée à l'idée de primo-installation – même si elle reste sous-jacente, qui admet une pluralité de critères qui peuvent se combiner entre eux. L'ancrage au territoire n'est plus le seul principe. Les relations de dominance, de discrimination et de marginalité viennent enrichir et complexifier la définition : désormais peuvent être considérées comme autochtones les populations dont le point commun est d'avoir historiquement des relations de pouvoir inégales avec les États-nations dans lesquels elles vivent.

Dans ce contexte, le syntagme « peuple autochtone » permet de créer une catégorie de droit international où l'autochtone est considéré non comme un individu mais comme membre d'un peuple qui, sujet de droit international voit s'accroître la perspective de se voir reconnaître une personnalité juridique. L'objectif de la Déclaration des Nations unies est de permettre à une catégorie considérée comme marginalisée et discriminée de prendre pied dans la communauté des nations. Pour cela, elle doit être soutenue par la mise en place d'une politique de discrimination positive[23]. Cette acception de l'autochtonie comme outil de lutte contre les discriminations s'impose désormais dans de nombreux agendas et politiques internationales.

Auparavant en 1992, la *Convention sur la diversité biologique* avait reconnu dans ses articles 8j et 10c, non seulement l'existence *des communautés autochtones et locales* mais surtout certains de leurs droits. Cela, au travers d'une réhabilitation de leurs savoirs et pratiques traditionnels et de quelques éléments de reconnaissance de propriété de gestion collective[24]. Ainsi, dans

21 Résolution adoptée par l'Assemblée générale des Nations unies, 13 septembre 2007, A/RES/61/295.

22 Dorothy Hodgson, «Becoming indigenous in Africa», *African Studies Review* , vol 52, n°3, 2009, p. 1-32.

23 Irène Bellier, « Autochtonie », *Espaces Temps*, 2009, http:/espacestemps.net/document7583.html.

24 Voir entre autre Fikret Berkes, Johan Colding, Carl Folke, «Rediscovery of traditional ecological knowledge as adaptative management», *Ecological Application,* vol. 10, n°5, 2000, p. 1251-1262 ; Marie

tout projet ayant trait au développement durable, à l'exploitation des ressources naturelles ou à la conservation de la biodiversité, les communautés autochtones et locales doivent être prises en compte, consultées et mieux, associées.

Cependant des groupes humains particuliers, des populations diverses au sein d'une même entité étatique témoignent directement des enjeux variés qui touchent à l'autochtonie. Les qualifications extérieures à un groupe ou revendiquées par celui-ci épousent des lignes de force qui trouvent leur origine dans les arguments de plus en plus nombreux et hétérogènes, qui légitiment le label d'autochtonie. Dans de telles conditions, l'autochtonie peut devenir tout simplement source de nouveaux conflits, réactiver d'anciens conflits, ou donner à ceux-ci de nouvelles configurations. D'autant qu'alors que l'ancienneté de l'occupation d'un territoire reste un élément important de la définition de l'autochtonie, celui-ci apparaît discutable pour certains continents lors de l'étude des peuplements humains. Dès lors, la définition de la notion et son évolution est largement influencée par des considérations et des objectifs politiques.

Les tensions entre dimensions globale et locale dans l'acception du concept d'autochtonie, l'exemple de l'Afrique

Deux évocations précises devraient permettre de toucher du doigt les difficiles développements du dossier des autochtonies au jour le jour. L'une d'elles concerne les groupes dits « pygmées », à propos desquels les qualifications d'autochtonie ont ouvert la voie à des conflits durs et persistants. L'autre, les communautés Imrâgen de Mauritanie, dont l'inclusion, pour une partie d'entre elles, dans le Parc National du Banc d'Arguin a stimulé l'élaboration d'une identité « autochtone » partagée et induit une mobilité nouvelle dans la structure sociale.

Le groupe pygmée : reconnaissance internationale contre construction nationale

Lorsque la question des droits des populations autochtones en Afrique est examinée en 2003, l'Union Africaine recherche, en relation avec la Charte africaine des droits de l'Homme et des peuples (1981), les critères permettant d'identifier ces populations. Elle souligne alors, comme la Déclaration des Nations unies sur les droits des peuples autochtones (2007), que certains groupes de populations s'identifient eux-mêmes comme

---

Roué, Douglas Nakashima, « Des savoirs 'traditionnels' pour évaluer les impacts environnementaux du développement moderne et occidental », *Revue internationale des sciences sociales,* vol. 3, n° 173, 2002, p. 377-387 ; Manuel Ruiz, Ronnie Vernooy (eds), *The custodians of biodiversity. Sharing access to and benefits of genetic ressources*, Earthscan, New York, 2012.

autochtones. Ainsi, l'autochtonie se fonde sur le principe de *l'autodétermination* : sont autochtones ceux qui se déclarent tels. Les nations africaines se trouvent ainsi face à la difficulté de passer du paradigme dominant selon lequel les autochtones sont issus des 'premières nations', tel qu'il est appliqué en Amérique et en Australie, à celui concernant les minorités culturelles[25].

Selon le site de *Survival International* : les « peuples indigènes » d'Afrique sont « les Bushmen du Botswana, les Maasai de Tanzanie, les Ogiek du Kenya, les peuples de la vallée de l'Omo en Éthiopie et les Pygmées d'Afrique centrale »[26]. Certes cette reconnaissance se développe au niveau international comme une part du discours sur les droits de l'homme mais en Afrique elle a une toute autre réalité.

L'exemple pygmée[27] est instructif quant à la différence de point de vue qu'il renseigne sur la notion d'autochtonie. Dans le contexte international, l'autochtonie a vocation à créer une catégorie juridique où l'autochtone est considéré comme membre d'un peuple, en tant que tel, sujet de droit international. Or en Afrique, l'autochtonie, vécue et construite historiquement, est relative à la citoyenneté, à l'État-nation. On se trouve donc avec deux utilisations concomitantes, ambiguës, voire contradictoires de la même notion.

En Afrique centrale, le terme « pygmée » considéré de plus en plus comme péjoratif, est remplacé dans les discours par d'autres appellations, comme 4B (Baka-Bagyeli-Bakola-Bedzan) au Cameroun, ou « populations autochtones » de manière plus générale. C'est explicitement ce qu'a fait le Congo dans une loi de 2011 interdisant l'emploi de « pygmée »[28]. Au Gabon, le terme employé dans les textes relatifs à la protection de l'environnement est celui, de « villageois », évitant ainsi une stigmatisation par rapport à d'autres ethnies au mode de vie comparable.

Aux termes de la *Déclaration des Nations unies sur les droits des peuples autochtones*, il ne fait aucun doute que les Pygmées sont des autochtones. D'ailleurs, à partir de 2003, sur l'insistance du *International Work Group for Indigenous Affairs* (IWGIA), des représentants « *Batwa and other "pygmies" (as they called themselves at the U.N.)* »[29], participent au groupe de travail des Nations unies sur les questions autochtones.

---

25 Dorothy L. Hodgson, «Becoming indigenous in Africa», *African Studies Review* , *op. cit.*, p. 8-10.

26 http://www.survivalfrance.org/peuples (consulté le 27/10/2015).

27 Sur ce point, nous utilisons principalement les données de Marine Robillard et Serge Bahuchet, « Les Pygmées et les autres : terminologie, catégorisation et politique », *Journal des Africanistes,* vol. 82, n° 1-2, 2012, p. 15-51.

28 Art. 1er de la loi n°5-2011 du 25 février 2011 portant promotion et protection des droits des populations autochtones en République du Congo.

29 Dorothy L. Hodgson, «Becoming indigenous in Africa», *op. cit.*, p. 10.

Si la reconnaissance des groupes « pygmées » comme « les seuls autochtones », en lien avec le « mythe du cocon forestier » les identifiant comme seuls vrais habitants de la forêt[30], leur confère un rôle de gardiens de la forêt, le terme « autochtone » tend à séparer artificiellement les populations pygmées des autres peuples avec lesquels ils coexistent depuis des milliers d'années, niant ainsi leur histoire commune tant au niveau théorique des études et des analyses scientifiques qu'au niveau politique.

Cette séparation infondée génère une vision par opposition sans considération pour les associations et les complémentarités entre ces populations sur le temps long et dans toute leur complexité. Ne pas prendre en compte ces interrelations, « les négliger, c'est s'enfermer délibérément dans une vision tribaliste, conflictuelle et difficilement compréhensible »[31].

La reconnaissance des « Pygmées » comme autochtones, pour légitime qu'elle soit au regard des critères internationaux, s'effectue en renforçant le mythe de leur présence antérieure aux migrations historiques, mêlant ainsi particularisme culturel avec primo-installation. Or en Afrique, la question de la primo-installation est beaucoup plus difficile à établir que sur le continent américain. L'histoire africaine, avant et après la colonisation est, en effet, marquée par des mouvements de populations qui redessinent et complexifient sans cesse les territoires et les identités[32].

À cela s'ajoute que si dans son acception internationale, la notion d'autochtone permet à des minorités marginalisées de revendiquer des droits auprès (ou contre) les États, en Afrique l'usage de la notion tend à viser les « vrais » ayants droit (citoyens) par rapport aux allochtones, aux immigrants[33]. Au moment des indépendances, dans un contexte de formation des nouveaux États, quand il s'est agi de déterminer qui appartient à telle nation et peut donc en être citoyen à part entière, l'autochtonie, en mobilisant, l'idée d'enracinement comme preuve de l'appartenance, a fait partie intégrante du processus de territorialisation et de construction de l'identité nationale[34]. Dans ce cadre, en définissant qui sont « les autres » (les

---

30 Serge Bahuchet et Henri Guillaume, « Relations entre chasseurs-collecteurs pygmées et agriculteurs de la forêt du nord-ouest du bassin congolais » *in* Serge Bahuchet (dir.), *Pygmées de Centrafrique. Études ethnologiques, historiques et linguistiques sur les Pygmées « Ba.Mbenga » (aka/ baka) du Nord-Ouest du bassin congolais*, Peeters, Louvain-Paris, 1979, p. 109-139.

31 Marine Robillard, *Pygmées Baka et voisins dans la tourmente des politiques environnementales en Afrique centrale.* Thèse, Muséum national d'histoire naturelle, Paris, 2010, p. 76.

32 Dorothy L. Hodgson, «Introduction: Comparative Perspectives on the Indigenous Rights Movement in Africa and the Americas», *American Anthropologist*, vol. 104, n°4, december 2002, p. 1037-1049.

33 Bambi Ceuppens, Peter Geschiere, «Autochthony: local or global? New modes in the struggle over citizenship and belonging in Africa and Europe», *Annual Review of Anthropology*, vol. 34, 2005, p. 385-407.

34 Peter Geschiere, Stephen Jackson, «Autochthony and the crisis of citizenship: democratization, decentralization, and the politics of belonging», *African Studies Review*, vol. 49, n°2, september 2006, p. 1-7.

allogènes) et en créant les « nous » (les autochtones), l'autochtonie a permis de construire un État-nation en prétendant dépasser le caractère ethnique[35]. Puis, dans les années 1990, les processus de démocratisation et de multipartisme ont activé les compétitions et oppositions pour la dévolution du pouvoir. Le rapport au lieu et à la terre ainsi que l'ancrage au territoire a servi de slogan pour renforcer les légitimités politiques en opposition aux « étrangers » non légitimes, divisant ainsi la société entre ceux qui sont détenteurs de droits et de pouvoir, les autochtones, et ceux qui ne le sont pas, les allogènes[36].

L'idée de primo-installation et d'identité ethnique est employée ici sans que celles-ci ne fassent référence à des identités primordiales antérieures à la colonisation[37]. Dans ce contexte, l'allogène n'est plus uniquement celui dont la nationalité est autre, c'est aussi celui d'une autre région, celui du village d'à côté, le voisin. Pour les populations locales, si les Pygmées sont les premiers habitants, cela signifie qu'ils ne sont pas/plus des citoyens comme tous les autres. Alors que l'autochtonie « moderne » est liée à l'idée de citoyenneté, paradoxalement l'autochtonie que leur prêtent les sociétés non autochtones s'oppose à leur reconnaissance effective[38].

Or cette revendication de l'autochtonie par les groupes pygmées s'effectue avec un soutien décisif d'ONG étrangères – voire sur leur impulsion initiale. C'est un mouvement encore naissant mais dont on situe l'élément déclencheur dans de grands projets entraînant des perturbations environnementales, tels que l'oléoduc Tchad-Cameroun. L'attribution de la qualité de « peuple autochtone » aux « Pygmées » créant une catégorie *d'exception*, elle ouvre droit à un régime de traitement favorable vis-à-vis des projets de conservation et de gestion durable de la biodiversité ou encore lors de la construction de grandes infrastructures. Les enjeux actuels autour de mécanismes de compensation de la déforestation (certification du bois, lutte contre l'émission de gaz à effet de serre…) renforcent encore cette instrumentalisation de l'autochtonie dans des démarches de protection d'une certaine vision de la nature.

La même ambivalence est en effet à l'œuvre dans le contexte très particulier des aires protégées où la catégorie d'« autochtone » opère simultanément comme facteur de discrimination : pour distinguer les

---

35 Jean-François Bayart, Pierre Geschiere, Francis Nyamnjoh, « Autochtonie, démocratie et citoyenneté en Afrique », *Critique internationale,* n°10, 2001/1, p. 179-182.

36 *Ibid.*, p. 182-188.

37 Voir l'idée de « l'imaginaire identitaire », Achille Mbembe, « A propos des écritures africaines de soi », *op. cit.*

38 Alec Leonhardt, «Baka and the Magic of the State: Between Autochthony and Citizenship», *African Studies Review,* vol. 49, n°2, september 2006, p. 69-94.

usagers légitimes des autres ; et comme vecteur d'identification pour des communautés, souvent éclatées ou multiformes, qui ont soudain à revisiter leur histoire et leurs contours identitaires sur des bases nouvelles et partagées. L'exemple des communautés Imrâgen incluses dans le Parc National du Banc d'Arguin de Mauritanie en donne un aperçu significatif.

L'« autochtonisation » : un processus consécutif à la création des espaces protégés. Le cas des communautés Imrâgen de Mauritanie

La question de l'« autochtonie » trouve ces dernières années, dans le contexte de patrimonialisation des espaces naturels, un écho tout particulier. Loin d'être confiné aux seuls écosystèmes naturels, l'impact des structures de conservation de la nature opère de plus en plus clairement sur la structure sociale des communautés qui y vivent. Le phénomène dit d'« autochtonisation »[39] apparaît à ce titre comme un effet indirect des plus remarquables de leur création. Mobilisé le plus souvent à des fins pratiques : dans le but de définir la légitimité des communautés à occuper et jouir des ressources de l'espace protégé, ce phénomène donne lieu à des déplacements notables, tant au niveau local : par la façon dont les communautés concernées sont progressivement amenées à affermir, réactualiser voire à *construire* des traditions conformes au principe d'autochtonie ; qu'à un niveau plus global : en favorisant l'émergence de segmentations identitaires nouvelles.

L'exemple des communautés Imrâgen du Parc National du Banc d'Arguin (PNBA) permet de comprendre l'impact des processus d'autochtonisation sur la structure sociale des populations qui y sont indirectement soumises. À un niveau local : au sein des communautés vivant dans l'aire protégée, ce processus opère dans des formes d'appropriations nouvelles de la mémoire collective et de la « tradition ». C'est à une progressive « muséification »[40] de leur identité que ces communautés seront enjointes. À un niveau plus global, l'autochtonisation opère en stimulant l'émergence de catégories et segmentations sociales inédites, qui pour être associées à des droits spécifiques et exclusifs, sont souvent peu compatibles avec l'idéal de citoyenneté valorisé par les États. Ce n'est donc pas sans ébranler et profondément redéfinir les identités qu'elle prétend révéler, que cette notion « d'autochtonie » agit dans le contexte de patrimonialisation des espaces naturels.

Créé en juin 1976, le PNBA représente le plus grand Parc d'Afrique de l'Ouest, avec 12 000 km² également répartis entre espaces continental et

---

39 Frédéric Giraut et *al.*, « Les aires protégées dans les recompositions territoriales africaines », *L'information géographique*, vol. 68, n°4, 2004, p. 340-368.

40 Tarik Dahou et Abdel Wedoud Oud Cheikh, « L'autochtonie dans les Aires marines protégées. Terrain de conflit en Mauritanie et au Sénégal », *Politique Africaine*, n°108, 2007/4, 2007, p. 173-190.

maritime. Ses inscriptions successives sur la liste des zones humides d'importance internationale (convention RAMSAR) en 1982, puis sur celle des sites du Patrimoine mondial de l'UNESCO en 1989, ont consacré une vocation initialement strictement réduite à la préservation de la diversité biologique[41]. Au cours de son développement toutefois – notamment lorsqu'il s'est agi de contenir l'attrait croissant que constituait, pour des populations acculées sur la côte par les grandes sécheresses, un marché de la pêche en pleine expansion, le PNBA a progressivement été amené à se poser la question de l'identité des « vrais autochtones »[42] du Banc d'Aguin, laquelle se confondait avec l'identification des usagers légitimes de ses ressources naturelles. La catégorie de « pêcheurs Imrâgen » est alors devenue un tuteur de discrimination privilégié pour définir les résidents légitimes du Parc, et ce, alors même que l'étymologie incertaine attribuée à cette terminologie[43], autant que le caractère essentiellement labile et ouvert de la structure des communautés jusqu'alors désignées comme telles, semblaient exclure un tel repli identitaire.

L'éviction de toutes autres catégories significatives au profit de celle-ci paraissait en outre d'autant plus discutable que le rapport au milieu naturel s'était toujours construit dans la zone du Banc d'Arguin sur un partage d'influences, d'usages et de prérogatives. Les groupes tribaux : maraboutiques (*zwāyā*) et guerriers (*ḥassān*), dont les communautés de pêcheurs Imrâgen constituaient traditionnellement la base servile, avaient en effet contracté avec l'espace maritime une relation d'appropriation spécifique qui, pour n'être pas du ressort de la pêche, n'en constituait pas moins une emprise tangible sur ce milieu. Si les pêcheurs ont seuls la possibilité d'« entrer » dans la mer *(dḫel ǝ-bḥaṛ)*, d'y être engagés corporellement et d'y pratiquer une activité de pêche, c'est à la condition que les compétences d'autres protagonistes s'y soient préalablement exercées. Le régime d'appropriation de l'espace maritime propre aux guerriers et aux marabouts s'apparente aux logiques imparties à leur groupe. C'est à titre d'espace foncier, en exerçant une domination à sa surface et en en régulant l'accès et les moyens de le parcourir, que le milieu maritime était contrôlé par les tribus guerrières. Les tribus maraboutiques fondaient quant à elles leur emprise sur la mer par le biais d'une relation heuristique : en exerçant un pouvoir exégétique sur l'espace « infra-maritime », par la sollicitation rituelle d'existants non humains

---

41 C'est en effet sur l'initiative du naturaliste T. Monod que ce site, point de migration et reproduction ornithologique d'exception, a été défini comme Parc National.

42 Abdel Wedoud Ould Cheikh, « Création, évolution, peuplement et identité imraguen, gestion de l'espace. Le Parc National du Banc d'Arguin », CONSDEV Working Document/WP1/02, Nouakchott, 2002, p. 35.

43 Citons entre autres explications celles que donne Gruvel de l'« imraguen » comme de « celui qui ramasse les coquillages », ou Mokhtar Ould Hamidon comme « les gens situés à l'extrême ouest, au bord de mer » en référence à la racine znâga qui signifierait « les nuages venant de l'Ouest ».

(tortues ou dauphins) dont dépendait la réussite de la pêche. Pêcheurs Imrâgen et protagonistes non pêcheurs jouaient donc dans l'économie sociale et écologique de la zone des rôles distincts et également complémentaires.

Lorsque le Parc a défini dans sa législation (loi 2000/24) le profil des usagers légitimes de ses ressources, cette variété de postures a été suspendue au profit d'un modèle social simplifié et de la valorisation d'une activité unique: la pêche, dont les modalités ont été très rigoureusement précisées[44]. La revendication de l'autochtonie a impliqué, au lieu de ces perspectives contrastées sur le milieu maritime, la référence à une identité et à une pratique communes. C'est sur la base des critères retenus par le Parc comme étant les mesures de l'autochtonie : l'idée de territorialité d'une part (chapitre 2 de la loi 2000/24) et la relation respectueuse à l'environnement, ou « conservation », d'autre part (chapitre 3), que se sont élaborés les discours des communautés concernées. Systématiquement mobilisées pour servir d'appui à leur revendication, ces deux entités : territoire et conservation, ont charpenté l'idée d'autochtonie et ce, en dépit d'une appropriation malaisée dans le contexte local. La notion de « territoire » induit, en effet, pour les sociétés nomades dont sont issues les communautés du Banc, d'autres types de représentations que celles d'un espace concentrique pourvu de frontières stables. Dans le cas des populations nomadisant dans la zone, le territoire se présentait sous la forme de trajectoires biographiques ou tribales flexibles, constamment soumises à révision. Un certain attachement à la « terre » (*khthon*) pouvait certes être mobilisé et, à ce titre, constituer un élément identitaire significatif dans la définition d'une « autochtonie » locale, mais à la condition de concevoir cet attachement comme essentiellement labile, et d'appréhender cette « terre » dans son étroite relation avec l'espace maritime. Pour présenter une identité territorialisée, sédentaire et continentale, d'autres stratégies ont donc émergé. Elles ont, pour la plupart, consisté à prendre appui sur le cadastre territorial établi par l'administration coloniale à l'issue d'un conflit survenu dans la zone en 1930. En mobilisant dans leurs discours cet épisode, les communautés incluses dans la zone du Parc avaient le sentiment d'« authentifier » ce droit à la terre et de lui apporter une légitimité, notamment écrite, incontestable. C'est donc en réactualisant et se réappropriant le sens de son passé colonial : en lui attribuant une valeur fondatrice, que le discours autour de l'autochtonie s'est, en partie, construit localement[45].

---

44 L'article 11 de la loi 2000/24 décrit en effet de façon très précise les pratiques, matériels et embarcations autorisés dans la zone du Parc.

45 Hélène Artaud, « La mémoire en ressac : Savoir, autochtonie et mémoire chez les pêcheurs Imrâgen du Banc d'Arguin » in Pierre Bonte et Sébastien Boulay (dir.), *La Mauritanie contemporaine : enjeux de mémoire et nouvelles identités*, *The Maghreb Review*, 2010, p. 108-125 ; Hélène Artaud, *La poïétique des flots. Ouvrir,*

L'autre notion mobilisée par les communautés locales pour asseoir leur légitimité à résider dans le Parc et à en utiliser les ressources est celle de « conservation » ou « gestion » de la nature, également mise en tête de la loi 2000/2424. Là encore, cette idée de « conservation » – qui implique de concevoir la nature comme un espace fragile sur lequel peuvent s'exercer des pressions dommageables qu'il convient de prévenir et de maîtriser, n'a pu recouvrir pour ces communautés vivant jusque dans les années 1970 d'une pêche de subsistance, qu'un contenu très incertain. C'est pourtant en prônant systématiquement dans leurs discours la conformité de leurs pratiques « ancestrales » avec les objectifs écologiques définis par le Parc, que les différents protagonistes de la zone ont tenté de faire valoir – de façon délibérée ou non, une inscription légitime dans la zone du PNBA. Pour profitable qu'ait été cet exercice, – au niveau de la mémoire collective notamment dont elle a réactualisé des savoirs et représentations parfois durement éprouvés par des changements technologiques soudains[46]–, cette injonction tacite à se définir dans le sillon naturaliste n'en a pas moins mis en évidence un processus complexe, et à certains égards opportuniste, de « réinvention de ces identités tribales »[47] et reconstruction du passé. Il est donc patent, à considérer la façon dont l'« autochtonie » s'est échafaudée dans le discours des communautés toutes confondues de la zone, qu'elle apparaît essentiellement comme une catégorie extérieure, « importée »[48], dont l'appropriation nécessite des ajustements mémoriels partagés, entre des groupes originairement distincts voire rivaux.

Si donc l'émergence d'une identité autochtone a stimulé à un niveau local des transformations notables, elle n'a pas non plus été sans incidence à un niveau plus global : celui du tissu social dans lequel s'inscrivaient, avant le développement du PNBA, les communautés de pêcheurs « Imrâgen ». Leur inclusion dans l'espace protégé du Banc d'Arguin a très largement participé à redéfinir leur importance au niveau national. Avec leur soudaine visibilité patrimoniale, et les « droits » qui leur ont été en conséquence imputés, les

---

construire et refermer la mer dans le Banc d'Arguin, Thèse de doctorat en anthropologie sociale, École des Hautes Études en Sciences Sociales, Paris, 2011 ; Hélène Artaud, « Une éthique amrig de la conservation a-t-elle existé ? Relecture de l'écologie traditionnelle des pêcheurs Imrâgen à la lumière des textes de R. E. Johannes » *in* Sébastien Boulay et Bruno Lecoquiere (dir.), *Le littoral mauritanien à l'aube du XXIe siècle : nouvelle mobilités, gouvernance de la nature et dynamiques socio-culturelles*, Paris, Karthala, 2011, p. 235-252.

46 Les années 1970 coïncident avec le développement sur tout le littoral mauritanien (le Banc d'Arguin n'y ayant pas fait exception) de techniques (filets et embarcations) nouvelles.

47 Tarik Dahou et Abdel Wedoud Ould Cheikh, « L'autochtonie dans les Aires marines protégées. Terrain de conflit en Mauritanie et au Sénégal », *op. cit.* p. 173-190.

48 Bertrand Cazalet, « Les aires marines protégées à l'épreuve du sous-développement en Afrique de l'Ouest », La biodiversité des océans : ses différents visages, sa valeur et sa conservation, *Vertigo*, vol. 5, n°3, décembre 2004.

« Imrâgen » ont bénéficié d'une image nouvelle, et trouvé une exemplarité d'autant plus inattendue qu'elle semblait procéder « à rebours » de l'imaginaire traditionnellement associé à ces communautés. Les populations occupant l'espace du Banc d'Arguin ont largement pâti, en effet, d'un préjugé négatif attaché à leur position statutaire basse, et à leur marginalité professionnelle. Si cette réhabilitation s'est engagée en amont de la création du PNBA, avec la place nouvelle impartie à la pêche au tournant des années 1970 dans l'économie mauritanienne[49], c'est la création du Parc qui a sans doute opéré le changement le plus tangible. En mettant les communautés Imrâgen au cœur d'un Parc de renommée mondiale, caractérisé par son « rôle phare » dans le réseau d'Aires marines protégées de la sous-région, ces communautés jusqu'alors ostracisées et marginalisées s'en sont soudain trouvées les emblématiques représentants. Le processus d'autochtonisation, auquel ont été enjointes ces communautés Imrâgen, a donc opéré un renversement notable dans les représentations collectives de la société maure: passant de la marginalité professionnelle à l'inclusion dans un dispositif économique national ; de la dépréciation sociale à leur exemplarité patrimoniale. Cette mobilité sociale se présente là encore comme un autre trait commun aux stratégies identitaires en vigueur dans les espaces protégés. Outre les redéfinitions identitaires que la création des espaces protégés stimule à un niveau local, c'est aussi à une échelle nationale que ces changements se font sentir : en créant des statuts identitaires d'exception. En effet, si « la majorité des populations concernées par les aires protégées était restée longtemps des « citoyens de seconde catégorie » à cause de la quasi-absence de l'État dans ces régions »[50], les espaces protégés leur assignent désormais une importance et une visibilité nouvelles. Parallèlement au système étatique et au sein du territoire national dans lequel elles s'inscrivent, les aires protégées produisent donc un système d'emboîtements de droits et de contraintes, en marge de celui valorisé par l'État. Ils redistribuent d'une façon souvent inattendue les emplacements sociaux et participent ainsi à la fabrique d'une « citoyenneté segmentaire »[51] qui n'est pas sans éprouver les principes qui fondent l'équilibre national.

Ces processus d'identification nouveaux, façonnant de façon parfois toute autre le paysage social préexistant, mettent bien en évidence la plasticité de la structure sociale qui y est soumise, son aptitude essentielle à redéfinir, et à créer à partir d'injonctions différentes un équilibre. C'est peut-

---

49 De 1979 à 1987, le gouvernement mauritanien engage une nouvelle politique des pêches (NPP) dont l'orientation la plus importante est la « mauritanisation » de toutes les captures réalisées dans la Zone économique exclusive. La volonté du gouvernement est alors de montrer l'importance d'un secteur considéré comme la « locomotive de l'économie » du pays.

50 David Dumoulin Kervran, « Les politiques de conservation de la nature en Amérique latine : au cœur de l'internationalisation et de la convergence des ordres politiques », *Revista de la Cepal*, 2005, p. 82.

51 *Ibid.*, p. 83.

être bien en effet ce que génère aussi la notion d'autochtonie : l'émergence de liens et de regroupements inédits entre des ensembles *a priori* distincts. N'y a-t-il pas dès lors, dans la notion d'autochtonie, un puissant moteur de cohésion sociale ?

L'autochtonie et les conditions de la cohésion sociale

Pour des raisons diverses la Communauté internationale a commencé à répondre aux attentes des populations sur la base de leur(s) autochtonie(s). Or ces demandes de reconnaissance de droits interpellent la logique de l'État-nation et sa souveraineté en même temps que les principes républicains de liberté, égalité et fraternité[52]. La république, bien que porteuse de droits égaux, impose en effet un modèle d'intégration nationale qui se fonde sur une conception universaliste de la citoyenneté et qui consacre la figure abstraite de la personne juridique. Cet édifice correspond à un mode d'acceptation de la diversité qui met en œuvre une formule particulière de réduction des différences, ou de suspension de celles-ci. Il n'y a pas de disparition des différences, il y a une neutralisation relative de celles-ci, qui va de pair avec leur connaissance de principe. C'est donc précisément les principes de l'intégration universaliste que mettent en cause la réalité ou l'émergence de la diversité autant que les revendications qui s'y attachent.

Ainsi, au-delà du seul autochtone, la question de la diversité qu'activent sans cesse les différentes figures de l'autre conduit à introduire la question politique dans un thème qui est généralement abordé à partir d'une perspective culturelle. C'est, d'ailleurs, le manque de cette dimension politique qui a fait, au moins dans un premier temps, la faiblesse des mouvements indigènes de l'Équateur et de la Bolivie[53]. Cela signifie que si l'intégration implique la reconnaissance de la diversité dans toutes ses expressions, une simple affirmation/reconnaissance identitaire risque de réduire la perspective au groupe sur lui-même – comme nos exemples l'ont montré.

Est-il possible, dans ce contexte, d'envisager des expressions politiques articulées, qui, au lieu de s'attarder sur ce qui divise en s'attachant à un terme pour définir des populations et des identités, s'intéresseraient à ce qui peut faire sens commun ? Peut-on mettre, en face de développements de l'autochtonie qui quelquefois s'empilent en compliquant les données locales, une réflexion qui s'attacherait à des référentiels suffisamment extérieurs et

---

52 V. Susana Villavicencio, « La république, la nation et la démocratie à l'épreuve de la diversité », *Diogène* 2007/4, n° 220, spéc. p. 92-93.

53 François Houtart, « La culture des peuples autochtones comme force de résistance à la mondialisation » *in* J.-C. Fritz *et al.*, *La nouvelle question indigène. Peuples autochtones et ordre mondial*, L'Harmattan, Paris, 2005, p. 430.

pourtant incontournables dans le principe pour revenir à ce qui détermine ces populations, et en réalité toutes les autres : les conditions du lien social.

Or si dans le cadre qui nous occupe, la référence au groupe, au collectif est déterminante, notamment par un rapport à la terre spécifique qui, à la fois, entretient et revendique ce lien, elle entre en confrontation avec une logique qui, au contraire, vise la singularité de l'individu au détriment du groupe – transformant ainsi profondément tout projet de société où prévaudrait vivre-ensemble et altérité.

Une sociabilisation dans le rapport à la terre

Il a été démontré dans les différents textes et rapports relatifs aux peuples autochtones, que pour les autochtones la relation à la terre définit les rapports sociaux. Or ce même constat a émergé de travaux menés à l'initiative commune du Programme des Nations unies pour l'Environnement, du Programme des Nations unies pour le Développement et de la Banque mondiale – confirmant ainsi un consensus sur la prégnance du lien nature/ société (si ce n'est sur sa signification).

Apports des philosophies autochtones à la construction sociale

Plusieurs textes internationaux font état d'une relation particulière des peuples autochtones avec la terre. Il en est ainsi de l'article 13 de la Convention n°169 de l'Organisation Internationale du Travail concernant les peuples autochtones et tribaux dans les pays indépendants[54], du préambule et du dispositif (en particulier l'article 25) de la Déclaration des Nations unies sur les droits des peuples autochtones[55]. Ce sont les conclusions, les propositions et les recommandations formulées par le Rapporteur spécial, José Martínez Cobo dans l'*Étude du problème de la discrimination à l'encontre des populations autochtones* (volume 5)[56] qui ont façonné la perception que la Sous-Commission pour la promotion et la protection des droits de l'homme[57] et d'autres organismes des Nations unies ont de cette relation et qui ont guidé leur ligne

54 « L'importance spéciale que revêt pour la culture et les valeurs spirituelles des peuples intéressés la relation qu'ils entretiennent avec les terres ou territoires, ou avec les deux, selon le cas, qu'ils occupent ou utilisent d'une autre manière, et en particulier les aspects collectifs de cette relation », Genève, 1989, article 13 de la Convention (n°169) de l'Organisation Internationale du Travail concernant les peuples autochtones et tribaux dans les pays indépendants.

55 « Les peuples autochtones ont le droit de conserver et de renforcer leurs liens spirituels particuliers avec les terres, territoires, eaux et zones maritimes côtières et autres ressources qu'ils possèdent ou occupent et utilisent traditionnellement, et d'assumer leurs responsabilités en la matière à l'égard des générations futures », article 25 de la déclaration des Nations-unies sur les droits des peuples autochtones, (A/61/L.67 et Add.1).

56 José R. Martinez Cobo, *Étude du problème de la discrimination à l'encontre des populations autochtones*, vol. 5, Conclusions, propositions et recommandations, Doc. Nations unies, E/CN.4/sub.2/1986/7/Add.4.

57 Sous-Commission du Conseil économique et social des Nations unies sur la prévention des discriminations et la protection des minorités, document E/CN.4/Sub.2/2000/25.

d'action en la matière. Elles reflètent, en effet, les caractéristiques que les peuples autochtones eux-mêmes ont de leur relation à la terre :

1. il existe une relation intime entre les peuples autochtones et leurs terres, leurs territoires et leurs ressources ;
2. cette relation a des implications et des fonctions sociales, culturelles, spirituelles, économiques et politiques ;
3. cette relation revêt une **dimension collective** importante ;
4. l'aspect intergénérationnel de cette relation est essentiel à **l'identité, à la survie et à la viabilité culturelle** des peuples autochtones.

Les éléments surlignés font échos à divers rapports[58] qui ont effectivement relevé que ces populations ont une relation à la fois spirituelle et matérielle à la terre et à ses ressources. Ce n'est pas uniquement une question de subsistance, mais aussi un élément essentiel de la vie **communautaire** et même de la continuité de leur culture et de leur **société**. Pour eux, le mot « terre » a un sens très large, recouvrant tous les éléments de l'environnement ; c'est ce que les écologistes appellent la *biosphère*[59], c'est-à-dire tout ce qui permet la vie sur la planète. La terre n'assure donc pas seulement la subsistance, mais la vie elle-même, et elle doit être traitée en conséquence. De là, les liens que les gens ont avec la terre et la façon dont ils vivent forment également les **fondements de la société**, de l'identité et de la communauté. La terre engage tous les aspects de la vie : les vues philosophiques et spirituelles, l'approvisionnement en nourriture et en matériaux pour se vêtir et se loger, les cycles de l'activité économique, les modes d'organisation sociale comme les loisirs et les cérémonies, les régimes de gouvernement et de gestion.

D'après ces rapports, pour les peuples autochtones, la terre n'est pas une simple étendue mais une **partie du corps social** et la demeure des ancêtres. Cette relation particulière vient d'une vision de la Terre appelée « *Cosmovision* » où le Cosmos (entendu au sens de Nature, mais non distinct de l'homme et du Divin) est central[60]; l'homme n'en est qu'une dimension et pas nécessairement la plus élevée : en tout cas, il n'est ni le centre ni le but

---

58 Par exemple, ministère des Affaires indiennes du nord Canada, *Rapport de la commission royale sur les peuples autochtones*, Vol. II : *Une relation à redéfinir*, 1996, Canada, Chapitre III : les terres et les ressources, p. 364 et p. 374.

59 Ensemble des écosystèmes de la Terre, correspondant à la mince couche (20 km max.) de l'atmosphère, de l'hydrosphère et de la lithosphère où la vie est présente. Le terme de biosphère, désigne le système complexe associant, à la surface de la planète, des milieux aux caractéristiques physico-chimiques uniques (océan, atmosphère et couches supérieures de la lithosphère) et les êtres vivants qui les composent, *Dictionnaire Larousse*.

60 Voir pour plus de développements : Nadia Belaidi, « Apport de la vision du monde des peuples autochtones à la question environnementale sous l'angle juridique » *in* J.-C. Fritz *et al.*, *La nouvelle question indigène. Peuples autochtones et ordre mondial*, L'Harmattan, Paris, 2005, p. 401-424.

premier. Cela signifie que le point de départ n'est pas l'individu mais ce Tout complexe qu'est l'univers entier et la communauté, lequel donne toute sa valeur à l'individu et non le contraire.

Dans ce cadre, le Cosmos est un ensemble de phénomènes que l'Homme, par le truchement des rites, doit préserver[61]. Les modes de vie développés par ces populations ont prospéré en codant la viabilité biologique dans le corps de pratiques, de mythes et d'interdits transmis des parents aux enfants. Ces systèmes de connaissances ont pour double objectif, d'une part, de gérer les terres et les ressources, et d'autre part, d'affirmer et de renforcer les liens de chacun avec la Terre et ses créatures. On respectait/respecte donc les rites qui entourent le milieu afin de ne pas mettre en péril le groupe. La survie de la plupart des individus est/était conditionnée par la coexistence la plus harmonieuse possible au sein du groupe social.

La terre, facteur de lien social

Aussi atypique qu'elles puissent être considérées par les sociétés occidentales qui distinguent volontiers la relation nature/culture, cette vision du monde n'en offre pas moins le cadre pour de *bonnes relations sociales* comme le souligne, en 2005, le *Millenium Ecosystem Assessment* (Évaluation des Écosystèmes pour le millénaire)[62], qui examine comment les changements qui touchent les services d'origine écosystémique influencent le bien-être de l'Homme[63].

C'est plus précisément la cohésion sociale qui est visée par l'Évaluation pour le millénaire en faisant référence à ces relations. Sont relevés deux

---

61 Denis Bon, *L'animisme, l'âme du monde et le culte des esprits*, Éditions de Vecchi, Paris, 1998, p. 46.

62 Le concept de l'Évaluation des écosystèmes pour le millénaire a été élaboré en 1998 et 1999 sur l'invitation du World Resources Institute, du Programme des Nations unies pour l'Environnement, du Programme des Nations unies pour le Développement et de la Banque mondiale. L'Évaluation des écosystèmes pour le millénaire fait la synthèse des informations à partir de la littérature scientifique et de jeux de données et modèles pertinents ayant subi l'épreuve de la revue contradictoire. Elle incorpore la connaissance détenue par le secteur privé, les praticiens, les communautés locales et les peuples autochtones. Plus de 1 360 auteurs de 95 pays y ont participé.

L'Évaluation met l'accent sur les liens entre les écosystèmes et le bien-être de l'Homme et, en particulier sur les « services d'origine écosystémique ». Elle traite de la gamme complète des écosystèmes (complexe dynamique de composé de plantes, d'animaux, de micro-organismes, et de la nature morte environnante agissant en interaction en tant qu'unité fonctionnelle) – depuis ceux relativement intacts, tels que les forêts naturelles, aux paysages caractérisés par des témoins variés de l'exploitation d'origine humaine, jusqu'aux écosystèmes sous contrôle intensif de l'Homme et subissant des modifications dues à son action, tels que les terres agricoles et les trames urbaines. Les services que procurent les écosystèmes sont les bénéfices que les humains tirent des écosystèmes. Ceux-ci comprennent des services de prélèvement tels que la nourriture, l'eau, le bois de construction, et la fibre ; des services de régulation qui affectent le climat, les inondations, la maladie, les déchets, et la qualité de l'eau ; des services culturels qui procurent des bénéfices récréatifs, esthétiques, et spirituels ; et des services d'auto-entretien tels que la formation des sols, la photosynthèse, et le cycle nutritif.

63 Millennium Ecosystem Assessment, *Ecosystems and Human Well-being: Synthesis,* Island Press, Washington DC, 2005.

cadres principaux d'atteintes dans lesquels des changements dans les services écosystémiques peuvent affecter les relations sociales. D'abord, lorsqu'il y a changement dans l'approvisionnement et la régulation des services d'origine écosystémique, principalement par le biais de leurs impacts plus directs sur le bien-être matériel, la santé et la sécurité. Ensuite, lorsqu'il y a changement dans les services culturels qu'ils prodiguent, en particulier dans les cultures qui ont conservé des liens étroits avec des environnements locaux. Avec cette évaluation, on va même plus loin en envisageant que les services d'origine écosystémique impactant sur la liberté de choix et d'action, même si elle est influencée par d'autres éléments constitutifs du bien-être (tels que l'éducation), met en jeu l'accès à d'autres composantes du bien-être, en particulier en ce qui concerne l'équité et la justice[64].

Le cadre conceptuel de l'Évaluation pour le millénaire postule que les Hommes sont partie intégrante des écosystèmes et qu'il existe une interaction dynamique entre ces Hommes et d'autres éléments de ces écosystèmes. Le *capital naturel*[65] est reconnu comme une valeur sociale sur la base de sa valeur inhérente. Assertion d'ailleurs confirmée par l'évaluation réalisée par et pour les communautés autochtones de la région de Vilcanota au Pérou[66].

Dans la vision quechua du cosmos, *Ayllu* représente les institutions qui régulent les interactions entre tous les êtres vivants – humains et non humains. Cela signifie qu'en interaction avec les systèmes d'apprentissage et de transmission des connaissances, les systèmes de croyances et les principes du bien-être propres à ces populations (Munay, Yachay et Llankay), *Ayllu* apporte des réponses « sociales » organiquement intégrées dans les composants de la définition des écosystèmes Inca exprimés par des concepts tels que la réciprocité (Ayni), l'inséparabilité de l'espace et du temps ainsi que la nature cyclique de tous les processus (Pachakuti), les deux échelles spatiales et la relation cyclique entre le passé, le présent et l'avenir (Kaypacha, Hananpacha, Ukupacha).

Cette base (représentée graphiquement par la *Chakana*) est la forme la plus reconnue et sacrée d'ordonnancement du monde. C'est à travers la prise de décision délibérative et collective, et en mettant l'accent sur la réciprocité (Ayni), que les Quechuas ont « évalué » leur environnement/ Milieu de vie et trouvé, au sein de leurs propres institutions culturelles et spirituelles, des réponses adaptées à leur société.

---

64 *Ibid.*, Figure A, p. VI et p. 50.

65 Greitchen Daily, *Nature's Services: Societal Dependance on Natural Ecosystems*, Island Press, Washington DC, 1997.

66 Millennium Ecosystem Assessment, *Ecosystems and Human Well-being: Synthesis, op. cit*, box 6.1, p. 87.

Cette expression de la *cohésion sociale* est fondée sur le lien social, lequel permet aux Hommes de vivre ensemble. Le lien social a de multiples définitions mais de manière simple, il vise l'ensemble des relations qui unissent des individus faisant partie d'un groupe social jusqu'aux mécanismes collectifs de solidarité, en passant par les normes, les règles, les valeurs qui dotent ce groupe d'un minimum de sens d'appartenance collective[67].

Or il est connu que les écosystèmes influencent le type de relations sociales qui sont établies. C'est précisément ce que les mouvements de « retour à la terre » ou de « retour à la nature » dans les sociétés occidentales tentent/ont tenté d'expérimenter. On trouve, d'ailleurs, dans leur approche de fortes convergences avec les systèmes autochtones.

Le mouvement dit « du retour à la nature » qui se caractérisait, dans les années 1970[68], par une migration de la ville vers les zones rurales afin de retrouver la vie « selon la nature » semble avoir été revigoré au cours des dernières années avec une ferveur pour le jardinage voire pour une idéologie de la relation au vivant avec la permaculture[69].

Ce retour à la terre s'accompagne d'un retour à la vie traditionnelle/la vie rurale avec ses règles et ses rites qui permettrait de retrouver les savoirs enfouis – pratiques agricoles, médicaux (naturopathie, médecine par les plantes,...) etc. Retrouver ces savoirs, ce serait retrouver, *ipso facto*, les équilibres naturels que ce mode de vie et ces savoirs sont censés avoir su intégrer : ce serait donc se conformer à un *ordre fondamental* inscrit dans les processus biologiques.

C'est sur cette même base qu'on postule que la dépendance de l'homme à la nature fonde une sociabilité naturelle où tous les individus, liés entre eux par des rapports personnalisés et stables, par des droits et des devoirs précis, ont une place définie. La communauté à laquelle on aspire, par là, est une société des égaux, un groupe de pairs où les positions de chacun sont ou devraient être assurées sur la base d'une stricte égalité, où chacun peut participer à la prise de décision, faire valoir ses droits à la reconnaissance sociale et bénéficier d'un statut garanti.

---

67 Voir Pierre-Yves Cusset, *Le lien social*, Armand Colin, collection 128, Sociologie, 2007, p. 5.

68 Dans le monde occidental, suite aux immigrations utopiques de l'après-68, V. en Amérique du nord : John Case & Rosemary Taylor (eds), *Co-ops, Communes and Collectives: Experiments in Social Change in the 1960s and 1970s*, Pantheon, New York, 1979 ; en France : Danièle Léger & Bertrand Hervieu, *Le Retour à la Nature. Au Fond de la Forêt, l'Etat*, Le Seuil, Paris, 1979 ; au Royaume Uni, Andrew Rigby, *Communes in Britain,* Routledge & Kegan Paul, London, 1974.

69 Bill Mollison and David Holmgren, *Permaculture One: A Perennial Agricultural System for Human Settlements*, Tagari publishers, New South Wales, Australia, 1978 ; Bill Mollison and Reni Mia Slay, *Introduction to Permaculture,* Tagari Publishers, Tyalgum, Australia, 1991 ; David Holmgren, *The Permaculture Way: Practical Ways to Create a Self-Sustaining World*, Thorsons, London, 1992.

Ces formes de sociabilité et d'organisation seraient, donc, assurées par les rapports des Hommes à leur environnement naturel, support à la qualité des rapports entre eux. Le rapport à la terre expérimenté dans ce cadre noue, sur le plan des rapports sociaux, une solidarité comme valeur fondamentale du groupe, pivot de l'existence collective. Une telle lecture de l'existence humaine est évidemment liée à la survie : partie du groupe social, la solidarité est la garantie de la survie de l'individu ; ce qui n'est pas sans rappeler certaines convergences avec les aspirations et systèmes d'organisation autochtones[70].

Cette représentation de la nature nourrit des tentatives essentiellement éthiques pour faire face à l'incertitude sociale et morale créée par les contradictions du développement capitaliste. La soumission à la « nature », aux « lois naturelles », aux « rythmes fondamentaux de la vie biologique » serait nécessaire afin de conjurer les menaces que fait peser sur l'humanité la poursuite d'un type de croissance impliquant la destruction massive des équilibres naturels. On affirme aussi, par là, le primat de la nécessité naturelle – fondement d'une véritable éthique – sur les choix politiques. Le retour à la nature serait le seul moyen d'échapper à la fin imminente de la société industrielle, incapable de maîtriser les contradictions inhérentes à la logique productiviste. De ce point de vue, il s'agit de revenir sur la distance qu'institue nécessairement le dispositif technico-économique, orienté vers la seule conquête et l'exploitation des ressources naturelles et de penser l'Homme, les Hommes, le groupe social dans la nature et non pas en face d'elle.

Une atomisation des relations

Aujourd'hui où la préoccupation politique pour ce qui est commun est affaiblie au bénéfice de l'exploitation de la planète, la réaffirmation du lien Homme-Nature peut être interprétée comme l'expression politique d'une forme de résistance, à la fois, aux forces dominantes de promotion du capitalisme, de la mondialisation et du néolibéralisme ainsi qu'à des politiques économiques et culturelles qui gomment toute différence et tendent à l'homogénéisation.

L'individualisme économiciste

Si l'idée que la biodiversité et un bon fonctionnement des écosystèmes contribuent à la cohésion sociale semble acceptée avec le concept de « service écosystémique », devenu le modèle incontournable du lien entre le fonctionnement des écosystèmes et le bien-être humain par sa diffusion par

---

70 V. François Houtart, « La culture des peuples autochtones comme force de résistance à la mondialisation », *op. cit.*, p. 428.

l'expertise internationale du Évaluation des Écosystèmes pour le millénaire[71], ce terme est pourtant porteur d'une vision de la Nature dominée par un courant qui rend marginale cette relation.

Si l'Évaluation des Écosystèmes pour le millénaire développe une démarche selon laquelle l'environnement est un système de relations dynamiques entre l'homme et le milieu dans lequel il vit, elle s'appuie sur des paradigmes issus de *l'économie de l'environnement* pour développer une analyse où les écosystèmes sont une source essentielle de biens et de services pour les sociétés et le bien-être des hommes. Dans ce cadre, la valeur reconnue à la nature est anthropocentrée, utilitariste et instrumentale[72]. C'est-à-dire qu'elle ne traduit que le bien-être des humains, ce qui signifie que les intérêts des générations futures ou d'autres espèces et milieux ne peuvent être pris en compte qu'à travers leur influence sur le bien-être des humains vivants. Ici les actions ne sont donc jugées qu'à l'aune de la somme de leurs conséquences – positives et négatives – sur le bien-être des individus et non sur leurs fondements éthiques. Cette approche s'oppose à celles décrites plus haut qui attribuent à toute forme de vie une valeur « intrinsèque ».

L'économie de l'environnement se donne pour tâche de découvrir des règles de gestion permettant une meilleure allocation des ressources naturelles. Elle fait confiance pour cela aux instruments économiques plutôt qu'au(x) droit(s), en essayant d'établir les conditions d'un échange marchand à l'aide d'instruments économiques, dont la régulation par le marché, les taxes, les mécanismes de certification des produits, le paiement pour les services rendus par les écosystèmes, en prenant l'exemple du marché du carbone[73].

L'évaluation de la biodiversité a donc pour visée d'éclairer et d'orienter les choix des agences publiques dédiées à la politique de conservation de la biodiversité sur la façon d'affecter leur budget pour en tirer le plus grand « bénéfice social »[74].

---

71 V. Jean-Michel Salles, « Évaluer la biodiversité et les services écosystémiques : pourquoi, comment et avec quels résultats ? », *Natures Sciences Sociétés*, Vol. 18, n°4, 2010 p. 414-423 ; Christian Lévêque, « À propos de l'Évaluation des écosystèmes pour le Millénaire : l'économie de l'environnement à l'épreuve des faits », *Natures Sciences Sociétés*, Vol. 15, n°1, janvier-mars 2007, p. 77-80 ; Georges Serpantié, Philippe Méral et Cécile Bidaud, « Des bienfaits de la nature aux services écosystémiques », *VertigO*, Vol. 12, n° 3, décembre 2012, http://vertigo.revues.org/12924 ; Philippe Méral, « Le concept de service écosystémique en économie : origine et tendances récentes », *Natures Sciences Sociétés,* Vol. 20, n°1, janvier-mars 2012, p. 3-15.

72 Jean-Michel Salles, *ibid.*, p. 415-416.

73 Christian Lévêque, « À propos de l'Évaluation des écosystèmes pour le Millénaire : l'économie de l'environnement à l'épreuve des faits », *op. cit.*, p. 78.

74 Jean-Michel Salles, « Évaluer la biodiversité et les services écosystémiques : pourquoi, comment et avec quels résultats ? », *op. cit.*, p. 420.

Pour ce faire, on ne cherche cependant pas à renforcer les liens mais on cherche à estimer les pertes de *bien-être* social entraînées par un projet en comparant la situation avec et sans le projet et en s'efforçant d'élaborer des équivalents-prix des pertes de services biophysiques. Cependant, comme ces estimations doivent être exprimées en termes monétaires, afin de pouvoir les comparer avec les autres aspects et impacts du projet mais également avec le coût de mesures de restauration ou de remplacement des écosystèmes dégradés ou détruits, les seules évaluations qui semblent réalisables en pratique concernent l'estimation de valeurs d'usage et de non-usage des variations de services entraînées par des projets de types autoroute, extensions urbaines ou politiques agricoles[75]. D'ailleurs, sur la base des idées développées dans l'Évaluation des écosystèmes pour le millénaire, l'initiative TEEB (The Economics of Ecosystems and Biodiversity), qui s'efforce d'estimer les pertes de bien-être en comparant la situation actuelle et une situation future représentée par un ou plusieurs scénarios, « [...] vise à promouvoir une meilleure compréhension de la véritable valeur économique des services fournis par les écosystèmes, ainsi qu'à offrir des outils économiques tenant dûment compte de cette valeur »[76].

Cette « contrainte » relativise grandement la notion de *bien-être* qui, selon l'OMS, « exige un environnement propre et harmonieux dans lequel tous les facteurs physiques, psychologiques, sociaux et esthétiques, reçoivent leur juste place »[77] et, replacée dans le cadre du préambule de 1946 à la Constitution de l'organisation mondiale de la santé (OMS), vise avec le « bien-être physique, mental et social », tous les besoins fondamentaux de la personne, qu'ils soient affectifs, sanitaires, nutritionnels, culturels ou sociaux – entendus comme l'harmonie avec soi et avec les autres.

Dès lors, la liaison effectuée entre conservation de la biodiversité et services marchands, en plus de recéler le potentiel de préparer sa mise dans le commerce juridique, conduit à sous-estimer les implications sociales de la nature. Là où la valeur de la nature ne peut être appréhendée qu'au cas par cas et est, en réalité, incommensurable au vu de la multiplicité de ces interactions avec la vie, on cherche une valeur pouvant être monétarisée aux fins de comparaison. Dans ce cadre (comme dans d'autres), la lecture capitaliste détruit les relations sociales concrètes de coopération et de solidarité et les réduit à des intérêts marchands loin de l'intérêt collectif supporté par la relation Homme-Nature.

---

75 *Ibid.*, p. 412.

76 TEEB/EEB, *L'économie des écosystèmes et de la biodiversité*, Rapport d'étape, Communautés européenne, 2008, p. 9 http://www.teebweb.org/publication/the-economics-of-ecosystems-and-biodiversity-an-interim-report/

77 Charte européenne de l'environnement et de la bonne santé diffusée par l'OMS en 1989.

Ainsi, dans le système actuel, alors que la dimension sociale est au fondement de la vie humaine, elle est soumise à la dimension économique. Certes c'est une dimension importante, voire déterminante, de la vie sociale mais elle est nécessairement en relation avec le social. D'autant que s'exprimant, dans cette conception, en termes monétaires, elle est très éloignée du point de départ : ce qui assure la subsistance, ce qui est indispensable à la vie, ce qui est considéré comme important ou utile dans une culture déterminée[78].

Cette subordination s'appuie sur la maximisation de l'intérêt personnel, laquelle s'effectue, le plus souvent, au détriment des autres buts possibles dans la vie individuelle et sociale. En survalorisant la dimension économique de l'homme, cette attitude laisse de côté toute une série de dimensions fondamentales de l'être humain en tant qu'être social. Liée à un aspect individualiste très marqué, cela conduit à une apologie de l'égocentrisme où la prise en considération par chacun de ses seuls besoins personnels, qui doit permettre la meilleure allocation de ressources pour tous, est considérée comme la condition pour que le meilleur équilibre d'ensemble soit réalisé[79]. Cette considération de soi-même dans le groupe renvoie vers un autre écueil majeur de la (re)vitalisation de la relation Homme-Nature : la relation à l'autre.

Autochtonie *in situ*, autochtonies déplacées

La question de l'autochtonie a connu plus ou moins récemment une variante qui conduit à de nouveaux types de réflexion. Si les arguments qui fondent l'autochtonie ont pu évoluer, et même entrer en concurrence, cela, dans la plupart des cas, a concerné des populations inscrites dans une écologie et dans une géographie reconnues et situées. Il y avait, pour ces populations, identification à un espace d'origine dans lequel elles restaient inscrites, même si les paradigmes de l'inscription géographique et de la légitimité sociale avaient évolué profondément dans leur propre pays.

Or, il faut se rendre compte que, pour nombre de personnes ayant émigré parfois loin de chez elles, on relève un attachement à la notion d'autochtonie qui trouve ici son fondement dans les critères de l'autodétermination, de l'autodéfinition, de la libre disposition de soi-même et, ultimement, dans les droits de l'homme. Venus d'États-nations dans lesquels l'autochtonie est devenue souvent un enjeu partagé, et où le principe d'un intérêt pour l'autochtonie est admis, les personnes qui migrent emportent avec elles cet attachement au principe de l'autochtonie. Elles l'emportent dans des contrées où, comme cela a été dit, il y a une reconnaissance *a priori*

78 Gary Leech, *Capitalism, a structural genocide*, Zed books, London & New York, 2012.

79 Pierre Dardot et Christian Laval, *La nouvelle raison du monde. Essai sur la société néolibérale*, La Découverte, Paris, 2010.

des différences, et une acceptation de celles-ci, sous condition d'un retrait relatif des revendications par trop particularisantes.

Le paradigme de l'autochtonie, intégré chez celui qui se déplace, trouve donc un écho de principe dans les contrées où il s'installe, puisqu'une légitimité relativement claire est accordée aux différences ethniques et étatiques. La Délégation générale à la langue française n'a-t-elle pas, à un certain moment de son histoire, transformé son intitulé en Délégation générale à la langue française et aux langues de France, élisant au rang de langue de France toute langue étrangère qui n'aurait pas un statut de langue nationale dans un pays ou un autre de la planète ? On revient donc par là aux traits par lesquels se définit le principe républicain, tels qu'on les a rassemblés déjà. Un tel principe s'avère partagé dans de nombreuses contrées, dans divers continents, il est vrai dans des déclinaisons parfois fort différentes les unes des autres. Ce qui rend difficile toute généralisation hâtive dans l'analyse.

Dans un tel contexte, deux phénomènes se croisent, dont les implications concrètes ne sont pas minces. D'une part, ceux qui migrent le font en emportant avec eux leur culture propre. Autrement dit, les migrants qui arrivent dans des États où l'autochtonie est valorisée et légitime viennent avec leurs différences propres, qu'ils peuvent concevoir de maintenir peu ou prou. Et même dans le cas où les personnes concernées ont vécu en suivant le modèle d'un lien social fortement articulé au respect de la terre comme ressource et pourvoyeur fondamental, les manières dont un tel modèle ont été métabolisé ici et là peuvent varier grandement. Au point que, si l'on ne fait pas attention, un tel modèle de base n'est pas reconnu, n'est pas reconnaissable. Ce qui contribue encore à renforcer les différences, mais aussi à compliquer la question de l'inscription dans le cadre républicain.

D'autre part, les modèles républicains de l'immigration ont une histoire plus ou moins longue selon les pays concernés. Non seulement ces modèles varient d'un pays à l'autre, mais, au delà des différences et sans que celles-ci ne disparaissent dans leurs effets, de nouveaux concepts et de nouvelles figures juridiques se sont développés : ceux précisément qui tournent autour de l'autochtonie, de l'autodétermination, de la revendication et de la reconnaissance des différences. Sur tous ces points, qui plus est, les juridictions et les débats nationaux doivent intégrer les discussions formelles qui se déroulent dans les instances internationales mais aussi les normes du droit international sur tous ces points.

L'augmentation exponentielle des différences ethniques, étatiques et identitaires tout autant que la légitimité *a priori* des droits des personnes ont conduit les États concernés à devoir innover en matière de pédagogie des valeurs partagées, donc en matière de relation à sa propre identité et à celle des autres. C'est dans un tel contexte que la médiation interculturelle a pris son essor, au point de devenir un métier en pleine expansion, mais qui cherche encore ses marques[80].

La médiation interculturelle est ainsi devenue en peu d'années un laboratoire à ciel ouvert pour les autochtonies dans la cité. Un tel phénomène tend à se développer sur divers continents, marquant ainsi une nouvelle étape dans la longue histoire de l'autochtonie.

À observer de près ce mouvement d'ensemble, il apparaît clairement que toutes les composantes du lien social se trouvent mobilisées, se trouvent interrogées, dans leurs fondements, dans leur cohérence interne, dans leurs raisons d'être, dans leurs implications : des ritualisations aux représentations, des dénominations aux formulations juridiques. Dans tous les cas, les catégories culturelles, sociales, juridiques, politiques, économiques, et les modes de catégorisation qui les sous-tendent, deviennent l'objet d'âpres négociations quotidiennes[81].

De telles négociations posent à leur tour la question du cadre de référence dans lequel peuvent se métaboliser les débats, des principes sur la base desquels ces débats peuvent ou vont être tranchés.

---

80 Carole Younes et Etienne Leroy (dir.), *Médiation et diversité culturelle. Pour quelle société ?* Paris, Karthala, 2002.

81 Frank Alvarez-Pereyre (dir.), *Catégories et catégorisations. Une perspective interdisciplinaire*, Paris, Peeters, Selaf NS 33, 2008 ; Marie-Christine Bornes-Varol (dir.), *Chocs de langues et de cultures ? Un discours de la méthode.* Paris, Presses universitaires de Vincennes, 2011.

Bibliographie

ALVAREZ-PEREYRE (Frank) (dir.), *Catégories et catégorisations. Une perspective interdisciplinaire*, Paris, Peeters, Selaf NS 33, 2008.

ARTAUD (Hélène), « La mémoire en ressac : Savoir, autochtonie et mémoire chez les pêcheurs Imrâgen du Banc d'Arguin » *in* Pierre Bonte et Sébastien Boulay (dir.) *La Mauritanie contemporaine : enjeux de mémoire et nouvelles identités*, *The Maghreb Review*, 2010, p. 108-125.

ARTAUD (Hélène), « Une éthique amrig de la conservation a-t-elle existé ? Relecture de l'écologie traditionnelle des pêcheurs Imrâgen à la lumière des textes de R. E.Johannes » *in* Sébastien Boulay et Bruno Lecoquiere (dir.), *Le littoral mauritanien à l'aube du XXI*[e] *siècle : nouvelle mobilités, gouvernance de la nature et dynamiques socio-culturelles*, Paris, Karthala, 2011, p. 235-252.

ARTAUD (Hélène), *La poïétique des flots. Ouvrir, construire et refermer la mer dans le Banc d'Arguin*, Thèse de doctorat en anthropologie sociale, École des Hautes Études en Sciences Sociales, Paris, 2011.

BAHUCHET (Serge) et GUILLAUME (Henri), « Relations entre chasseurs-collecteurs pygmées et agriculteurs de la forêt du nord-ouest du bassin congolais » *in* Serge Bahuchet (dir.), *Pygmées de Centrafrique. Études ethnologiques, historiques et linguistiques sur les Pygmées « Ba.Mbenga » (aka/ baka) du Nord-Ouest du bassin congolais*, Peeters, Louvain-Paris, 1979, p. 109-139.

BARRE (Marie-Chantal), « Indigénisme, politique », *Encyclopedia Universalis*, Thésaurus III, 2008, p. 2687.

BAYART (Jean-François), GESCHIERE (Pierre), NYAMNJOH (Francis), « Autochtonie, démocratie et citoyenneté en Afrique », *Critique internationale,* 2001, 10, p. 177-194.

BELAIDI (Nadia), « Apport de la vision du monde des peuples autochtones à la question environnementale sous l'angle juridique » *in* J.-C. Fritz *et al.*, *La nouvelle question indigène. Peuples autochtones et ordre mondial*, L'Harmattan, Paris, 2005, p. 401- 424.

BENSA (Alban), « Usages savants et politiques de la notion d'autochtonie », *Autochtonies*, 2009, p. 21-31.

BERKES (Fikret), COLDING (Johan), FOLKE (Carl), «Rediscovery of traditional ecological knowledge as adaptative management», *Ecological Application*, vol. 10, n°5, 2000, p. 1251-1262.

BON (Denis), *L'animisme, l'âme du monde et le culte des esprits*, Éditions de Vecchi, Paris, 1998.

BORNES-VAROL (Marie-Christine) (dir.), *Chocs de langues et de cultures ? Un discours de la méthode.* Paris, Presses universitaires de Vincennes, 2011.

CASE (John) & TAYLOR (Rosemary) (eds), *Co-ops, Communes and Collectives: Experiments in Social Change in the 1960s and 1970s*, Pantheon, New York, 1979.

CAZALET (Bertrand), « Les aires marines protégées à l'épreuve du sous-développement en Afrique de l'Ouest », *La biodiversité des océans : ses différents visages, sa valeur et sa conservation*, *Vertigo*, vol. 5, n°3, décembre 2004.

CEUPPENS (Bambi), GESCHIERE (Peter), «Autochthony: local or global? New modes in the struggle over citizenship and belonging in Africa and Europe», *Annual Review of Anthropology*, vol. 34, 2005, p. 385-407.

CHEIKH (Abdel Wedoud Ould), « Création, évolution, peuplement et identité imraguen, gestion de l'espace. Le Parc National du Banc d'Arguin », CONSDEV Working Document/WP1/02, Nouakchott, 2002.

COBO (José Martinez), *Study of the problem of discrimintation against Indigenous Populations*, E/CN.4/sub.2/ 1986/7/Add.1 à 4.

CUSSET (Pierre-Yves), *Le lien social*, Armand Colin, collection 128, Sociologie, 2007.

DAHOU (Tarik) et CHEIKH (Abdel Wedoud Ould), « L'autochtonie dans les Aires marines protégées. Terrain de conflit en Mauritanie et au Sénégal », *Politique Africaine*, n°108, 2007/4, 2007, p. 173-190.

DAILY (Greitchen), *Nature's Services: Societal Dependance on Natural Ecosystems*, Island Press, Washington DC, 1997.

DARDOT (Pierre) et LAVAL (Christian), *La nouvelle raison du monde. Essai sur la société néolibérale*, La Découverte, Paris, 2010.

DETIENNE (Marcel), « Des métaphores de l'autochtonie au temps de l'identité nationale », *Cités*, 1/37, 2009, p. 147-153.

DETIENNE (Marcel), *Comment être autochtone : du pur athénien au français raciné*, Seuil, Paris, 2003.

DUMOULIN KERVRAN (David), « Les politiques de conservation de la nature en Amérique latine : au cœur de l'internationalisation et de la convergence des ordres politiques », *Revista de la Cepal*, 2005, p. 71-85.

FAVRE (Henri), *L'indigénisme*, PUF, Paris, « Que sais-je ? » n°3088, 1996.

GESCHIERE (Peter L.), *The peril of belonging. Autochtony, citizenship, and exclusion in Africa and Europe*, The University of Chicago Press, Chicago, 2009.

GESCHIERE (Peter), JACKSON (Stephen), «Autochthony and the crisis of citizenship: democratization, decentralization, and the politics of belonging», *African Studies Review*, vol. 49, n° 2, 2006, p. 1-7.

GIRAUT (Frédéric), GUYOT (Sylvain), HOUSSAY-HOLZSCHUCH (Myriam), « Les aires protégées dans les recompositions territoriales africaine », *L'information géographique*, Volume 68, n°4, 2004, p. 340-368.

HODGSON (Dorothy L.), «Becoming indigenous in Africa», *African Studies Review*, vol. 52, n°3, 2009, p. 1-32.

HODGSON (Dorothy L.), «Introduction: Comparative Perspectives on the Indigenous Rights Movement in Africa and the Americas», *American Anthropologist*, vol. 104, n°4, 2002, p. 1037-1049.

HOLMGREN David, *The Permaculture Way: Practical Ways to Create a Self-Sustaining World*, Thorsons, London, 1992.

HOUTART (François), « La culture des peuples autochtones comme force de résistance à la mondialisation » *in* J.-C. Fritz *et al.*, *La nouvelle question indigène. Peuples autochtones et ordre mondial*, L'Harmattan, Paris, 2005, p. 425-431.

KANTOROWICZ (Ernst), *Les deux corps du Roi.* Essai sur la théologie politique au Moyen Age, Gallimard, Paris, 1989.

KOUBI (Geneviève) ET SHULTE-TENCKOFF (Isabelle), « "Peuple autochtone" et "minorité" dans les discours juridiques : imbrications et dissociations », RIEJ n° 45, 2000, p. 1-26.

LEECH (Gary), C*apitalism,* a structural genocide, Zed books, London & New York, 2012.

LÉGER (Danièle) & HERVIEU (Bertrand), *Le Retour à la Nature. Au Fond de la Forêt, l'Etat*, Le Seuil, Paris, 1979.

LEONHARDT (Alec), «Baka and the Magic of the State: Between Autochthony and Citizenship», *African Studies Review*, vol. 49, n°2, 2006, p. 69-94.

LÉVÊQUE (Christian), « À propos de l'Évaluation des écosystèmes pour le Millénaire : l'économie de l'environnement à l'épreuve des faits », *Natures Sciences Sociétés*, vol. 15, n°1, janvier-mars 2007, p. 77-80.

LEWUILLON (Serge), « Origines barbares. Pourquoi les Celtes n'ont jamais été des autochtones ? », *Autochtonies*, 2009, p. 3-20.

MBEMBE (Achille), « A propos des écritures africaines de soi », *Politique Africaine,* 2000 77, p. 16-43.

MÉRAL (Philippe), Le concept de service écosystémique en économie : origine et tendances récentes, *Natures Sciences Sociétés,* vol. 20, n°1, janvier-mars 2012, p. 3-15.

MIRON (Françoise), « L'autochtonie, forme d'ethnicité ou exemple d'ethnogenèse ? », *Parcours anthropologiques*, 6, 2006, p. 54-64.

MOLLISON (Bill) and HOLMGREN (David), *Permaculture One: A Perennial Agricultural System for Human Settlements*, Tagari publishers, New South Wales, Australia, 1978.

MOLLISON (Bill) and SLAY (Reni Mia), *Introduction to Permaculture,* Tagari Publishers, Tyalgum, Australia, 1991.

PESSINA DASSONVILLE (Stéphane), « Le statut des peuples autochtones à la croisée des savoirs », *Cahiers d'anthropologie du droit*, 2012, p. 7-29.

RIGBY (Andrew), *Communes in Britain,* Routledge & Kegan Paul, London, 1974.

ROBILLARD (Marine) et BAHUCHET (Serge), « Les Pygmées et les autres : terminologie, catégorisation et politique », *Journal des Africanistes,* vol. 82, n° 1-2, 2012, p. 15-51.

ROBILLARD (Marine), *Pygmées Baka et voisins dans la tourmente des politiques environnementales en Afrique centrale*, thèse, Muséum national d'histoire naturelle, Paris, 2010.

ROUÉ (Marie), NAKASHIMA (Douglas), « Des savoirs 'traditionnels' pour évaluer les impacts environnementaux du développement moderne et occidental », *Revue internationale des sciences sociales*, vol. 3, n° 173, 2002, p. 377-387.

RUIZ (Manuel), VERNOOY (Ronnie) (eds), *The custodians of biodiversity. Sharing access to and benefits of genetic ressources*, Earthscan, New York, 2012.

SALLES (Jean-Michel), « Évaluer la biodiversité et les services écosystémiques : pourquoi, comment et avec quels résultats ? », *Natures Sciences Sociétés*, vol. 18, n°4, 2010 p. 414-423.

SERPANTIÉ (Georges), MÉRAL (Philippe) et BIDAUD (Cécile), « Des bienfaits de la nature aux services écosystémiques », *VertigO*, vol.12, n° 3, décembre 2012, http://vertigo.revues.org/12924

SIMONE (AbdouMaliq), «On the Wordling of African Cities», *African Studies Review*, 44 (2), 2001, p. 15-34.

VILLAVICENCIO (Susana), « La république, la nation et la démocratie à l'épreuve de la diversité », *Diogène* 2007/4, n°220, spéc. p. 92-93.

YOUNES (Carole) et LEROY (Etienne) (dir.), *Médiation et diversité culturelle. Pour quelle société ?* Paris, Karthala, 2002.

Partie 2

Autochtonie et modernité dans la ville

Crédit photo : Daphné Romy-Masliah
Paul Kane (1810-1871, artiste irlando-Canadien),
Caw-Watcham, surnommée la femme Nez-Plat et Mah-Minh

Brock Pitawanakwat

Anishinaabemowin Oodenang

Préservation et revitalisation d'une langue citadine autochtone

Résumé : Le présent article explore les motivations, méthodes et la concertation d'un peuple autochtone, celui des Anishinaabeg (également connus sous les dénominations d'Ojibway, Saulteaux, ou Chippewa), dans leur effort de préserver et revitaliser leur langue ancestrale dans des zones urbaine du Canada. Pourquoi ces citadins ont-ils choisi cette démarche de conservation et de revitalisation de l'Anishinaabemowin (la langue Anishinaabeg) dans un contexte qui exerce une énorme pression d'assimilation sur les non anglophones ? À quelles méthodes les Anishinaabeg des villes ont-ils recours pour continuer à parler leur langue ? À travers son expérience et ses entretiens avec d'autres activistes de la langue Anishinaabeg, l'auteur se livre à une enquête sur les motivations des Anishinaabeg en milieu urbain et sur les efforts pédagogiques pour redonner un souffle à l'Anishinaabemowin par le biais de réseaux des activistes de la langue Anishinaabeg, enseignants et étudiants. Enfin, cet article se prend à imaginer le futur de la langue Anishinaabeg préservée et revitalisée à partir de l'expérience des Kanaka Maoli (autochtones Hawaiiens), du recensement international fondé par la Déclaration de l'ONU sur les Peuples Autochtones et sur les « Appels à l'Action » en faveur de la revitalisation des langues autochtones en milieu urbain.

Mots-clés : Anishinaabeg, peuples autochtones, langues autochtones, droits autochtones, minorités linguistiques, multilinguisme, réconciliation, enseignement des langues minoritaires, commission de Vérité et Réconciliation.

Urban Indigenous Language Maintenance and Revitalization

Abstract: This article explores the motivations, methods, and coordination of one Indigenous peuple, the Anishinaabeg (also known as Ojibway, Saulteaux, or Chippewa), as they strive to maintain and revitalize their ancestral language in Canadian urban areas. Why are urban residents choosing to maintain and revitalize Anishinaabemowin (the Anishinaabe language) in an environment that places enormous assimilative pressure on non-anglophones? What methods are urban Anishinaabeg using to continue speaking their language? The author's experience and interviews with other Anishinaabeg language activists inform an investigation of urban Anishinaabe motivations and pedagogies for revitalizing Anishinaabemowin through networks of Anishinaabe language activists, learners, and teachers. Finally, this article imagines the future of Anishinaabe language maintenance and revitalization by drawing on the successes of the Kanaka Maoli (Indigenous Hawaiians), the international consensus established by the United Nations Declaration on the Rights of Indigenous Peuples, and Canada's own Truth and Reconciliation Commission's "Calls to Action" for a vision of urban Indigenous language revitalization.

Keywords: Anishinaabe, Indigenous Peuple, Indigenous Languages, Indigenous Rights, Linguistic Minorities, Multilingualism, Reconciliation, Teaching Minority Languages, Truth and Reconciliation Commission.

Les Anishinaabeg constituent un peuple autochtone, également connu sous les dénominations d'Ojibway, de Saulteaux ou de Chippewa, qui s'efforce de préserver et de revitaliser sa langue d'origine sur son territoire traditionnel qui s'étend également sur des zones urbaines. Les Anishinaabeg vivent principalement dans ce qui est à présent le centre de l'Amérique du Nord dans la région des Grands Lacs et vers l'ouest dans les plaines du nord. Cette large zone comprend des parties des provinces canadiennes de l'Ontario, du Manitoba, du Saskatchewan et de l'Alberta au nord et des États américains du Michigan, du Wisconsin, du Minnesota et du Nord Dakota au sud. Au Canada, même les langues des Premières Nations que sont le Nehiyawewin (Cree) et l'Anishinaabemowin sont sur le déclin dans la majeure partie (69%) de leurs communautés[1]. En effet, la plupart des langues autochtones canadiennes dont on recense environ 60, s'enfoncent dans le silence avec la prédiction que seules trois d'entre elles seront encore parlées en 2100. Ma recherche s'intéresse aux mouvements[2] sociaux Anishinaabe[3] qui ont donné la priorité à la revitalisation linguistique afin d'en tirer des leçons et modèles utiles que l'on pourra disséminer à travers l'Anishinaabe-aki (territoire traditionnel des Anishinaabeg). Ma recherche doctorale comprend des entretiens et un travail de terrain sur les motivations des Anishinaabeg d'apprendre leur langue et des enseignants espérant revitaliser la communication en langue anishinaabemowin.

Depuis les années 1960, une émigration massive des Anishinaabe hors des réserves communautaires s'est effectuée vers les villages et villes canadiennes que la société coloniale avait établis sur notre territoire d'origine. Environ la moitié de la population anishinaabe vit désormais dans les villes canadiennes situées sur leur territoire traditionnel : Ottawa, Toronto, Windsor, Sudbury, Sault Ste Marie, Thunder Bay, Kenora, Winnipeg et

---

1 Roger Spielmann*'You're so fat!': Exploring Ojibwe Discourse,* Toronto, ON: University of Toronto Press, 1998. 59.

2 Par là je me réfère à la définition suivante: « Un *mouvement social* est une tentative consciente et organisée de susciter ou de résister à un changement de grande échelle dans l'ordre social par des moyens non institutionnels » : John Melbourne Ogilvy Wilson, *Introduction to social movements,* (New York: Basic Books, 1973), 8.

3 Il existe plusieurs alternatives pour designer la nation Anishinaabe : Chippewa (principalement utilisé aux États-Unis) mais aussi Ojibwa, Ojibwe, or Ojibway. Tous ces termes se réfèrent au même peuple qui se pense individuellement comme Anishinaabe et collectivement comme Anishinaabeg. Parallèlement à cela il existe des désignations alternatives de leur langue. Celles que nous utiliserons ici sont Anishinaabemowin et Ojibwemowin.

Regina[4]. La plupart de ces villes portent des noms Anishinaabe qui témoignent que la migration anishinaabe vers ces villes est un retour plutôt qu'une arrivée de fraîche date. Les ancêtres des peuples autochtones vivant à présent dans les villes canadiennes ont souvent été refoulés par la politique des réserves coloniales : Odauwae (Ottawa), Mishi-zaugeeng (Mississauga/ Toronto), Baawiting (Sault Ste Marie), Gau-minitik-awaeyauk (Thunder Bay), Wazhashkonigamiing (Kenora) ; Wiinibiigong (Winnipeg) et Okanan Gaa-izhi-ategin (Regina). Dans toutes ces villes, les populations autochtones constituent des minorités numériques qui, par voie de conséquence, n'influencent que marginalement la gouvernance libérale démocratique des institutions urbaines que constituent les conseils municipaux et scolaires. Pour ces raisons ainsi que de nombreuses autres, le maintien linguistique se trouve compliqué lorsqu'il s'agit d'une tentative à l'extérieur de la réserve ou dans le cadre d'une ville.

Certes, l'érosion linguistique se produit dans la quasi-totalité des communautés mais elle se trouve accélérée dans le cadre urbain. Le sociologue Menno Boldt souligne le taux bien supérieur de perte linguistique dans les villes en rappelant le recensement de 1981 qui faisait apparaître que près de la moitié des Indiens dans les réserves parlaient encore leur langue à la maison contre moins d'un cinquième des Indiens des villes[5]. Cette tendance s'est confirmée dans les études suivantes y compris dans les données les plus récentes fournies par le recensement sur les langues autochtones[6]. Les facteurs démographiques tels que l'urbanisation cachent l'étendue de ce déclin dans la mesure où les plus hauts taux de perte linguistique se produisent hors des réserves dans les villes et villages. L'une des conséquences de cette perte linguistique est la rupture générationnelle dans la transmission de ce que l'on entend par le fait d'être Anishinaabe et Kanaka Maoli.

Le recensement canadien indique que les Anishinaabeg ont un plus fort taux de résidence urbaine que les autres populations autochtones. Cela a des conséquences sur la revitalisation linguistique, la résidence en milieu urbain ayant démontré sa capacité à affecter de manière négative la rétention des langues autochtones.

Les chiffres de l'index de continuité pour les locuteurs d'Anishinaabemowin indiquent une chute de 55 en 1996 à 45 en 2001. Cette mesure indique que seuls 45% de ceux qui parlent anishinaabemowin en

---

4 Sources : Basil Johnston, *Honour Earth Mother,* (Wiarton, Ont: Kegedonce Press, 2003), et Pat Ningewance, *Talking Gookom's language : learning Ojibwe,* (Lac Seul, Ont: Mazinaate Press, 2004).

5 Menno Boldt, *Surviving as Indians: the challenge of self-government,* (Toronto: University of Toronto Press, 1993), 188.

6 Cf. «From Generation to Generation: Survival and Maintenance of Aboriginal Languages Within Families, Communities and Cities», in *Indian and Northern Affairs Canada* [database online]. Ottawa March 15 [cited 2007]. Voir le lien internet http://www.teslcanadajournal.ca/index.php/tesl/article/view/171 (dernier accès 12 août 2015).

langue première (langue maternelle) l'utilisent comme langue principale à la maison (langue parlée à la maison)[7]. La mobilisation des Anishinaabeg afin de créer des espaces urbains de refuge pour leur langue devient de plus en plus importante dans la mesure où ceux-ci s'urbanisent et que la continuité linguistique décroît.

En tant que première génération dans ma famille à ne pas parler couramment la langue de nos ancêtres, je ressens une responsabilité personnelle à ré-établir ce lien qui remonte à des milliers d'années. Tout projet de revitalisation est interdisciplinaire et nécessite plusieurs disciplines connexes : sociolinguistique, anthropologie linguistique, éducation autochtone et études autochtones. Bien que l'émergence de la revitalisation et de la planification linguistiques en tant que thèmes à l'intérieur de la linguistique marquent un progrès, elles se sont souvent avérées inaccessibles aux activistes de la langue qui n'ont pas reçu de formation dans le jargon, les méthodes et les théories linguistiques[8]. En tant que non linguiste, je cherche à m'inspirer de la linguistique et d'autres disciplines me permettant d'explorer et d'en savoir plus sur les programmes existants en matière de langues autochtones.

Ma première expérience en matière d'acquisition linguistique n'a pas concerné l'anishinaabemowin mais le français. Lorsqu'on évoque le bilinguisme au Canada c'est pour se référer exclusivement aux deux langues des colons que sont l'anglais et le français. La fonction publique au Canada récompense le fait de parler couramment les deux langues officielles et nombreux sont les parents qui choisissent de mettre leurs enfants dans des programmes d'immersion qui leur permettront de maximiser leurs perspectives futures en matière d'emploi. Lorsque j'ai recherché les opportunités et les ressources pour les langues autochtones, la disparité m'est rapidement devenue évidente. L'anglais, le français et l'espagnol étaient facilement disponibles comme langues d'instruction avec des programmes linguistiques universitaires ou communautaires pour tous types de niveaux d'apprentissage. Tel n'était de loin pas le cas pour les langues autochtones locales que sont le cree et le saulteaux. Nous ne disposions pas de programmes de langue patrimoniale dans notre ville alors que les communautés Cree et Saulteaux sont numériquement de loin supérieures aux communautés locales francophone et hispanophone.

Il existe un risque de décontextualisation potentielle et de réification d'une langue autochtone dans un contexte urbain. La Commission royale sur les Peuples autochtones de 1996 a recommandé des stratégies permettant de développer les domaines des langues autochtones dans les

---

7 Norris and Jantzen, *From Generation to Generation: Survival and Maintenance of Aboriginal Languages Within Families, Communities and Cities*, 95, 116.

8 Abley 2003, 59.

zones urbaines. « Avec la perte de la terre et des activités qui lui étaient rattachées, le savoir lui-même risquait d'être perdu car il n'y a pas de formules verbales pour remplacer l'expérience qui étaye les enseignements transmis de bouche à oreille. Le rétablissement des étuves, les cérémonies de nominations et les cercles de parole dans les communautés aborigènes contemporaines prouvent qu'un contexte pour certains enseignements peut être recréé dans un espace urbanisé, une cour de prison ou le campus d'un collège »[9]. L'interaction constante avec des institutions linguistiquement étrangères marginalise et réduit au silence les langues autochtones.

Cet article suit les préceptes recommandés par le politologue Tsalagi (Cherokee) Jeff Corntassel qui appelle les peuples autochtones à « prendre modèle sur des stratégies de mouvements autochtones qui ont réussi »[10]. Les Kanaka Maoli (autochtones Hawaïens) sont en avance en matière de préservation et de revitalisation de leur langue ancestrale et c'est leur travail qui servira de modèle aux efforts des Anishinaabeg. Le mouvement de revitalisation linguistique kanaka maoli a aussi contribué de manière considérable à notre compréhension des effets du bilinguisme sur le développement cognitif des enfants. Les diplômés de la Punana Leo ont eu d'excellents résultats académiques après avoir reçu leur diplôme du « nid linguistique »[11]. Les chercheurs hawaïens ont prouvé que l'apprentissage d'une langue autochtone peut même renforcer leur compétence linguistique en anglais[12]. En d'autres termes, l'idée que l'apprentissage des langues autochtones limitera le développement mental des enfants a été démentie et c'est le contraire qui est avéré. L'imagerie par résonnance magnétique (IRM) a confirmé les résultats de la recherche hawaïenne en montrant que le développement du cerveau chez les enfants bilingues dépasse les résultats obtenus chez les enfants unilingues. Apprendre une langue autochtone ne va donc nullement entraver, bien au contraire, les résultats de l'apprentissage des enfants autochtones même dans la langue de l'État dominant.

Le retour linguistique des Kanaka Maoli vers leur langue ancestrale est déjà bien entamé, ce qui nous invite à nous poser les questions suivantes : quelles leçons peuvent en tirer les Anishinaabeg concernant leur propre renaissance linguistique ? Quels succès pouvons-nous suivre et quels écueils

---

9 Royal Commission on Aboriginal Peuples, «Volume 1: Looking Forward, Looking Back», in *Report of the Royal Commission on Aboriginal Peuples* (Ottawa: Canada Communication Group, 1996), Vol 1, 622.

10 Jeff Corntassel, «Towards a New Partnership? Indigenous Political Mobilization and Cooptation During the First UN Indigenous Decade (1995-2004)», (March 2005): 21. Jon Reyhner de la Northern Arizona University a appelé les Peuples autochtones d'Amérique du Nord à envisager une stratégie linguistique semblable à celle utilisée par les Maori et Kanaka Maoli en 1995 afin de « relier les anciens et les enfants, de renforcer les valeurs familiales et de développer leurs compétences linguistiques », Jon Reyhner, «Maintaining and Renewing Native Languages», *Bilingual Research Journal* 19, n° 2 (1995): 289.

11 Stiles 1997, 259.

12 Abley 2003, 81.

devons-nous éviter ? Et surtout, la revitalisation de la langue kanaka maoli constitue un outil de mesure utile pour mesurer notre propre progrès en ce qui concerne nos projets anishinaabe. Certaines observations et leçons tirées du modèle kanaka maoli vont permettre de déterminer des chemins possibles vers une revitalisation urbaine de la langue anishinaabe.

Les langues autochtones valent la peine d'être préservées car elles sont au cœur d'une identité autochtone authentique et elles sont essentielles pour la survie autochtone en tant que population distincte. Les Anciens Anishinaabeg ont insisté sur le fait que le moyen idéal et peut-être le seul réellement efficace d'apprendre ce que cela signifie d'être Anishinaabe passe par la langue[13]. Taiaiake Alfred fait remarquer que « l'utilisation de nos langues retrouvées est importante non seulement à des fins de communication mais en tant que symbole de notre survie »[14]. Partant de ce principe, la recherche présentée ci-dessous s'efforce d'identifier la manière dont le maintien et la revitalisation linguistiques peuvent avoir lieu dans un contexte néocolonial.

- Comment les Anishinaabeg ont-ils préservé leur langue lors de leur migration hors des réserves dans les grandes villes ?
- Quelles méthodes et institutions ont-ils développé pour continuer à apprendre et à parler l'anishinaabemowin dans des zones urbaines ?
- Quels sont les avantages et bénéfices des programmes linguistiques en ville ?
- Quels sont les défis ou obstacles à la revitalisation de l'anishinaabemowin dans la cité ?
- Quelles mesures innovantes ont été employées pour faire face à ces défis et surmonter ces obstacles ?

Cadre analytique

Ma recherche doctorale avait initialement pour but de s'intéresser exclusivement à l'activisme et à la pédagogie ayant trait à la revitalisation anishinaabemowin. La ligne initialement tracée entre les programmes de langues en milieu urbain et dans les réserves est devenue de plus en plus poreuse à mesure que progressait la recherche. Les participants à la recherche révélaient dans leurs interviews que la revitalisation anishinaabemowin,

---

13 Mary Hermes, «'Ma'iingan Is Just a Misspelling of the Word Wolf': A Case for Teaching Culture through Language», (2005): 44.

14 Taiaiake Alfred, *Peace, power, righteousness: an indigenous manifesto,* Don Mills, Ont.; New York: Oxford University Press, 1999, xxv.

en tant que mouvement social, traverse dans les deux sens la frontière séparant la réserve anishinaabeg du reste du territoire. Dans un de ces entretiens, une personne interrogée a écarté toute distinction entre réserve et non-réserve de manière à la fois concise et convaincante.

> En ce qui concerne une différence entre une initiative urbaine ou dans la réserve, elle n'est pas perceptible au niveau de la langue. Où qu'aille résider notre peuple, que ce soit dans des réserves ou à l'extérieur de celles-ci, ils vont tous parler la même langue. Ils doivent avoir accès à cette possibilité[15].

À partir de cette réponse et d'autres réactions similaires des participants, j'ai rapidement compris que la catégorie de « revitalisation linguistique urbaine » était un concept artificiel. Au final, les questions les plus sensibles pour les participants à mon étude faisaient abstraction de la composante « citadine » de cette recherche. En d'autres termes, j'ai dû réorienter les résultats de leurs entretiens (mes données concernant ma recherche initiale) afin de produire une analyse de la revitalisation anishinaabemowin en tant que processus nécessaire à travers tout l'Anishinaabe-aki afin de mieux refléter les réponses qui m'avaient été communiquées durant ma recherche.

Quatre universitaires ont particulièrement influencé le cadre de ce projet de recherche : Menno Boldt, Taiaiake Alfred, Paulo Freire et Linda Tuhiwai Smith. En 1993, Bold est venu en aide au mouvement de revitalisation culturelle autochtone en pleine expansion en tant que solution à beaucoup des maux socioéconomiques qui s'agrégeaient pour former le « problème indien ». Boldt affirmait qu'un processus d'adaptation de la revitalisation culturelle permettrait aux peuples autochtones de développer des « moyens efficaces afin de survivre et vivre dans un contexte contemporain économiquement, politiquement et socialement au sens large »[16]. Bien qu'écrivant depuis une perspective non autochtone, ses écrits ont fait écho à ceux d'universitaires autochtones tels que Kanien´kehaka´ (Mohawk) et le politologue Taiaiake Alfred qui a utilisé un concept similaire qu'il a intitulé « traditionalisme conscient »[17]. Alfred avance que « le fait de parler et d'utiliser les langues Onkwehonwe pour réorganiser et redonner un cadre à notre existence constitue peut-être l'acte le plus radical que nous puissions exercer en tant que guerriers Onkwehonwe ». Dans son ouvrage *Wasáse – indigenous pathways of action and freedom (voies autochtones d'action et de liberté)*, Alfred incite les peuples autochtones à régénérer leurs nations à travers une « révolution spirituelle, un mouvement *social* enraciné culturellement qui transforme toute la société et une action politique qui cherche à rétablir

---

15 Darrell Boissoneau, entretien par l'auteur, Sault Ste. Marie, Ontario, Canada. Le 10 octobre 2008.

16 Boldt, «Surviving as Indians: the challenge of self-government», 177.

17 En anglais *self-conscious traditionalism*. Alfred, *op. cit.*, 174.

dans son intégralité l'environnement de pouvoir et de relations afin de refléter véritablement une vision libérée post-impérialiste »[18]. Les universitaires autochtones comme non autochtones ont reconnu le besoin d'un tel mouvement. Ma recherche emprunte également à l'enseignement de l'alphabétisation à des fins de responsabilisation dans le Brésil rural dont le but est de générer des mouvements sociaux à travers le dialogue communautaire. Je forme le vœu que l'éducation en anishinaabemowin dans les zones urbaines de Anishinaabe-aki puisse générer d'autres mouvements similaires de décolonisation politique et sociale. Enfin, l'universitaire maori Linda Tuhiwai Smith, dans son ouvrage *Decolonizing Methodologies (Méthodologies de décolonisation),* identifie la revitalisation comme un projet de décolonisation tout en tirant des conclusions de sa propre expérience avec les foyers linguistiques maoris à Aotearoa. Smith décrit le mouvement des foyers linguistiques comme l'une des trois composantes les plus importantes de la résurgence maori dans les années 1960.

> Te Kohanga Reo… a été formé sur l'unité encore plus fondamentale de la whanau, ou famille au sens large… [et] ne dépendait pas des structures iwi [tribales] pour sa crédibilité ou son soutien financier. Te Kohanga Reo… encourageait l'autonomie parmi ses unités individuelles. L'une des conséquences de cette autonomie est qu'il y avait un espace disponible pour que la whanau parvienne à résoudre les problèmes en eux-mêmes et ce processus a généré une large gamme d'activités parmi lesquelles la collecte d'information. Il s'agissait en outre d'une méthode qui impliquait que les parents songent bien plus sérieusement à l'éducation et à la relation entre l'école et la société[19].

Comme partout ailleurs, les langues autochtones sont particulièrement vulnérables car leurs locuteurs exercent rarement des positions de pouvoir au sein de l'État. Il existe de considérables similitudes entre les mouvements linguistiques des Kanaka Maoli et des Anishinaabeg. Ces deux nations ont subi la colonisation américaine (ainsi que canadienne pour cette dernière) et ont été soumise à une énorme pression d'assimilation à l'égard de leurs langues et de leurs cultures de la part des écoles missionnaires et de la politique du gouvernement colonial. Toutes deux ont su résister et continuent à résister à ces pressions assimilatrices en contestant le pouvoir de l'État.

Environnement Pédagogique : en ville, sur le territoire et dans la classe

Kanaka Maoli et Anishinaabeg ont tous deux eu à subir les incursions étrangères sur leurs territoires traditionnels en raison des développements

---

18 Alfred 2005, 181, 27.

19 Linda Tuhiwai Smith, *Decolonizing Methodologies: Research and Indigenous Peuples* New York: Zed Books, 1999, 163.

agricole et industriel ainsi que du tourisme de masse[20]. En parallèle à un appauvrissement économique évident, cette dépossession de la terre a également conduit à un appauvrissement linguistique, culturel et spirituel car ces invasions ont perturbé la transmission intergénérationnelle du savoir. Se voyant refuser l'accès à beaucoup de leurs archives et laboratoires vivants d'autrefois, l'éducation autochtone s'est déplacée de la terre à la salle de classe. Ce changement dans l'environnement pédagogique a inévitablement conduit à un changement dans la manière dont les langues autochtones sont enseignées puisqu'elles avaient une relation intime avec la terre. De nombreux éducateurs en langues autochtones expriment leur désarroi à devoir enseigner dans les chaines de montage pédagogique en vase clos de tradition académique européenne dans lesquelles le mode pédagogique institutionnel qui prédomine est celui de la mémorisation et de la concentration sur la structure syntaxique et le fait d'évider les histoires de leur signification[21].

Nombreux sont les enseignants qui considèrent que l'enseignement de la langue est plus efficace hors de la salle de classe. Mary Young a collaboré à une université urbaine du Manitoba mais a senti qu'un environnement fondé sur la terre serait plus approprié à l'anishinaabemowin.

> Je considère qu'il est utile que les universités offrent des cours de langues, mais nous devons les faire hors les murs. Nous avons besoin de sortir et de retourner vers la terre, que soit un parc ici ou un fleuve ou une forêt. C'est de là que vient notre langue. C'est comme cela que nous sommes connectés à la terre. Tiens, je vous parie que lorsque j'irai cette fin de semaine à Red Willow, je sais qu'il y aura une signification spirituelle à ma présence là-bas car je serai dehors dans la forêt, j'y suis avec mes frères et sœurs, j'y suis avec le peuple anishinaabe, j'y suis avec les enseignements. Je pense que nous sommes limités si nous nous contentons de rester en classe… Je peux penser à d'autres manières plus créatives de le faire en ville. Je suis juste persuadée que nous avons besoin de sortir les étudiants et les apprenants hors des murs du bâtiment. La conversation que nous pouvons avoir autour d'un feu de camp est bien différente de celle que nous avons en classe. Il y a une énorme différence, l'énergie est tout autre[22].

Ce point lui tenait tellement à cœur que lors notre entretien, le célèbre universitaire et orateur anishinaabe, le Dr. Basil Johnston a récusé avec insistance la possibilité que l'anishinaabemowin puisse être enseigné de manière effective en ville.

---

20 Anaya 1996, 151-152.

21 L'anthropologue Mindy Morgan a recours aux exemples des barrières à l'Université Michigan State qui entravent l'immersion linguistique et les programmes linguistiques communautaires dans le contexte d'une grande université tournée vers la recherche. Ces barrières comprennent les accréditations nécessaires pour s'inscrire à l'université, l'argent pour le transport et les frais de scolarité, la garde des enfants ainsi qu'un environnement pédagogique qui est décontextualisé et séparé des communautés autochtones. Cf. Mindy J. Morgan, «Redefining the Ojibwe Classroom: Indigenous Language Programs within Large Research Universities», (2005): 101-102.

22 Mary Young, entretien avec l'auteur, Winnipeg, Manitoba, le 15 août 2008.

> Ce dont ils ont besoin, c'est de sortir et retourner à la terre. Vous ne pouvez rien enseigner à propos de la terre dans une jungle ou des canyons en béton avec tout ce bruit, toutes ces puanteurs d'une ville où on trouve à la rigueur quelques arbres qui poussent tous en rangées et où vous ne voyez aucun animal incarner la vie. Dans une ville tout est submergé. Mais il suffit de prendre les jeunes, tout simplement pour en apprendre plus sur eux-mêmes, sors-les dans la campagne, dans une réserve indienne où il n'y a ni télévision, ni iPods, enfin tu sais, tous ces gadgets[23].

Un autre défi d'importance naît de la décontextualisation et de la réification de la langue autochtone dans un environnement urbain par opposition à sa version originelle. Le maintien linguistique a depuis longtemps été considéré comme d'autant plus complexe qu'il avait lieu hors de la réserve ou dans un contexte urbain[24]. Maya Chacaby a décrit lors de notre entretien comment le fait de vivre en ville l'avait affectée.

> Plus je suis en ville plus cette partie de moi s'évapore. Alors j'ai constamment besoin de retourner sur la terre, d'être avec les Anciens, pour la retrouver et je me fais du souci parfois pour ceux qui pourraient ne pas avoir ce type de communauté vers laquelle retourner. Quant à moi, j'ai ce même sentiment d'être remplie à satiété lorsque je parle la langue. Alors, pour demeurer dans un contexte urbain et malgré tout avoir une vie émotionnelle, spirituelle, mentale et physique équilibrée, il me faut la langue. C'est donc pour cela que je pense qu'il est important que nos langues soient présentes dans les centres urbains. Cela forge la communauté et cela vous rend sain, cela t'aide à continuer à penser au monde de la même manière que lorsque tu le fais au beau milieu de la forêt[25].

Chacaby a considéré la communauté naissante d'AR à l'Université de Toronto comme une autre source d'énergie curative qui lui a permis de trouver un soutien lorsqu'elle étudiait et travaillait loin de chez elle.

> Plus j'étais impliquée dans la construction d'une communauté linguistique plus je sentais que j'avais fait le plein en ville. Je suis étudiante à l'université en ce moment et c'est un endroit très difficile d'un point de vue émotionnel et spirituel, on s'y sent comme asséché. Alors d'une certaine manière, la langue est pour moi une défense contre l'afflux de toute cette information négative. Et lorsque tu participes à l'élaboration de cette communauté linguistique, c'est toujours comique et plein d'humour. Cela a des vertus thérapeutiques[26].

---

23 Basil Johnston, entretien avec l'auteur, Brandon, Manitoba, le 20 novembre 2008.

24 Dans *Wisdom Sits In Places*, l'anthropologue Keith Basso problématise également la revitalisation des langues autochtones lorsqu'elle se produit à l'extérieur de son paysage original. Basso avance de manière convaincante que la langue apache de l'ouest comporte une signification qui ne peut être comprise que par ceux qui connaissent la terre et ses constitutives. Ce défi à la revitalisation linguistique est particulièrement évident dans les programmes urbains ou lorsque la colonisation a impliqué l'arrachement physique aux territoires ancestraux comme c'est le cas pour les Innu de la presqu'île de Davis.

25 Maya Chacaby, entretien avec l'auteur, Lac Seul First Nation, Ontario, le 5 août 2008.

26 Chacaby, entretien.

Langue et Culture – Spiritualité et Cérémonies

Le passage à une éducation laïque en Amérique du Nord a également eu une influence sur les efforts de revitalisation linguistique autochtones. Les programmes linguistiques sont souvent déconnectés de ceux de la revitalisation spirituelle ce qui est une erreur. Dans certains cas, les peuples autochtones eux-mêmes ont adhéré à la notion que langue et culture sont en quelque sorte séparées l'une de l'autre. Une autre explication réside dans le fait que les Autochtones croient que leurs langues se doivent d'être respectées et non extrapolées à des fins de hobby – par tous ceux pour qui apprendre une langue est juste pour satisfaire sa curiosité ou s'amuser. Les Peuples autochtones, comme le reste de l'humanité, détestent qu'on ouvre des yeux ébahis alors qu'ils mènent leur vie normalement. Certains pensent également que les cérémonies ne doivent pas être ouvertes au public et qu'un certain savoir n'est pas destiné à la consommation de masse. C'est pourquoi une tension peut se développer lorsque les cérémonies sacrées sont présentées dans un programme linguistique qui ne comporte pas les mêmes critères d'admission rigoureux que pour les cérémonies proprement dites. La langue ne saurait être ainsi dépouillée de sa culture sans une sérieuse distorsion. Ainsi, les Kanaka Maoli croient que les mots, qu'ils soient écrits ou parlés, contiennent une énergie spirituelle qu'ils nomment « mana »[27]. Les commentateurs des efforts de revitalisation hawaïenne ont remarqué que « l'identification de l'enseignant avec la culture de l'apprenant est également un facteur important dans la réussite de l'apprentissage »[28]. De la perspective anishinaabe, la réification de la langue, débarrassée de son contexte spirituel et appréhendée comme un sujet laïc dans la salle de classe est erroné. Lorsque je me suis entretenu avec Perry Bebamash, un enseignant de langue anishinaabe, celui-ci m'a expliqué comment les protocoles culturels tels que le fait d'offrir du tabac viennent compléter son enseignement linguistique : « vos habitudes traditionnelles viennent aussi soutenir ceux qui habitent en ville car cela les aide également. Le fait de faire vos prières en ojibwe, d'apprendre comment utiliser le tabac correctement… et demander de l'aide pour parler votre langue, cela permettra d'aller loin »[29]. Bebamash ajouta que de jouer du tambour et de travailler avec les Anciens lui avaient beaucoup apporté notamment dans l'apprentissage de la langue.

> Je joue aussi du tambour. Je joue du tambour avec quelques amis, là-bas, du tambour traditionnel Anishinaabe. Et nous apprenons beaucoup par ce biais, aussi avec les

---

27 Silva 2004, 186.

28 Niedzielski 1992, 382.

29 Perry Bebamash, entretien avec l'auteur, Sault Ste Marie, Ontario, le 3 octobre 2008.

> Anciens. Cela m'apprend beaucoup sur la langue et la culture et comment les deux vont ensemble et comment elles s'entraident[30].

Le pouvoir spirituel des langues autochtones mérite le respect et sa chosification ou décontextualisation perpétuent plutôt qu'elles ne contestent la colonisation. Ces craintes ont trouvé leur réalisation dans le programme linguistique de la bande Ojibwe des Mille Lacs en 2001. Les Anciens se plaignaient que les étudiants apprenaient la langue mais ne parvenaient pas à développer les valeurs et la manière d'appréhender le monde des Anishinaabe[31]. Le déclin des valeurs traditionnelles est un phénomène dont attestent tous les peuples autochtones de la planète. Reconnaître ce danger et lui résister nécessite une vigilance constante continue, une autocritique et la conduite des Anciens ainsi que des autres détenteurs du savoir anishinaabe. Ningewance Nadeau pensait que l'enseignement de l'anishinaabemowin aux jeunes en milieu urbain aurait un effet positif sur leur système de valeurs.

> J'aimerais beaucoup voir la langue apprise dans la ville, surtout par les jeunes car je pense que lorsque tu parles la langue, tu internalises les valeurs dans lesquelles croyait ton peuple. Il est certain que dans mon enfance, nous étions différents car nous parlions notre langue. Nous avions le respect de nos parents, de nos grands-parents, de nos oncles et des autres adultes. C'était tout simplement ancré en nous[32].

Ningewance Nadeau estime que la jeunesse anishinaabeg souffre d'une crise identitaire car ils ont été élevés sans parler l'anishinaabemowin.

> Je crois que cela aurait aidé nos jeunes d'apprendre la langue. Je crois qu'ils sont perdus. Je crois que cela les aiderait à retrouver leur chemin vers la maison – de parler et d'apprendre la langue de leurs ancêtres[33].

L'intérêt accru dans la spiritualité autochtone a permis de raviver l'intérêt de beaucoup d'autochtones pour leurs langues ancestrales. On peut citer en exemple la loge *midewin* de la société Anishinaabe de Three Fires, qui organise l'apprentissage de la langue pour ses participants à travers des enseignements, des chants et des cérémonies. De nombreux peuples autochtones insistent sur l'importance de la langue pour communiquer avec leurs ancêtres et prier. Feu l'Ancien Niibaa-giizhig (Archie Mosay) anishinaabe insistait sur le fait que l'anglais ne pouvait pas être utilisé lors des cérémonies car l'Esprit ne comprenait que l'anishinaabemowin[34]. Les Anishinaabeg croient également que certaines choses ne peuvent s'expliquer ni même être évoquées en anglais. Par exemple « le passage d'un être dans le Monde des Esprits » et

---

30 Bebamash, entretien.

31 Bowen, Janine Ja no's 2004, 13-14.

32 Ningewance Nadeau, interview.

33 *Idem.*

34 Treuer 2001, 19.

d'autres enseignements ne peuvent avoir lieu qu'en anishinaabemowin[35]. Les pratiques spirituelles sont cependant considérées comme sacrées par définition et le fait d'intégrer le *midewin* dans des projets de préservation linguistique peut être considéré comme inapproprié. Il y a de sérieuses considérations éthiques à prendre en compte lorsque les pratiques sacrées sont inclues ou exclues des programmes linguistiques. La revitalisation linguistique et la langue sont inextricablement liées et constituent un processus interdépendant[36].

Alphabétisation

L'arrivée de missionnaires chrétiens à Hawaii et en Amérique du Nord a conduit au développement de formes écrites des langues anishinaabe et kanaka maoli. L'alphabétisation ne s'est jamais implantée parmi les Anishinaabeg avec la portée qu'elle a eu parmi les Kanaka Maoli dont les taux d'alphabétisation ont grimpé en flèche dès que l'écriture fut introduite. Hawaii avait l'un des taux les plus hauts d'alphabétisation parmi toutes les nations du monde au milieu du XIXe siècle et les Kanaka Maoli ont généré leur propre littérature ainsi que leur propre presse[37]. Bien que l'alphabétisation hawaiienne ait subi un déclin considérable au siècle dernier, cette abondance de matériel original écrit a joué un rôle majeur dans les récents projets de revitalisation linguistique.

Malheureusement, les Anishinaabeg ne bénéficient pas d'une telle ressource. Encore à l'heure actuelle, de nombreuses personnes parmi les Premières Nations persistent à se méfier de l'alphabétisation. Certains s'inquiètent que celle-ci les détourne du développement de la maitrise orale et altère le processus de transmission du savoir car « les enfants qui écoutaient auparavant les mots de leurs anciens se tournent à présent vers les livres »[38]. On trouve même une critique encore plus extrême de la transmission de l'oralité à l'alphabétisation dans le fait que l'intégrité d'un peuple est compromise. Lorsque l'alphabétisation apparaît, les gens « se distancient de ce qui a été écrit, ils deviennent plus à même de critiquer ce qu'ils avaient écrit auparavant, créant ainsi une atmosphère de suspicion et de malhonnêteté » avec pour corollaire que « plus la dépendance envers l'écrit est importante, moins il semble y avoir de confiance personnelle envers nos frères humains »[39].

Nonobstant ces critiques, des transcriptions écrites d'histoires orales ont créé un petit corpus littéraire écrit en langues autochtones qui se

35 Granberg 2002, 249-250.

36 Tsunoda 2005, 173-174.

37 Silva 2004, 32-35, 44.

38 Bielenberg 1999, 110.

39 Bielenberg 1999, 110.

développe. Certes, il existe une tension quant à savoir si ces efforts distraient voire compliquent la continuité des traditions orales en opposant « les nationalistes… qui considèrent l'alphabétisation comme cruciale pour la survie de la culture traditionnelle et la preuve de la valeur égale de leur langue avec l'anglais… [aux] traditionalistes qui rejettent la forme écrite de la langue autochtone comme une imposition étrangère »[40]. À Hawaii, les Anciens ou Kapuna en langue kanaka maoli, ont exprimé leur désarroi devant les changements « étrangers » dans le vocabulaire et l'intonation des jeunes générations de locuteurs et cela peut être imputable en partie à l'alphabétisation[41]. Une explication plus plausible cependant réside dans le fait que les programmes linguistiques hawaiiens ont dû avoir recours à des enseignants « parlant à moitié couramment » en raison du manque de professeurs certifiés les parlant couramment[42].

Malgré ces craintes de distorsion culturelle, les ouvrages littéraires en langues autochtones continuent à se développer. La plupart des activistes des langues autochtones maintiennent qu'une langue et une culture vivantes développent naturellement une orthographe en combinaison avec des récits oraux. Les Hawaiiens ont produit de nouveaux manuels et des documents éducatifs et ont également rétabli un journal en langue autochtone à l'Université de Hawaii à Hilo à des fins de distribution dans les écoles d'immersion[43]. Parmi les activistes et enseignants de premier plan qui écrivent dans leur langue on trouve Basil Johnston, Brian McInnes, Mary Hermes, Pat Ningewance Nadeau, Anton Treuer, Rand Valentine, Howard Webkamigad et Shirley Williams. Cette dernière explique que « nous sommes arrivés au point où une langue doit être écrite, elle doit être enregistrée afin de la préserver pour les enfants »[44]. Essayer de demeurer « traditionnels » simplement pour rester authentique pourrait s'avérer néfaste pour la revitalisation. C'est dans cet esprit que de nombreux écrivains autochtones ont choisi d'écrire dans leurs propres langues dans l'espoir que leurs textes contribuent à l'effort de revitalisation. La plupart des participants estiment que lire et écrire la langue est à présent une nécessité. Lors de notre entretien, Bebamash a décrit comment il accroissait sa propre compétence par le biais de ses lectures anishinaabemowin. Lire fut l'une des

40 Bielenberg 1999, 103-104.

41 Bielenberg 1999, 106. Une critique relative à ce point concerne l'effet d'avoir autant de Hawaiiens néo-locuteurs (Hawaiian as a Second Language (HSL)) impliqués dans le mouvement de revitalisation linguistique. Les craintes se sont exprimées « parce que tout le système éducatif n'est pas monolingue mais bilingue, l'information doit passer par le filtre de l'anglais avant d'atteindre l'étudiant, Henry Z. Niedzielski, «The Hawaiian Model for Minority Cultures and Languages», in *Maintenance and loss of minority languages* Amsterdam ; Philadelphia: Fase,Willem; Jaspaert,K.; Kroon,Sjaak, 1992, 372.

42 Grenoble and Whaley 2006, 189-190.

43 Bielenberg 1999, 106.

44 Williams 2003, 79-80.

manières pour lui de continuer à apprendre loin de sa réserve sur l'Ile de Manitoulin alors qu'il fréquentait l'Université de Kitchener en Ontario.

> Mais d'après mon expérience, pour faire cela tout seul en ville, il faut obtenir ces ressources et si tu ne sais pas lire le système Fiero d'écriture, c'est facile de l'apprendre… Beaucoup de gens se découragent en voulant prendre un bouquin pour apprendre leur langue. J'ai appris beaucoup des livres et je peux utiliser les mots et converser avec un Ancien avec ces mots que j'ai appris dans un livre[45].

Bebamash recommandait cette méthode d'apprentissage à ceux qui se trouvaient isolés des possibilités d'apprentissage linguistique.

> J'admets que nous devons absolument utiliser la lecture et l'écriture de nos jours, non pas que nous le devons, mais c'est une nécessité. Je trouve cela nécessaire à cause du temps que nous passons ensemble. Dans les temps traditionnels, nous étions ensemble vingt-quatre heures sur vingt-quatre, sept jours sur sept, culture et langue. Mais à présent, la manière dont nous vivons séparément et nous n'habitons pas si près les uns des autres, en tout cas pour le moment implique que ces méthodes étrangères se révèlent utiles pour que nous retournions là où nous avons besoin d'être. C'est presque parfois comme si je voyais comment ces façons étrangères nous ont dépouillés, mais là, maintenant, nous pouvons nous servir de ces méthodes étrangères pour nous régénérer[46].

Participation des Parents et Anciens

Alors que des efforts substantiels ont été accomplis pour enseigner nos langues dans les écoles des réserves, les programmes anishinaabemowin peinent à développer des locuteurs compétents[47]. Ce problème a été identifié par les membres de la communauté qui pensent que l'échec ne provient pas de là, mais de leur foyer chez leur parents qui eux-mêmes ne parlent pas la langue de leurs ancêtres ou ne pratiquent pas la langue à la maison car la colonisation leur a instillé la croyance que de connaître et parler une langue autochtone est d'un bénéfice sinon nul du moins insignifiant. En d'autres termes, le problème est que les programmes linguistiques s'adressent quasiment exclusivement aux enfants sans prendre en compte les besoins des générations plus âgées. La bande des Mille Lacs des Ojibwe a aussi identifié l'implication croissante des parents comme l'une de ses priorités pour développer et améliorer son programme linguistique[48]. Pour les Kanaka Maoli, l'implication des parents est une partie cruciale de la revitalisation linguistique dans laquelle leur participation est attendue de même que le fait

---

45 Bebamash, interview.

46 Bebamash, interview.

47 En tant que diplômé d'un programme d'immersion de 12 ans en français, j'ai une expérience de première main concernant comment et pourquoi l'acquisition linguistique peut échouer à prendre racine. Une immersion en langue espagnole pendant les deux années où j'ai vécu en Amérique latine m'ont permis d'acquérir une bien meilleure compétence en espagnol que durant mes 12 ans d'étude en classe dans une immersion en français au Saskatchewan, Canada.

48 Bowen, Janine Ja no's 2004, 16.

qu'ils étudient la langue « avec l'enfant ou dans des programmes éducatifs spécialisés pour adultes »[49].

Jon Reyhner de la Northern Arizona University et Leanne Hinton de l'Université de Californie à Berkeley sont deux des auteurs académiques les plus reconnus des méthodes de revitalisation des langues autochtones et ont appelé à plus d'attention sur l'apprentissage linguistique des adultes. Reyhner organise les symposiums intitulés *Stabilizing Indigenous Languages* (Stabiliser les Langues Autochtones) depuis 1994 et a écrit une littérature considérable sur ce thème[50]. Leanne Hinton nous a fourni l'un des manuels les plus utiles pour la revitalisation des langues en déclin le plus avancé alors que seuls quelques locuteurs subsistent[51]. Hinton dissipe le mythe que « les adultes ne peuvent pas apprendre des langues » – mythe qui perdure encore même parmi les activistes de la langue. Hinton recommande que les programmes linguistiques englobent « la composante familiale » avec de « véritables situations de communication » afin d'assurer que la langue se maintienne à la maison[52].

Il presque toujours difficile de trouver des professeurs certifiés avec une compétence linguistique suffisante pour enseigner les langues autochtones. L'une des manières de pallier ce manque de ressources a été de faire appel aux Anciens ou Kupuna. L'un des commentateurs des programmes linguistiques de kanaka maoli explique que le rôle des Kupuna est de servir de modèle aux valeurs et comportement hawaïens tout en enseignant la langue en coopération avec l'enseignant certifié[53] ; ou dans certains cas les séminaires de développement professionnels peuvent se mettre à la disposition des Kupuna pour les aider à adapter leur expertise linguistique et culturelle en vue d'un enseignement efficace. Les Anciens et Kupuna sont les experts linguistiques et culturels les plus à même de parler la langue comme leur langue première. Cependant, la plupart d'entre eux ne remplissent pas les conditions formelles d'éducation occidentale pour devenir des enseignants certifiés. Un autre obstacle les empêchant de devenir enseignants est qu'ils ont souvent un certain âge et pourraient ne plus avoir l'endurance nécessaire pour travailler durant de longues journées avec les jeunes enfants. Il en

49 Niedzielski 1992, 382.

50 Reyhner insiste sur l'importance de développer et de préserver la méthode dite des trois M, Méthode (technique pédagogique), Matériel (cassettes audio, vidéo, livres de contes, histoires, dictionnaires, livres de grammaire, manuels et logiciels informatiques) et Motivation (accroître le prestige et l'utilité de la langue dans la communauté et avoir recours à des méthodes d'enseignements permettant de garantir la rétention linguistique de l'étudiant) à des fins de revitalisation linguistique efficace (xvii).

51 La méthode qu'elle préconise est d'individualiser l'enseignement entre un « maitre » parlant couramment et un « apprenant ». Leanne Hinton, Nancy Steele, & Matt Vera, *How to keep your language alive: a commonsense approach to one-on-one language learning*, (Berkeley, Calif: Heyday Books, 2002), 123.

52 Hinton 2001, 3, 10.

53 Niedzielski 1992, 378.

résulte que de nombreux programmes ont inventé des manières innovantes d'amener ces experts culturels et linguistiques en classe.

Les nouvelles technologies de l'information et les médias sociaux

L'un des développements prometteurs est la prolifération de médias et de réseaux sociaux en ligne dédiés aux langues autochtones. Les premiers cours à distance qui avaient été développés à l'aide de manuels et de cassettes audio ou de disques compacts ont été remplacés par les formats médiatiques en constante évolution et de plus en plus sophistiqués. Facebook, Twitter, et de nombreux autres réseaux sociaux ont aussi leurs groupes spécifiques, leurs pages et autres forums encourageant l'utilisation des langues autochtones. Skype, Soundcloud, et YouTube ont facilité l'accès à des échanges au-delà du manuel écrit à ceux de communication orale également[54]. Les Anishinaabeg ont adopté tous ces outils de médias sociaux afin de créer de nouvelles opportunités d'apprentissage qui peuvent être accessible n'importe où en ligne. L'accès à l'Internet peut représenter un obstacle, mais celui-ci est facilement contournable lorsqu'on habite dans des centres urbains qui fournissent un accès public.

Une éducation linguistique en faveur de la décolonisation

L'un des éléments les plus exaltants de la revitalisation linguistique autochtone est son potentiel de décolonisation. Linda Tuhiwai Smith nous propose vingt-cinq projets autochtones – dont beaucoup sont particulièrement substantiels lorsqu'on s'implique pour parler nos langues : revendications, le fait de raconter des histoires, les célébrations de notre survivance, la participation, le fait d'entrer en réseau, d'écrire, d'avoir une vision, de recadrer, de nommer, de protéger et de partager (Smith 1999, Chapitre 8). Le déséquilibre du pouvoir entre les langues autochtones et les langues coloniales canadiennes que sont l'anglais et le français prouvent notre persistante colonisation et notre marginalisation. En général, les institutions américaines et canadiennes négligent les langues autochtones. L'un des arguments les plus forts en matière d'auto-gouvernance a consisté dans le besoin de créer un espace politique qui pourrait établir et renforcer une politique linguistique qui protège et promeut les langues autochtones. En 1999, Taiaiake Alfred a identifié quatre objectifs fondamentaux pour une gouvernance autochtone parmi lesquels un appel à la réinsertion des langues autochtones :

---

54 https://soundcloud.com/christi-belcourt/mary-ann-corbiere-christi-belcourt-discuss-offering-someone-tea-and-other-words et https://www.youtube.com/watch?v=EE9ERL9a6PU (dernier accès le 19 août 2015).

> Les langues autochtones incarnent l'identité des peuples autochtones et constituent l'élément le plus important dans leur culture. Elles doivent être ranimées et protégées à la fois comme symboles et source de nos nations... De plus, les communautés doivent faire de l'enseignement des langues autochtones aux adultes et aux enfants une priorité absolue[55].

Dans la même veine, l'universitaire et activiste kanaka maoli Haunani-Kay Trask insiste sur le fait que la revitalisation de la langue autochtone doit être « interprétée comme une affirmation à la fois culturelle et politique : culturelle en tant qu'elle conserve le cœur de la manière de penser et d'être qui est spécifique aux autochtones, et politique car cet effort de conservation se déroule à l'intérieur d'un système où le groupe dominant a utilisé des recours légaux et sociaux pour empêcher l'utilisation et le patrimoine des langues autochtones par les autochtones eux-mêmes »[56]. De plus, (ré-)apprendre nos langues autochtones peut nous aider à décoloniser notre esprit en « pensant à partir de nos propres référentiels culturels [qui] nous conduisent à conceptualiser dans notre propre perspective du monde et, à son tour, nous conduit à entrer en désaccord et même en opposition avec l'idéologie dominante »[57].

Mary Young était une Anishinaabe-kwe de la Première Nation Miskooseepi au Manitoba ainsi qu'un professeur en Sciences de l'éducation de l'Université de Winnipeg pratiquement jusqu'à sa mort en 2015. Elle était également l'auteur de *Pimatisiwin – A Narrative Inquiry Into Language as Identity* (2005), en français/*Pimatisiwin – Une enquête narrative dans la langue en tant qu'identité).* Le livre est issu de sa thèse de doctorat qui résultait d'entretiens qualitatifs avec deux jeunes Anishinaabeg décrivant leurs difficultés à apprendre l'anishinaabemowin en habitant à Winnipeg. Dans notre entretien, Young avait insisté sur le besoin de restaurer notre fierté dans notre langue et en nous-mêmes. Elle m'a décrit comment les pensionnats avait fait basculer son identité d'Anishinaabe fière de ses origines en citadine indienne méprisable et comment cela avait affecté sa propension à s'exprimer en anishinaabemowin.

> Je la cachais car je n'en éprouvais aucune fierté – je pense même que j'éprouvais de la honte. Ce n'est que bien plus tard, lorsque j'ai observé les étudiants parlant tout le temps en anglais alors que je savais qu'ils parlaient ma langue, que j'ai commencé à la parler en bas dans le salon des étudiants. C'était juste une manière pour moi de les faire se sentir à l'aise – qu'il n'y avait aucun mal à parler la langue[58].

De nombreux participants ont insisté sur ce besoin de retrouver un sentiment de fierté dans la langue afin qu'elle soit à nouveau largement parlée.

---

55 Alfred 1999, 136.

56 Trask 1999, 42.

57 Trask 1999, 43.

58 Young, interview.

Young mettait en opposition le manque d'empressement des Anishinaabe à s'exprimer dans leur langue avec l'enthousiasme des communautés de nouveaux immigrants à former des nouvelles communautés linguistiques dans les villes canadiennes. Elle prônait la restauration d'une fierté culturelle et linguistique comme soutien à la revitalisation linguistique en ville. Young pensait que le tournant majeur pour elle s'est passé lorsqu'elle est retournée à la maison dans sa réserve et a impressionné sa famille en s'adressant en anishinaabemowin lors d'une réunion communautaire.

> Lorsque je me suis levée, je crois que j'ai surpris quelques personnes. J'ai commencé dans ma langue car on pense en général que si tu quittes la communauté, tu deviens quelqu'un d'autre et que tu arrêtes de parler ta langue. Tous mes frères et sœurs m'ont dit qu'ils étaient fiers de moi. Alors je crois que c'est comme cela que tout a commencé – Cela m'a permis de réaliser combien c'était important pour moi et pour les autres. Je savais aussi que la honte demeurait. Et c'est ainsi que tout a commencé pour moi[59].

Pour Young, c'est le fait d'aider d'autres étudiants à se sentir à l'aise lorsqu'ils parlaient les langues autochtones qui a été instrumental pour créer un environnement propice à leur épanouissement à Winnipeg.

La décolonisation de l'éducation des Kanaka Maoli

Pour les Kanaka Maoli, « le fait d'assurer un espace pour l'éducation des enfants dans les langues hawaïennes » a été au cœur de la décolonisation à Hawaii[60]. La colonisation avait transformé l'éducation autochtone à Hawaii durant les XIXe et XXe siècles. L'ancien surintendant de l'éducation hawaïenne, le révérend Richard Armstrong a déclaré que la langue hawaïenne devrait être remplacée par l'anglais, « une meilleure langue… qui est à présent largement la langue des affaires dans les Iles et qui pourrait permettre à l'esprit (de l'enfant autochtone) de s'ouvrir aux trésors nouveaux et sans limites de la richesse morale et intellectuelle »[61]. Il en résulta que le système d'éducation en langue hawaïenne fut graduellement démantelé durant le XIXe siècle pour être tout simplement interdit en 1896 lorsque l'anglais devint l'unique langue officielle des Iles[62]. Pour autant, l'éducation en langue anglaise n'a pas abouti à faire que les élèves kanaka maoli puisse jouir de la même instruction que leurs camarades haole. Au début du XXe siècle, les parents haole ont réussi à faire pression en faveur d'un système d'éducation à deux vitesses selon la compétence linguistique en anglais des élèves[63]. Cette division a conduit à un véritable apartheid éducatif dans lequel les Kanaka Maoli

59 Young, interview.

60 Anaya 1996, 110.

61 Crawford 1995, 18-19.

62 Trask 1999, 16.

63 Crawford 1995, 19.

bénéficiaient d'une éducation de médiocre qualité ce qui renforçait bien plus que cela ne réduisait l'inégalité sociale[64]. Le fait d'interdire la langue hawaïenne à l'école a conduit à un déclin vertigineux de son prestige et a conduit bon nombre de parents à cesser d'enseigner la langue à la maison ainsi qu'à faire disparaître les journaux en langue hawaïenne en 1948[65]. En 1978, le hawaïen redevint langue officielle mais le mal était fait et on estime à 95% la population Kanaka Maoli qui ne pouvait plus s'exprimer dans leur langue ancestrale[66].

Le programme linguistique *Punana Leo language nest* fut importé en 1985 en provenance de la Te Kohanga Reo (TKR) d'Aotearoa en raison de sa réussite[67]. Ce programme fonctionne par journées de dix heures et aspire à une complète immersion en langue hawaïenne. Les parents y jouent également un rôle majeur. Ils se portent volontaires 8 heures par mois à la Punana Leo et se doivent également d'assister à des cours de langue hebdomadaires. Pour permettre à leurs enfants de se développer dans leur langue, les parents ont dû exercer un lobbying sur le gouvernement de l'État de Hawaï et ils ont réussi à obtenir en 1987 la création de deux jardins d'enfants en immersion. Le succès des Punana Leo a conduit au développement d'une éducation primaire et secondaire complète dans le programme *Papahana Kaiapuni Hawai'i* malgré les objections formulées par le Département de l'Éducation. L'éducation en langue hawaïenne s'est ensuite étendue au postsecondaire et même aux programmes de diplôme de l'Université de Hawaii à Manoa et Hilo. Les conséquences de ces changements ont fait qu'il y a presque autant d'étudiants en immersion hawaïenne par an qu'on comptait de locuteurs en vie au début des années 1980[68].

Décolonisation de l'éducation Anishinaabe

Cette période a aussi été celle de changements dans l'éducation autochtone au Canada. Le gouvernement fédéral et plusieurs églises ont collaboré pour établir et gérer un système *d'Indian Residential Schools* (IRS) (pensionnats indiens) depuis les années 1880.

Ces écoles tout comme les écoles de jour, eurent un effet dévastateur sur le maintien de la langue autochtone car les enfants avaient en général l'interdiction de parler leur langue d'origine. En 1973, le *National Indian Brotherhood (NIB)*, Bureau de la Fraternité des Indiens du Canada, est entré en conflit avec le Département des Affaires indiennes pour obtenir un

64 Silva 2004, 45-46.

65 Silva 2004, 144-145.

66 Niedzielski 1992, 377.

67 Stiles 1997, 255.

68 Silva 2000, 75-78.

contrôle limité de l'éducation dans les réserves. L'ère de « Maitrise indienne de l'éducation indienne » qui s'en est suivie a mis un terme aux pires exactions en matière d'éducation assimilatrice mais le déclin de l'usage de la langue a continué. En réponse à la crise imminente d'extinction linguistique l'organe qui a succédé au NIB, l'Assemblée des Premières Nations, a publié deux études exigeant un financement fédéral ainsi que le soutien aux langues autochtones au début des années 1990. Il en a résulté la reconnaissance que le fait de renverser la tendance vers une perte linguistique est une question importante en matière d'éducation autochtone[69]. En 1998, le Gouvernement fédéral a lancé son Initiative des Langues autochtones (ILA) avec le maigre budget de $5 million sur quatre ans – une somme totalement insuffisante[70]. L'une des critiques de l'ILA était que « les peuples aborigènes habitant en ville ne peuvent pas accéder de manière appropriée aux ressources financières de l'ILA (Canada. Task Force on Aboriginal Languages and Cultures *et al.* 2005, 103). En 2002, le Gouvernement fédéral a annoncé un programme sur 10 ans subventionné par le Département du Patrimoine Canadien visant à revitaliser les langues autochtones, mais la subvention a par la suite été réduite au niveau antérieur de l'ILA dès que le nouveau gouvernement conservateur fut au pouvoir en 2005. Hélas, le Gouvernement fédéral canadien a de manière persistante échoué à mettre en place les recommandations visant à un financement public des langues autochtones depuis la Commission Royale sur les Peuples Autochtones de 1996 (*Royal Commission on Aboriginal Peuples*), puis son Groupe de travail sur les Langues autochtones de 2005 et, plus récemment la Commission de Vérité et Réconciliation de 2015[71].

Bien que les programmes linguistiques *Anishinaabe language* soient en retard sur ceux des Kanaka Maoli, on assiste à une prise de conscience croissante du danger potentiel de perte de la langue. Les craintes des Anishinaabe d'oubli de leurs origines et de leur histoire sont fréquemment

---

69 La mise en place du *Canadian Indigenous Languages and Literacy Development Institute* (CILLDI), Institut Canadien pour les langues autochtones et l'alphabétisation, en 1999 a établi un forum pour « un développement professionnel continu pour les Premières Nations alors qu'elles luttent pour stabiliser leurs langues et pour fournir des programmes linguistiques efficaces dans les communautés à travers l'Alberta et le Saskatchewan ». Heather A. Blair, Donna Paskemin, and Barbara Laderoute, *Preparing Indigenous Language Advocates, Teachers, and Researchers in Western Canada*, (2003): 95. Le CILLDI propose à présent des cours de développement académique et professionnel pour les activistes en langues autochtones et pour les enseignants chaque été.

70 Par exemple, la somme approximative de $2200 allouée à chaque bande du Saskatchewan n'est qu'une petite fraction du salaire d'un enseignant au Canada. Groupe de travail sur les langues et cultures autochtones *et al.*, *Towards a new beginning: a foundational report for a strategy to revitalize First Nation, Inuit and Métis languages and cultures : report to the Minister of Canadian Heritage,* (Ottawa: Task Force on Aboriginal Languages and Cultures, 2005), 102.

71 http://www.aboriginallanguagestaskforce.ca/pdf/foundrpt_e.pdf, dernier accès le 19 août 2015.

citées parmi les raisons de se préoccuper du maintien linguistique[72]. Le modèle du nid linguistique a été importé des Kanaka Maoli vers l'Amérique du Nord et est en train d'être mis en place dans certaines communautés afin d'enrayer la perte de la langue. La langue hawaïenne se trouvait dans un état de danger bien plus avancé lorsque son mouvement de revitalisation commença dans les années 1970[73]. Pratiquement tous les locuteurs adultes de langue hawaïenne l'ont apprise en langue seconde. C'est également le cas des plus jeunes générations d'Anishinaabeg mais le phénomène est beaucoup plus récent.

À la question de savoir s'il existe des communautés de langues s'établissant intentionnellement dans un contexte citadin, le juriste universitaire Anishinaabe défie les Anishinaabeg qui vivent hors du territoire des réserves d'« assumer une partie de cette responsabilité » de la préservation culturelle car « le fardeau de la transmission culturelle repose entièrement sur les épaules des enseignants et dirigeants des réserves »[74]. L'un des participants à la recherche a également évoqué la nécessité de réorganiser de manière radicale nos vies afin de soutenir la revitalisation de notre langue. Pat Ningewance Nadeau est une enseignante respectée ainsi qu'une éditrice de livres basée à Winnipeg qui a accepté de nous accorder une interview. Elle estime que pour que l'Anishinaabe puisse se maintenir en milieu urbain, il faut que les Anishinaabeg vivent à proximité les uns des autres afin d'accroître leur chance d'entendre et de parler l'anishinaabemowin.

> Nous aurions un village à nous. Je crois qu'il nous faudrait être proches physiquement, parler la langue pour en faire un mode de vie. Nous ne pouvons pas être comme… disons… les Chinois, qui arrivent à vivre dans un quartier comme celui-ci, être entièrement entourés de blancs et parvenir à parler leur langue. Bien sûr, ils ont leurs chaines de télévisions qu'ils peuvent écouter et continuer à entendre leur langue… Nous aurions à faire de même. Nous devrions acheter des maisons proches les unes des autres et avoir un petit lieu en commun au milieu où les gens pourraient se retrouver et les

---

72 Bien que certains universitaires aient suggéré que la préservation linguistique ne soit pas essentielle, les Aînés autochtones ont souvent insisté sur l'importance de persister à parler dans la langue pour se rappeler des histoires qui constituent la mémoire vivante de leur peuple, Sue Wright, *Language policy and language planning: from nationalism to globalisation,* Basingstoke, Hants; New York: Palgrave Macmillan, 2004, 224.

73 Bien que la plupart des chercheurs aient identifié les années 1970 comme le moment où le mouvement de revitalisation a pris son essor, il existe des exemples antérieurs de mouvements pour la préservation linguistique à Hawaii. Par exemple, un Comité pour la Préservation et l'étude de la langue hawaiienne a pu être établi dès 1964. Les recommandations du Comité ont inclus la demande pour du nouveau matériel d'enseignement qui a permis de produire le manuel *E Kama'ilio Hawai'i Kakou (Parlons le Hawaiien) – a comprehensive Hawaiian language text for classroom study*, Dorothy M. Kahananui and Alberta Pualani Anthony, *E kamaÊ»ilio HawaiÊ»i kakou,* Rev. ed. [2nd ed.] Honolulu: University Press of Hawaii for the Committee of the Preservation and Study of Hawaiian Language, Art, and Culture, 1974, vii.

74 Borrows, *Recovering Canada*, 140.

> enfants l'apprendraient. Ainsi nous aurions simplement une communauté linguistique autochtone dans la ville[75].

À plus petite échelle, c'est ce type d'organisation qui est déjà en train de se mettre en place. Le politologue Jim Silver a identifié une « forme spécifique de développement communautaire aborigène » dont il affirme qu'elle promeut la revitalisation culturelle en tant que « partie centrale d'une approche holistique du développement communautaire aborigène ».

> De nombreux autochtones en milieu urbain ont eu à souffrir durement de la colonisation. Ils manquent de confiance en eux, d'estime de soi et d'un sens de leur propre valeur – résultat d'une internalisation de l'idéologie coloniale – et ont besoin d'en guérir. La guérison a commencé à un niveau individuel – le développement communautaire n'est possible qu'avec des communautés fortes et saines. Des communautés urbaines aborigènes sont en train d'être créées par les aborigènes eux-mêmes, à travers un réseau étendu d'organisations urbaines aborigènes créées avec peine durant les trente dernières années[76].

L'étude de Silver révèle que les peuples autochtones sont déjà en train de s'organiser pour la décolonisation. La revitalisation linguistique est un chemin additionnel et jusqu'ici encore largement inexploité pour l'activisme de la décolonisation urbaine.

De nombreuses personnes que j'ai interrogées ont insisté sur le fait que l'apprentissage de l'anishinaabemowin avait renforcé leur identité anishinaabe. Tant les locuteurs dont c'est la première langue que les néo-locuteurs ont partagé ce sentiment. L'activiste linguistique, historien et enseignant Alan Corbiere m'a expliqué comment lui était venu ce désir d'apprendre la langue alors qu'il habitait Toronto. Il venait d'une longue lignée de personnes qui des deux côtés de sa famille parlaient couramment la langue mais lui-même ne s'est intéressé graduellement à l'apprendre qu'à l'âge adulte.

> Mais tous mes oncles et tantes dont je me souvienne anishinaabemok. Mes nooshenhk, mishoomek pouvaient parler ojibwe, et mes grands-parents mishoomis, mishoomisibaa, nookmisibaa gii-anishinaabemok, ils parlaient tous la langue. Alors lorsque je suis parti d'ici, je n'y prêtais pas attention, vous savez, vous êtes juste l'adolescent typique, vous ne vous intéressez pas à la langue, les vieux. Vous comprenez. Et cette organisation pour laquelle je travaille à présent, l'Ojibwe Cultural Foundation and Lakeview School, ils l'ont intégré au programme, « Oui, nous voulons encore faire partager la langue, l'Ojibwe, aux étudiants et à notre population ». Mais quand tu vas à l'école, tu n'y penses pas vraiment. Tu te contentes de participer. Quand tu vas au lycée, c'est autre chose qui t'intéresse, ta popularité, comment impliquer, les sports, le sexe et les trucs comme ça. Alors je m'en fichais de tout cela, la langue ou l'identité ou quoi que ce soit de ce genre, et c'est seulement lorsque je suis parti et que j'étais à Toronto… finalement, d'autres M'Chigeeng sont venus s'installer avec nous également alors on a eu une petite municipalité ici à

---

75 Pat Ningewance Nadeau, entretien avec l'auteur, Winnipeg, Manitoba, le 18 septembre 2008.

76 Jim Silver, *et al.*, *In Their Own Voices - Building Urban Aboriginal Communities*, Halifax, NS: Fernwood Publishing, 2006, 30-31.

> Toronto. C'est seulement à ce moment-là que j'ai commencé à penser à la langue et que j'ai rencontré des gens dans la ville là-bas, nous étions dans un bar mnikwegamigoong ngii-gweshkwaa'ige niiji-Anishinaabek, j'ai rencontré mes frères Nishnabs dans ce bar. Certains étaient des gii-anishinaabe-taadok plus âgés et ils commençaient à se parler entre eux. Et c'est là que j'ai commencé à dire que je voulais apprendre ça et que je me suis réellement identifié en tant que véritable Anishinaabe – quelqu'un qui pouvait parler la langue[77].

Corbiere s'est extasié sur le nombre de communautés ethniques qui ont réussi à conserver leurs langues. « Au milieu de toute cette diversité, et bien me voilà, un Anishinaabe dans ce lieu, et moi aussi il faudrait que je parle ma langue, mais à cette époque il n'y avait pas de programme de langue à l'Université de Toronto. Il n'y avait pas non plus d'Études autochtones ou d'Études aborigènes »[78]. Le manque d'opportunités d'apprentissage en langue seconde l'a incité à revenir sur l'Ile Manitoulin pour que ses enfants aient la possibilité d'apprendre.

Considérations finales : défis et perspectives à venir

La revitalisation des langues autochtones est un problème mondial. Les articles 14, 15, et 17 de la Déclaration des peuples autochtones insistent tous sur l'importance des langues autochtones en matières d'éducation, de société en général et de mass média. Les activistes des langues autochtones font face à un défi colossal : comment défaire des siècles de dénigrement culturel afin de régénérer nos langues ancestrales avec la confiance et la fierté de les voir à nouveau devenir nos langues premières tant dans nos vies privées que publiques ?

Par chance, il reste des raisons d'espérer car les peuples autochtones désirent et aspirent à conserver leurs langues. Au Canada, 90% des populations autochtones recensées veulent se (re)approprier leurs langues ancestrales y compris 75% de ceux qui habitent en zones urbaines[79]. Et il reste une autre raison d'espérer qui réside dans le nombre croissant d'élèves autochtones dans l'éducation postsecondaire. Le projet de revitalisation kanaka maoli a débuté avec des étudiants de l'Université de Hawaii[80]. Les

77 Alan Corbiere, entretien avec l'auteur, M'Chigeeng First Nation, Ontario, le 7 octobre 2008.

78 Corbiere, interview.

79 Norris and Jantzen, «From Generation to Generation: Survival and Maintenance of Aboriginal Languages within Families, Communities and Cities», 65. http://www.ainc-inac.gc.ca/pr/ra/fgg_e.pdf ; les limites de disséminer ces résultat sont qu'il n'existe aucun développement sur les sacrifices auxquels ont dû consentir les peuples autochtones vivant dans des zones urbaines afin de maintenir ou revitaliser leurs langues. La question reste abstraite et il paraît invraisemblable que quiconque réponde négativement à l'opportunité d'acquérir une autre langue.

80 Cependant, une autre raison de rester optimiste est le nombre croissant d'étudiants autochtones dans le postsecondaire alors que la revitalisation kanaka maoli a débuté avec des étudiants de l'Université de

possibilités potentielles d'innovation d'autres stratégies linguistiques sont infinies pour les étudiants anishinaabeg et l'exemple hawaïen démontre que c'est le groupe d'âge idéalement situé pour exploiter l'énergie requise ainsi que l'accès aux ressources nécessaires.

Les Kanaka Maoli, après avoir importé les stratégies de revitalisation linguistique qui avaient réussi auprès des Maori d'Aotearoa, sont en train de renverser la tendance linguistique et la langue hawaïenne vit une renaissance avec de nouvelles générations qui apprennent la langue de leurs ancêtres. Des anciens qui parlent couramment et des adultes néo-locuteurs ont établi des nids d'immersion linguistique pour les jeunes enfants kanaka maoli. Cette méthode a produit des néo-locuteurs y compris dans des cas avancés de perte linguistique lorsque la transmission normale intergénérationnelle entre parents et enfants n'était plus possible[81]. À leur tour, les parents ont été invités à participer à ces programmes d'immersion tout en apprenant la langue afin de fournir un environnement linguistique intégral à leur famille. Forts de près de 50 000 locuteurs d'anishinaabemowin au Canada et aux États-Unis, les Anishinaabeg disposent d'un réservoir de locuteurs relativement plus important que celui des Kanaka Maoli lorsqu'ils débutèrent leurs efforts de revitalisation[82]. Cependant, les Anishinaabeg doivent veiller à ce que cet avantage ne soit pas gâché par une assurance excessive. Un défi majeur consistera à passer au-delà de l'usage symbolique de la langue qui, bien qu'essentiel pour promouvoir son profil et son statut, ne suffira pas à produire des locuteurs d'Anishinaabemowin. Dans son étude de la communauté urbaine autochtone de Toronto, Bonita Lawrence signale les limites de l'usage symbolique d'une langue :

> Les personnes décrivaient comment ils assistaient de manière sporadique aux cours de langue et arrêtaient une fois qu'ils avaient appris quelques expressions, en général suffisantes pour leur permettre de s'identifier en termes traditionnels. Cette approche des valeurs traditionnelles est hautement individualiste et permet aux individus d'adopter les signes extérieurs leur permettant de se forger une identité indienne pour eux-mêmes tout en évitant la tache infiniment plus ardue (mais nécessaire) de tenter d'apprendre la vision du monde qui est inscrite dans leur langue – et qui est vitale pour toute compréhension en profondeur de ce que signifie d'appartenir à une culture autochtone par opposition au fait d'être Indien tout simplement[83].

La revitalisation linguistique peut constituer un travail exigeant et les ressources financières destinées aux langues autochtones et visant à contribuer à l'inversion de la courbe de perte linguistique ont le plus souvent ignoré les communautés autochtones urbaines en dépit d'un récent recensement d'une

---

Hawaii. Lenore A. Grenoble and Lindsay J. Whaley, *Saving Languages: An Introduction to Language Revitalization,* Cambridge: Cambridge University Press, 2006, 96, 98.

81 Reyhner 1999, viii.

82 Silver 1997, 337-338.

83 Lawrence 2004, 167.

recherche montrant un grand intérêt pour la revitalisation linguistique de la part des autochtones citadins[84].

Dans le Canada des villes, la réhabilitation des langues autochtones mérite et nécessite un investissement public significatif semblable à celui fourni aux minorités linguistiques francophone et anglophone. Cependant elle nécessite également qu'on réévalue leur importance. L'expert linguistique James Crawford explique que l'étape suivante vers l'autodétermination implique un rejet des valeurs occidentales d'individualisme, de matérialisme et de pragmatisme en faveur des valeurs autochtones traditionnelles.

> Comment les changements de valeur fondamentaux se produisent-ils ? Avec difficulté... soit les vies des individus changent de manière radicale, soit ils subissent une conversion spirituelle, soit encore ils sont influencés par un mouvement social qui répond directement à des besoins et aspirations longtemps réprimés. Dans le cas de la revitalisation linguistique, je pense qu'un mouvement social sera nécessaire, qui réponde aux questions importantes pour les Amérindiens. Cela va probablement se produire dans le contexte de luttes pour l'autodétermination culturelle, économique et peut-être également politique[85].

Je suis constamment sidéré par le dévouement et la passion dont ont fait preuve les néo-locuteurs qui enseignent à présent l'anishinaabemowin en créant leurs propres opportunités d'apprentissage linguistique. Kathy Absolon est une Anishinaabe-kwe de la Première Nation Flying Post en Ontario. Elle est une néo-locutrice qui a organisé des cercles de langue anishinaabemowin dans la province de Victoria en Colombie Britannique, à Regina dans le Saskatchewan et plus récemment à Kitchener-Waterloo dans l'Ontario. En 2004, je me suis joint au cercle de langue anishinaabemowin qu'elle a organisé à l'Université des Premières Nations de Regina et sa détermination à apprendre et à aider les autres à apprendre avec elle furent une source d'inspiration pour ce travail. Lorsque je lui ai demandé si elle croyait à une résurrection de la langue anishinaabemowin y compris hors des réserves, elle fut d'un optimisme catégorique et l'a justifié. C'est donc à elle que je souhaite laisser le dernier mot…

> Je vis dans un centre urbain et c'est exactement ce que je fais. Tu sais, l'un des problèmes qui arrive parfois est que les organisations ne fonctionnent pas vraiment aussi bien qu'elles le devraient potentiellement. Alors la politique, le financement et les bisbilles entre factions rivales, les disputes se produisent malheureusement et cela crée de véritables obstacles pour que les choses se développent. Alors à Kitchener Waterloo où je vis à présent, il ne se passait vraiment rien concernant la langue et alors, je m'en fiche. Je veux juste le faire et c'est ma devise, tu n'as qu'à le faire. Et alors j'ai juste dit « Bon, et bien je vais juste le faire chez moi ». Et certaines personnes m'ont dit « Et bien tu devrais peut-être aller dans un centre de sensibilisation ou un centre de ressource et commencer là-bas ». Et j'ai dit « Non, c'est moi qui suis responsable de ma langue, je suis responsable de la relever. Je ne vais pas la passer à une organisation pour qu'elle s'en occupe, je vais m'en charger et je vais trouver d'autres gens qui veulent le faire et nous allons le faire chez moi.

84 Task Force on Aboriginal Languages and Cultures 2005, 103.

85 Crawford 1995, 78.

Si l'organisation avait voulu le faire, cela aurait été déjà fait ». Cela serait là car – ce n'est pas comme si les gens ne savaient pas – je pense que nous avons assez entendu nos Ainés et des gens traditionnels nous rappeler que les organisations savent ce qui est important.

Alors mon sentiment maintenant est que je vais le faire, je ne vais pas me laisser m'enliser dans la bureaucratie d'une organisation. Et nous allons simplement nous réunir chez moi et prendre le thé et juste nous assoir autour de la table de ma cuisine. C'est très basique. C'est très informel mais nous l'apprenons et nous l'améliorons. Mon travail à moi, c'est juste de rester cohérente. Alors tous les mercredis, je fais de l'anishinaabemowin, que ce soit toute seule en écoutant des cassettes ou avec une autre personne. Et même si une autre personne est là, je sortirai encore les cassettes, les CD et je dirai « Que veux-tu faire ? Lequel veux-tu faire ? Cela ne sera pas comme, « Oh il n'y a pas assez de personnes pour faire cours ». Si je suis ici, pour moi, c'est mon esprit, c'est mon job, c'est ma responsabilité, et plus il y aura de gens, mieux cela sera[86].

86 Kathy Absolon, interview par l'auteur, Toronto, Ontario, le 30 novembre 2008.

Bibliographie

ABLEY (Mark), *Spoken Here: Travels Among Threatened Languages.* Boston, MA: Houghton Mifflin, 2003.

ALFRED (Taiaiake), *Peace, Power, Righteousness: an indigenous manifesto.* Don Mills, ON: Oxford University Press, 1999.

ALFRED (Taiaiake), *Wasáse: indigenous pathways of action and freedom.* Peterborough, ON: Broadview Press, 2005.

ANAYA (S. James), 1996, *Indigenous peoples in international law.* New York: Oxford University Press.

BASSO (Keith H.), *Wisdom Sits in Places: Landscape and Language Among the Western Apache.* 1st ed. Albuquerque, NM: University of New Mexico Press, 1996.

BIELENBERG (Brian), *Indigenous Language Codification: Cultural Effects: Papers given at the Annual Stabilizing Indigenous Languages Symposium, University of Kentucky, May 15-16, 1998*, edited by Jon Reyhner, 103-112. Flagstaff, AZ: Northern Arizona University, 1999.

BOLDT (Menno), *Surviving as Indians: the challenge of self-government.* Toronto: University of Toronto Press, 1993.

BOWEN (Janine Ja no's), *Excellence in Tribal Governance - An Honoring Nations Case Study: The Ojibwe Language Program: Teaching Mille Lacs Band Youth the Ojibwe Language to Foster a Stronger Sense of Cultural Identity and Sovereignty*, Cambridge, MA: Harvard Project on American Indian Economic Development, 2004.

CANADA. «Task Force on Aboriginal Languages and Cultures», Ronald Eric IGNACE, Mary Jane JIM, and Canada. Canadian Heritage. 2005. *Towards a new beginning: a foundational report for a strategy to revitalize First Nation, Inuit and Métis languages and cultures: report to the Minister of Canadian Heritage.* Ottawa: Task Force on Aboriginal Languages and Cultures.

CORNTASSEL (Jeff), *Towards a New Partnership? Indigenous Political Mobilization and Cooptation During the First UN Indigenous Decade (1995-2004)*, Conference Paper ed. International Studies Association Annual Conference, March 2005.

CRAWFORD (James), 1995. «Endangered Native American Languages: What is to be done, and Why?», *Bilingual Research Journal* 19 (1): 17-38.

GRANBERG (Kimberly A.), 2002. «Eurocentric Education Unhinged: Challenges Posed by the Elders and Teachings of the Anishinaabeg» In *Proceedings of the Annual Meeting of the National Association of African American Studies, the National Association of Hispanic and Latino Studies, the National Association of Native American Studies, and the International Association of Asian Studies.* Houston, TX.

GRENOBLE (Lenore A.) and Lindsay J. WHALEY, 2006. *Saving languages: an introduction to language revitalization.* Cambridge, UK: Cambridge University Press.

HERMES (Mary), «'Ma'Iingan is just a Misspelling of the Word Wolf': A Case for Teaching Culture through Language», *Anthropology and Education Quarterly* 36, no. 1 (2005): 43-56.

HINTON (Leanne), Nancy STEELE, and Matt VERA. *How to Keep Your Language Alive: A Commonsense Approach to One-on-one Language Learning.* Berkeley, Calif: Heyday Books, 2002.

KAHANANUI (Dorothy M.) and ALBERTA PUALANI (Anthony), *E kamaÊ»ilio HawaiÊ»i kakou.* Honolulu: University Press of Hawaii: Committee of the Preservation and Study of Hawaiian Language, Art, and Culture, 1974.

LAWRENCE (Bonita), *«Real» Indians and Others: Mixed-blood Urban Native Peoples and Indigenous Nationhood.* Vancouver, BC: UBC Press, 2004.

MORGAN (Mindy J.) 2005. «Redefining the Ojibwe Classroom: Indigenous Language Programs within Large Research Universities», *Anthropology & Education Quarterly 36 (1),* 96-103.

NIEDZIELSKI (Henry Z.), 1992. «The Hawaiian Model for Minority Cultures and Languages», In *Maintenance and loss of minority languages,* ed. Willem FASE, K. JASPAERT and Sjaak KROON. Amsterdam; Philadelphia: Fase,Willem; Jaspaert,K.; Kroon,Sjaak, 369-384.

REYHNER, (John), 1999. *Maintaining and Developing Indigenous Languages.* Flagstaff, Arizona: Northern Arizona University.

REYHNER (Jon), 1995, «Maintaining and Renewing Native Languages», *Bilingual Research Journal* 19 (2): 279-304.

SILVA (Kalena), 2000, «'Ehiku (Chapter 7) Revitalizing Culture and Language: "Returning to the 'Aina' (Land)» In *Indigenous educational models for contemporary practice: in our mother's voice,* ed. MAENETTE K. P. Ah NEE-BENHAM and Joanne E. COOPER. Mahwah, N.J., 71-80.

SILVA (Noenoe K.), 2004, *Aloha Betrayed: Native Hawaiian Resistance to American Colonialism.* Durham NC: Duke University Press.

SILVER (Shirley) Wick R. MILLER, *American Indian languages: cultural and social contexts.* Tucson: University of Arizona Press, 1997.

SMITH (Linda Tuhiwai), *Decolonizing methodologies: research and indigenous peoples,* New York: Zed Books, 1999.

SPIELMANN (Roger Willson), *'You're so fat!': Exploring Ojibwe Discourse.* Toronto, ON: University of Toronto Press, 1998.

STILES (Dawn B.), 1997. «Four Successful Indigenous Language Programs» In *Teaching Indigenous Languages.* Flagstaff, Arizona: Northern Arizona University.

TRASK (Haunani-Kay), *From a native daughter: colonialism and sovereignty in Hawai`i.* Honolulu: University of Hawai`i Press, 1999.

TREUER (Anton), *Living our language: Ojibwe tales and oral histories,* St. Paul, Minn: Minnesota Historical Society Press, 2001.

TSUNODA (Tasaku), *Language endangerment and language revitalization,* New York: Mouton de Gruyter, 2005.

WILLIAMS (Shirley), 2003, «The Development of Ojibway Language Materials», *Canadian Journal of Native Education* 27, no. 1: 79-83.

WILSON (John Melbourne Ogilvy), *Introduction to social movements,* New York: Basic Books, 1973.

WRIGHT (Sue), *Language policy and language planning: from nationalism to globalization,* New York: Palgrave Macmillan, 2004.

Crédit photo : Daphné Romy-Masliah

Margarita Huayhua

Les relations hiérarchiques entre femmes dans le sud des Andes*

Résumé : Dans la Cordillère des Andes, un grand nombre de personnes parlent des langues autochtones telles que le quechua (95% de la population rurale des hautes terres du Sud du Pérou). Dans ce contexte, lorsque le gouvernement et les responsables d'ONG parlent quechua, on considère que leur communication en sera facilitée avec les locuteurs dont le quechua est la première langue. Je me suis fondée sur les interactions entre les fonctionnaires du gouvernement et les villageoises d'une communauté du sud du Pérou pour affirmer que même lorsque ces fonctionnaires ou employés d'ONG parlent le quechua en langue seconde, la manière dont ils s'expriment dans cette langue renforce le sentiment de hiérarchie entre eux et les femmes dont le quechua est la première langue. En d'autres termes, les locuteurs bilingues, – femmes et hommes – perpétuent des formes de domination qui enferment les personnes dont la langue première est le quechua non seulement lorsqu'ils parlent espagnol mais également lorsqu'ils s'expriment en quechua. Ces formes de domination reproduisent le stéréotype des locuteurs de quechua en tant que personnes au comportement déviant dépourvues d'éthique sociale ainsi que des pré-requis pour mener une vie « moderne » ou « civilisée ». Ces formes de domination peuvent être perçues dans certains cas ou ne pas passer le seuil de l'entendement des participants, qu'ils soient monolingues ou bilingues. En bref, pour les employés du gouvernement ou des ONG, le fait de parler quechua en langue seconde ne réduit en rien la reproduction de stéréotypes de hiérarchie dans le contexte rural, car il est un produit de l'interaction en dépit des meilleures intentions (conscientes) de toutes les personnes concernées et des droits constitutionnels relatifs aux langues autochtones. Je tire des exemples d'interactions sociales dans les transports publics (un service dit combi), d'une étude en clinique et dans le cadre de foyers parlant quechua.

Mots-clés : interaction sociale, bilinguisme, domination, quechua, Andes.

Hierarchical Relations among Women in the Southern Andes

Abstract: In the Andes large numbers of people speak indigenous languages such as Quechua, spoken by approximately 95% of the rural population of the southern Peruvian highlands. In this context, when government and NGO officials speak Quechua it is assumed that their communication with first-language speakers of Quechua will improve. Drawing on interactions between government employees and village women in a community in southern

* Cette étude a pu être réalisée grâce au soutien financier des institutions suivantes : la National Science Foundation, Mary Malcomson Raphael Fellowship, Inter-American Grassroots Fellowship, Ford Foundation et Presidential Fellowship de l'Université Rutgers. Je tiens à remercier Alan Durston, Gillian Feeley-Harnik, Claire Insel, Bruce Mannheim, Amy Mortensen, Andrew Shryock, et Tom Stephen pour leurs commentaires sur des versions antérieures. Les erreurs qui subsistent sont de mon fait (ou de celui de ma traductrice, ndlt).

Peru, I suggest that even when government and NGO employees speak Quechua as a second language, the way they use their language reinforces hierarchies between them and women who speak Quechua as a first language. In other words, bilingual speakers–women and men–perpetuate forms of domination that typecast Quechua-speaking people not only in Spanish, but also in Quechua. These forms of domination reproduce the stereotype of Quechua speakers as deviant, as people who lack social judgment, and who do not have the social requisites to live a «modern» or «civilized» life. These forms of domination can be conveyed above or below the threshold of awareness of the participants, regardless of whether they are bilingual or monolingual. To put it briefly, for government or NGO employees to speak Quechua as a second language does not in itself reduce the production of hierarchy in rural settings, because it is produced interactionally apart from the best (conscious) intentions of all concerned and the Constitutional rights to aboriginal languages. I draw examples from social interaction in public transportation (a combi service), a clinical setting, and Quechua-speaking households.

Keywords: Social Interaction, Bilinguism, Domination, Quechua, Andes.

Le contexte

Durant les soixante-quinze dernières années, de nombreux universitaires travaillant dans les républiques andines – Pérou, Bolivie et Équateur – ont affirmé que la langue adopte les contours de l'ethnicité lors de contacts interpersonnels. De nombreuses études associent la langue quechua ou aymara à ce qu'on appelle les *Indiens* et l'espagnol aux *Créoles.*

Si ceux qu'on appelle Indiens apprennent et parlent espagnol, on les catégorise comme *cholos* ou *mestizos*. Cette manière de relier l'ethnicité à une langue correspond à une notion ancienne – celle que sous la pression de la « modernisation », l'ethnicité constitue un phénomène indicateur[1] du degré de modernisation inéluctable des autochtones à mesure qu'ils s'assimilent au style de vie euro-occidentalisé que les élites prétendent représenter (Huayhua 2013a). Il est frappant, dès lors, de constater que le plus grand pôle d'intérêt en matière de recherche sur les langues autochtones andines n'est pas sur les langues autochtones[2] en tant que telles mais sur les effets sociolinguistiques de l'assimilation linguistique et sur le bilinguisme[3] toujours interprété comme une force inexorable s'exerçant sur les locuteurs de quechua. Les chercheurs universitaires étudient rarement les villages monolingues en quechua et les locuteurs monolingues, pas plus que les conséquences sociales de leurs

1 Arguedas, la figure emblématique du multiculturalisme au Pérou, était opposé à considérer l'ethnicité comme un phénomène indicateur. Bien que Péruvien parlant le castillan en première langue et le quechua en langue seconde, il contestait le fait que son bilinguisme fasse de lui un individu acculturé pas plus qu'un *cholo* or *mestizo*. Dans son discours de 1968 alors qu'il recevait le prix « Inca Garcilazo de la Vega », il insista : « no soy un aculturado », c'est-à-dire, 'je ne suis pas une personne acculturée'. En d'autres termes, il rejetait l'image de lui-même comme sujet qui était devenu métis par le simple biais d'un apprentissage bilingue.

2 Certains chercheurs locaux et internationaux ont étudié le quechua selon une perspective linguistique se concentrant plus sur les propriétés linguistiques du quechua telles que l'évidentialité, la thématique etc. (par exemple Faller 2002), sans se préoccuper de l'aspect social de la langue. Certaines de ces études, au demeurant excellentes, ont recours à des catégories qui rendent difficile la réflexion sur l'usage social de la langue quechua pour les populations qui la parlent.

3 Par exemple, il existe de nombreuses études sociolinguistiques sur les effets produits par le contact entre castillan et quechua (par exemple Cerrón Palomino 1988, Escobar 1993, and Hornberger 1988). *Ndlt : espagnol et castillan sont ici synonymes.*

interactions entre eux ou avec des gens de l'extérieur, employés gouvernementaux ou d'ONG *en langue quechua*[4].

Le cadre assimilationniste est non seulement adopté par les chercheurs mais également par la population hispanophone en général, en particulier au Pérou. Employés de bureau, intellectuels, élites politiques et économiques notamment partagent cette notion que les soi-disant Indiens doivent transformer leur mode de vie « rétrograde » en se modernisant et ce faisant tomber dans la conséquence inévitable du *mestizaje* ou, selon la traduction d'Helen Safa, « blanchiment » (2005). L'un des traits caractéristiques de ce blanchissement est le remplacement du quechua par le castillan, car le quechua est associé aux stéréotypes de sous-développement, d'ignorance, de fausseté et de manque de discernement par contraste avec l'espagnol considéré comme la langue de la « civilisation », du « savoir », de la « vérité » et de la « raison ». Qui plus est, à l'intérieur même du système politico-économique des pays andins, le quechua est perçu comme un fardeau et un obstacle au développement d'une « nation » imaginaire monolingue hispanophone. Dans ce cadre, il y a la volonté d'effacer la présence d'une population monolingue quechua et ses locuteurs sont stigmatisés et opprimés. Leur oppression provient de l'interdiction qui leur est faite de parler le quechua dans quelque situation que ce soit, formelle ou informelle (Albó 1973), notamment au sein d'institutions publiques ou privées[5] en dépit des programmes actuels d'éducation bilingue-interculturelle et de promotion des langues autochtones. La situation d'oppression et de stigmatisation est encore plus forte lorsque ces locuteurs vont s'installer en ville pour trouver du travail, notamment les femmes qui travaillent comme personnel domestique dans des foyers hispanophones.

L'idée même du *métissage* linguistique ou « blanchiment » renforce la discrimination. Elle implique que les quechuophones n'auront plus à affronter de discrimination lorsqu'ils parleront couramment l'espagnol. En réalité, la discrimination persiste même si ces locuteurs de quechua parlent couramment le castillan. Les locuteurs de quechua sont étiquetés comme « Indiens » et traités comme tels (cf. Huayhua 2013b). Par conséquent, l'insistance des universitaires sur le « blanchiment » linguistique, c'est-à-dire l'idée qu'en changeant de langue, les Indiens deviennent civilisés, renforce

---

4 Il semble que peu de chercheurs soient capables de maîtriser la langue au point de pouvoir s'exprimer directement avec des locuteurs monolingues.

5 Si le locuteur de quechua s'adresse au personnel d'institutions publiques ou privées, on lui répond généralement en espagnol. Cette réponse signifie que la conversation se fera dans cette langue. Il en résulte qu'il sera en général accompagné de quelqu'un qui parle le castillan. Pour plus de détails sur la manière dont sont décrits les Amérindiens incapables de parler anglais aux États-Unis, voir Meek 2011.

involontairement la domination des hispanophones sur les quechuophones[6]. De plus, le bilinguisme, en particulier dans le sud du Pérou, n'a pas amélioré les relations « raciales ». Les bilingues[7] se voient renvoyés aux catégories stigmatisées que sont les *cholos* ou métis, selon l'idéologie du *mestizaje* (métissage, ndlt).

J'affirme ici que les interactions sociales bilingues contribuent à la discrimination dans les relations entre locuteurs exactement autant que celles qui se polarisent sur la langue. La diglossie et l'alternance codique permettent de fournir une information sur les rapports hiérarchiques de domination dans lesquels les locuteurs se trouvent enfermés, à savoir les pratiques linguistiques de bilinguisme, en particulier les idéologies raciales[8]. Les pratiques diglossiques des locuteurs bilingues dépendent de leur situation d'interaction. Parallèlement, de telles pratiques sont façonnées par la structure politique et économique au sens large dans laquelle le quechua et l'espagnol se positionnent en tant que langues[9]. L'espagnol se trouve au sommet de la hiérarchie par rapport aux langues autochtones (quechua, aymara, asháninka, shipibo-Conibo, et yanesha)[10], car c'est la langue du pouvoir et que sa légitimité est non seulement imposée par l'État[11] mais aussi – dans des contextes quotidiens habituels – par les locuteurs dont l'espagnol est la première langue.

---

6 Ce qui se passe sur le terrain ne reflète pas les droits inscrits dans la Constitution péruvienne qui stipule que : 'Personne ne peut être discriminé en fonction de son origine, de sa race, de son sexe, de sa langue, de sa religion… ou de tout autre raison' (Titre I, Chapitre I, Article 2, 2).

7 Par « bilingues », j'entends à la fois les locuteurs de quechua qui parlent l'espagnol en langue seconde et les locuteurs d'espagnol qui parlent quechua en langue seconde.

8 Cf. Eckert & McConnell-Ginet 2013. Certains universitaires suggèrent que la diglossie en situation d'interaction bilingue est une manière de créer le «we code» (code *nous*) et le «they code» (code *eux*) (voir Gumperz 1982).

9 Cf. Bourdieu 1991, Gal 1988.

10 Il est important de noter qu'au Pérou, certaines variétés d'espagnol parlé sont considérées comme « inférieures » à la variété dans laquelle s'expriment les élites de Lima. Lors d'une rencontre, selon la variété adoptée, les participants identifieront jusqu'au quartier dans lequel vit leur interlocuteur. Si la variété adoptée ne correspond pas au teint (pâle) de l'interlocuteur en question, on lui demande de quel quartier il ou elle vient. Par exemple, une étudiante à l'université fut hors d'elle lorsqu'une autre camarade lui demanda si elle venait de Lima en raison de son espagnol « un peu curieux ». Ensuite elle commenta son aventure : « Nous habitons à X [un quartier de Lima] et mon père est médecin. Je ne sais pas pourquoi elles m'ont demandé d'où je venais, je le ressens comme une discrimination à mon égard ».

11 La Constitution péruvienne déclare qu'en matière de langue officielle aux côtés de l'espagnol, on trouve les langues quechua, aymara et les autres langues aborigènes selon les endroits où elles sont prédominantes aux termes de la loi (Titre II, Chapitre I Article 48), tout comme elle proclame le droit de tout Péruvien à recourir à sa propre langue devant les autorités par le biais d'un interprète (Titre I, Chapitre I, Article 19). Cependant, l'espagnol demeure la langue *de facto* dans laquelle tout échange commercial s'effectue et comme condition pour être considéré comme un citoyen au Pérou.

La désillusion de la sororité dans le « Sud »

Cet article examine la politique du recours linguistique dans des interactions en temps réel et je m'attache en particulier aux relations entre les femmes[12]. J'avance que l'accès à l'espagnol en tant que langue de pouvoir et celui au quechua en tant que seconde langue contribuent à subordonner les femmes dont le quechua est la première langue[13]. Les interactions entre femmes[14] présentent un intérêt spécifique dans le contexte de l'ethnographie andine. Arnold (1997: 20), poursuivant la critique formulée par Hardman envers l'étude de Warren & Bourque (1976, 1981) sur les femmes, fait remarquer à juste titre que les ethnographies sur le genre dans les Andes englobent la perspective des femmes en la fondant sur celles qui vivent à Lima et en présumant que les deux groupes de femmes sont équivalents[15].

---

12 En cela, je suis l'incitation de Eckert et McConnell-Ginet (1998:489, 491) à poursuivre des recherches sur les relations entre groupes du même sexe afin d'identifier précisément comment les différences sont soulignées et produites afin de construire des relations hiérarchiques entre elles, (cf. Moore 1988).

13 Voir Eckert and McConnell-Ginet 2013 pour une mise à jour des pratiques sociales en matière linguistique. Les études en matière de relations de pouvoir entre hommes et femmes en milieu anglophone se sont concentrées sur la manière dont la domination masculine est produite ou renforcée dans le discours. Les femmes démontrent leur contribution involontaire au renforcement de cette relation de pouvoir. Certains universitaires ont essayé de proposer des façons de modifier le recours obligé au genre pour le pronom à la troisième personne du singulier pour désigner des êtres humains. Certains proposent le recours à la forme *s/he* à l'écrit, mais cela semble difficile à mettre en place à l'oral. C'est-à-dire que « le système catégorique de pronoms nécessairement genrés crée une hégémonie culturelle spécifique, l'acceptation incontestée que ce soit les hommes et les femmes, du genre masculin comme la norme pour catégorie non marquée de la personne » (Hill and Mannheim 1992: 389).

14 Les relations entre les genres dans les Andes ont été analysées par les chercheurs selon différentes perspectives. Un cadre extraordinaire proposé est celui de la complémentarité égalitaire, à savoir qu'hommes et femmes se tiennent sur une sorte de pied d'égalité en raison de leur complémentarité, c'est-à-dire qu'ils constituent la moitié essentielle que sont supposées refléter les expressions respectivement aymara et quechua ***chacha-warmi*** et ***qhari-warmi*** (homme et femme). Un homme est le complément d'une femme et vice versa car ils constituent une unité en tant que force de travail permettant la production des moyens de subsistance (cf. Isbell 1978, cf. Silverblatt 1987). Il n'existe pas de hiérarchie des genres. Certains spécialistes suggèrent que de telles relations complémentaires sont asymétriques, c'est-à-dire que les femmes sont dévaluées dans leur relation aux hommes. Bourque et Warren (1976) affirment que cette subordination des femmes en termes de distribution asymétrique de pouvoir est illustrée « par l'accès limité des femmes aux rôles politiques ou officiels dans la vie du village » dans les communautés andines (785). Ils suggèrent que la division sexuelle du travail en politique révèle des structures patriarcales dans l'organisation sociale de la famille, de la communauté et de l'État, ce qui contribue à renforcer et à perpétuer le pouvoir masculin (1981). D'un point de vue linguistique, Harvey suggère que les relations sociales entre hommes et femmes et la représentation de ces relations, qu'elles soient complémentaires ou hiérarchiques, se réfèrent principalement aux notions de pouvoir et d'autorité (Harvey 1989: 11, Harvey 1991). Selon elle, par-delà l'idée de complémentarité différenciée, il y a la différence entre hommes et femmes mais aussi entre les femmes elles-mêmes. C'est-à-dire que les femmes ne sont pas subordonnées à tous les niveaux car le genre est lié aux relations sociales et qu'il se réfère aux différences, non seulement entre hommes et femmes mais également entre les femmes (26-27). L'étude ethnographique de Weismantel (1994) sur la nourriture et le genre illustre la manière dont la différence est reproduite entre les femmes de langue quechua à Zumbagua (Equateur). Pour un examen plus poussé du genre dans les Andes et des cadres théoriques qui ont été utilisés pour interpréter les relations entre les genres, voir Arnold (ed.) 1997.

15 Cf. Gill et aussi Seligmann 2004.

Cette observation fait écho à l'affirmation par Mohanty (1988:333) à propos de la (re)production de la « femme du Tiers-Monde » en tant que sujet fait d'un seul bloc et singulier. Comme le suggère Spedding (1997) il y a un vide dans les études ethnologiques en ce qui concerne la différence entre les femmes de la région andine. Spedding (1997:327) fait remarquer que celles et ceux qui travaillent avec les femmes de la Cordillère des Andes appartiennent à la classe moyenne (locale et internationale) et que leurs conceptions et attitudes diffèrent en terme de classe et d'ethnicité. Ces chercheurs reproduisent les stéréotypes présentant les femmes comme pauvres et victimisées. En outre, les chercheurs travaillant dans les Andes ne parlent pas la langue (aymara ou quechua) afin d'entrer en contact direct avec les femmes et de comprendre leur point de vue. Cet article illustre la manière dont les différences entre les femmes sont produites dans leurs interactions quotidiennes, ce qui illustre qu'il n'y a aucune solidarité interclasse ou interethnique entre les femmes dans le « Sud » comme Moreton-Robinson (2000) l'a indiqué dans le cas de l'Australie (cf. Hooks 1990).

La plupart du temps, lorsque des universitaires parlent de manière générique d'une large catégorie de locuteurs telle que les femmes, notamment au Pérou, les Péruviens tendent à exclure ceux qui parlent les langues minoritaires. C'est par exemple ce que pointe du doigt la spécialiste des questions féministes Maruja Barrig (2001) lorsqu'elle évoque les personnes travaillant sur les questions d'égalité et des femmes au Pérou qui font souvent abstraction des femmes parlant quechua et des femmes travaillant comme domestiques dans leur propre foyer. Ces femmes sont invisibles aux yeux des activistes et des universitaires qui précisément s'intéressent aux questions féministes. Ce paradoxe est significatif car il témoigne de la position spatiale et temporelle dans laquelle les femmes quechuophones se situent à l'intérieur de la hiérarchie sociale péruvienne. Cela éclaire la manière dont la différence fonctionne dans la production de relations de domination entre groupes de femmes. De telles relations sont liées à la place que ces groupes occupent à leur tour dans la société au sens large.

Pour illustrer ce point central de mon propos, je démontre comment les femmes qui ont accès à l'espagnol et au quechua se distinguent des femmes monolingues en quechua. Elles le font en utilisant les codes des deux langues et en subordonnant tacitement les femmes quechua en termes de capacité de raisonnement, d'accès linguistique et d'hygiène. Une subordination de ce type est présente dans des formes fréquentes d'interactions sociales bilingues qui peuvent se produire sans que chaque partie ait nécessairement conscience de cette subordination. Ma recherche porte sur trois différents contextes dans un village péruvien nommé Uqhupata qui se situe près de la ville de Cuzco. Les trois cadres sont un minibus, un dispensaire et un domicile privé. Le service de minibus est utilisé par les villageois et les habitants de la ville de Cusco. Le dispensaire est dirigé par des employés du gouvernement dont l'espagnol est la première langue mais qui ont un usage familier du quechua dans leurs interactions avec les villageois. Bien que le personnel employé par le gouvernement parle quechua, il faut noter que les registres de quechua parlé par les locuteurs dont le quechua est la première langue et celui utilisé par les hispanophones sont nettement différents, notamment dans l'usage qu'ils font de leur cavité *supra*, différence qui se produit invariablement et à laquelle ils sont tous deux habitués, du moins inconsciemment (Huayhua 2010, chapitre 2). Le contexte domestique est celui d'un foyer monolingue en quechua. Toutes ces interactions impliquent des alternances codiques, soit de l'espagnol vers le quechua soit du quechua vers l'espagnol. Contrairement à beaucoup de descriptions d'alternances codiques, sa motivation désagréable est de contribuer à renforcer la hiérarchie sociale entre les employés et les villageois comme Harvey (1989) l'avait observé.

Situations quotidiennes destinées à « civiliser » les femmes parlant le quechua

Une demande aux femmes à se comporter correctement

Prenons l'exemple du minibus. Pour se rendre au village d'Uqhururu, les passagers ne peuvent compter que sur deux minibus. Le premier quitte Cuzco à 7 heures du matin et le deuxième autour de 7 heures 20. Les employés des institutions qui travaillent au village sont des passagers quotidiens employés du gouvernement, enseignants, personnel médical et agents municipaux. Cependant il arrive que des villageois aient également à utiliser ce mode de transport. À partir de maintenant, je me réfèrerai aux non villageois sous l'appellation d'« agents » (A1 etc.) puisque tous se positionnent vis-à-vis des villageois (V1 etc.) à travers des institutions publiques distinctes.

Un matin d'avril 2010, l'un des minibus était plein à craquer et le conducteur invita deux femmes quechua (V) à monter dans un deuxième van habituellement réservé aux agents. Une des femmes s'agrippe au dossier dans la seconde rangée où deux représentantes sont assises. Les agentes la dévisagent avec hostilité et l'une deux (A1) lui crie,

01 A1: ¡**Allinta sayay** doñita **ñit'imuwashanki**! ¡Por qué no van en vuestro carro! Esta gente

02 no hace caso, nos incomodan[16]

03 V1: ***Manan mamitay tupayamuykichu, sayakullashanin. Manaya huq karu kanchu,***

04 ***lliwpis wihakuytaqa munanchismi, riki?***

---

16 Le quechua est en gras et en italiques et l'espagnol est en italiques.

A1: ***Vous m'écrasez ma petite, tenez-vous correctement*!** Pourquoi est-ce que vous ne voyagez pas dans la voiture qu'on vous a attribuée ! Ces gens-là n'obéissent jamais, ils ne font que nous gêner.

V1: Ma petite maman chérie, je ne te touche même pas, je ne fais que me tenir debout. Il n'y a pas d'autre voiture. On est tous là pour voyager n'est-ce pas ?

Le mot *doñita*, inflexion de l'espagnol *doña*, s'adresse à V1 comme si elle était une enfant. [*D*]*oñita* vient se mêler à ***nit'imuwashanki*** (ligne 01), expression qui affirme que A1 se fait écraser alors qu'en fait personne ne l'a touchée. Après cet énoncé – mélange de quechua et d'espagnol, l'interlocutrice continue en espagnol. Ce nouvel énoncé affirme que les deux villageoises auraient dû prendre la première voiture, celle réservée aux villageois. La conclusion de A1 (ligne 02), *no hace caso, nos incomodan,* présente V1 et sa compagne comme d'odieuses perturbatrices qui ne savent pas se tenir. De plus, ce commentaire dépeint les femmes qui parlent quechua comme manquant de considération pour les passagers légitimes, elles mettent les agentes dans une situation inconfortable et désagréable en montant dans ce minibus. A1 est exaspérée par la proximité de V1 que révèle l'utilisation de deux codes différents, quechua et castillan. Cette alternance codique marque une distance et crée une limite entre les deux groupes de femmes. Il révèle le supposé privilège exclusif des agents à monter dans ce véhicule. Le quechua est là pour accuser les locutrices de quechua et l'espagnol vient donner le ton de l'autorité et l'expression du mépris pour les femmes quechua en objectivant l'interlocutrice comme quelqu'un qui n'est pas digne qu'on s'adresse à elle. Elle dénote aussi que les voyageuses quechua sont considérées comme mineures incapable de comprendre que leur présence perturbe les agentes dans leur « privilège » de voyager dans ce minibus.

Dans sa réponse, V1 s'adresse à son interlocutrice comme ***mamitay*** ('petite maman chérie') pour témoigner son respect à A1 et lui reconnaître son statut social. Mais elle poursuit en indiquant qu'elle n'a à aucun moment frôlé ou écrasé A1: ***Mana-n tupa-ya-mu-yki-chu*** (ligne 03)[17] ce qui est indiqué par ***mana*** (non), le suffixe ***–n*** ('certainement pas'), la racine ***tupa*** ('toucher'), les suffixes ***–ya–mu*** ('depuis ma position debout'), ***–yki*** ('à vous'), et ***–chu*** ('pas'). En réalité, V1 est simplement debout près de A1 – ***sayakushallanin*** – ce qui n'aurait dû ni la gêner ni lui causer le moindre problème. La plainte de A1 est infondée. La déclaration finale de V1, ***lliwpis wihakuyta munanchismi riki*** (ligne 04), marque le fait que tout le monde a besoin de voyager – l'interlocutrice quechua ne voyage pas pour causer des ennuis et ne devrait pas avoir à être harcelée par les autres passagères, quel que soit son statut social. Implicitement, elle fait remarquer

17 L'expression est une plainte indiquée par la combinaison et la manière d'exprimer racines et suffixes.

que le droit de tous voyager ne saurait être restreint et que ce droit doit être affirmé quelles que soient les circonstances individuelles de chacun nonobstant ce que chacun pense de l'autre. En réponse à cette déclaration, A1 et sa compagne se regardent mutuellement, se rapprochent l'une de l'autre sur leurs sièges et froncent leurs sourcils en marque de désapprobation devant l'attitude de la villageoise. Le fait que les deux agentes soient des femmes n'améliore en rien leur posture méprisante envers la femme autochtone. Elles semblent vouloir affirmer qu'elles appartiennent à une sphère plus haute que celle des villageoises.

V1 est capable de répondre à A1 tout en se mettant sur un pied d'égalité en s'adressant à elle et en mettant en doute sa plainte d'avoir été écrasée et ennuyée par les autres voyageuses. La femme s'exprimant en quechua jette un bref regard aux agentes puis regarde par la fenêtre et ne dit plus rien. Sa compagne villageoise demeure silencieuse, couvrant son front et presque complètement son regard avec son chapeau. La seconde passagère n'intervient pas avec les agentes. Le véhicule atteint Uqhururu. Les deux villageoises descendent sur la route principale.

Être un animal irrationnel

Au dispensaire du village, les villageois sont certes considérés comme des patients, mais cela n'implique pas qu'ils soient traités d'égal à égal avec le personnel de cet établissement. Lorsque les agents ont recours au quechua, c'est pour insister sur le manque de jugement des villageois, à savoir qu'ils sont irrationnels et doivent être traités avec condescendance. Passons à un exemple de dialogue dans ce dispensaire. Dans la salle d'examen, une agente est en train de remplir le registre d'admission des patients. Une patiente (P1) entre s'assoir face à l'agente. Cette agente (A2) lui demande :

05 A2: ***Niway*** este (-) ***imawan*** *cuida****kunki qan*** (.) ah (?)[18]

06 P1: ***Mana siñurita kuyrakuymanchu*** ((regardant A3))

07 A2: *Por qué* (?) *Otro* ***wawa kanqa*** ((regardant une page dans le dossier medical))

08 P1: ***Umayman siñurita atakawan***

A2: Dis-moi un peu (-) quelle ((méthode contraceptive)) as-tu l'intention d'utiliser avec (.) hein(?)

---

18 La syntaxe de l'A3 dans la déclaration en quechua indique son bilinguisme avec l'espagnol comme langue dominante. La transcription de ces dialogues a été faite en suivant le système préconisé par Sacks *et al.* 1978 et Goodwin (1990). Par exemple, un tiret (-) marque le fait que le son ou mot a été abruptement interrompu ; un point (.) indique une mini-pause ; un point d'interrogation (?) signale une intonation montante ; une lettre majuscule transcrit un volume plus élevé ; les mots entre double parenthèses indiquent les commentaires du transcripteur. La transcription en anglais est de l'auteur et a ensuite été traduite en français (ndlt).

P1: Je ne vais utiliser aucune méthode contraceptive Mademoiselle ((regardant A3))

A2: Et pourquoi (?) Tu veux encore avoir un bébé ((Elle feuillette une page dans le dossier médical))

P1: ***cela me donne d'épouvantables migraines.***

Face au refus de la patiente d'avoir recours à une méthode contraceptive, l'agente laisse entendre que celle-ci ne sait pas prendre soin d'elle-même. Sans tenir compte des migraines de la patiente, l'agente poursuit :

09 A2: Entonces no quieres cuidarte y quieres tener 10 ó 20 hijos (?) **Aknata munanki**

10 P1: ((se tait))

A2: Donc tu ne veux utiliser aucune méthode et tu veux avoir 10 ou 20 enfants (?) ***C'est cela que tu veux.***

P1: ((se tait))

L'agente réprimande la patiente en castillan et quechua en affirmant que la patiente fait exprès d'avoir beaucoup d'enfants en dépit de la disponibilité de moyens de contraception. La patiente demeure silencieuse et commence à balancer ses pieds pendant que l'agente, dans un mélange de quechua et d'espagnol ajoute :

11 A2: **mana wawata akna** animal **hinachu kanan** (.) solo **waka** (.) oveja **tawa** (.)**chunka** (.) **pisqa** (.) comun**lla** (.) **qan** humano **kanki** igual **nuqa hina** no cierto (?)

A2: ***On ne fait pas des bébés comme*** un animal (.) seules les ***vaches***, les brebis ((ont)) ***quatre, cinq, dix*** rejetons sans s'en préoccuper (.) ***toi tu es*** un être humain ***comme moi***, n'est-ce pas (?)

Bien qu'animée des meilleures intentions, l'agente stéréotype la patiente en tant qu'animal, un jugement qui est encore plus sévère en quechua que s'il avait été énoncé en espagnol ou en anglais. *Animal* ***hinachu*** dénote que les femmes qui mettent au monde plus de trois enfants sont semblables à des animaux, vaches ou brebis – elles ne sont pas des êtres humains. Pour se comporter en être humain, la femme doit utiliser un contraceptif tout comme A2, ce qui est implicitement affirmé par « ***qan*** *humano* ***kanki*** *igual* ***nuqa hina*** *no cierto* (?) ». Le fait de décrire des femmes qui refusent la contraception comme des animaux – contrairement aux humains qui savent comment prendre soin de leur corps et contrôler celui-ci ainsi que leur propre capacité de reproduction, est une considération habituelle dans ce dispensaire. ***Uywa,*** *animal* en espagnol, insiste sur un exemple de comportement irrationnel qui est de ne pas avoir le nombre d'enfants « adéquat ».

Dans l'interaction entre l'agente et la patiente, l'agente combine le quechua avec l'espagnol (lignes 05, 07), puis l'espagnol en combinaison avec le quechua pour renforcer le fait qu'avoir un autre bébé constitue un problème que l'on doit traiter. Dans l'assertion suivante (ligne 09) l'agente insiste en espagnol uniquement sur le fait que P1 est une irresponsable qui ne prend pas les mesures « appropriées » permettant d'éviter d'avoir plus d'enfants. La femme doit recourir à la contraception sous peine de se comporter comme un animal mettant bas une progéniture de 10 à 20 enfants. Tout ceci est totalement explicite à la ligne 11 où l'énonciation mixte quechua-espagnole[19] dénote le fait que procréer plus de trois enfants appartient aux prérogatives du monde animal, celui du domaine de l'irrationalité.

Qui plus est, le quechua devient un instrument utile pour subordonner les femmes aux exigences de la praticienne médicale. La praticienne ne doit pas prendre en compte la manière dont la méthode contraceptive peut nuire à la santé de la femme. Le quechua est utilisé afin de menacer la femme et de lui faire des reproches, de la faire se sentir coupable de ne pas se comporter comme devrait le faire, selon ses allégations, un être humain. Cela revient à dire que ce n'est pas A2 qui catégorise la femme (P1) selon des critères raciaux, mais plutôt P1 qui faillit à son statut d'être humain et se comporte comme un être irrationnel, donc racialement inférieur. Le quechua est utilisé pour produire et perpétuer une relation hiérarchique.

La propreté en tant que procédé d'accès au statut d'être civilisé

Les attitudes racistes déployées dans le dispensaire parviennent à atteindre également la sphère privée des familles monolingues quechua. Voyons un dernier exemple. La municipalité à laquelle appartient Uqhururu affiche explicitement sa politique de « modernisation » du village Uqhupata qui passe par l'introduction de « standards » citadins d'organisation et de propreté domestique. La municipalité envoie une agente dans chaque foyer afin de s'assurer qu'ils se conforment à ces prescriptions. Sasiku, l'hôtesse, reçoit sa visiteuse dans son patio. Elle étend son châle sur une pierre et invite, par ce geste amical d'hospitalité dans la culture quechua, la visiteuse à s'assoir. L'agente (A3) s'assoit et sort un formulaire[20] en disant :

12 A3: Mamita **visita AH** (.) VISITA DOMICILIARA **ña yachankichisña riki** (?)

---

19 Mon analyse s'attaque au contenu des interventions des interlocutrices et pas à leur alternance codique entre quechua et espagnol dans leurs interactions avec les locuteurs de quechua.

20 Ce formulaire est une checklist pour s'assurer que la maisonnée se conforme aux critères hygiéniques y compris concernant l'eau, l'hygiène personnelle, les latrines et la gestion des déchets (voir l'annexe 1).

A3: La visite de la petite maman (.) UNE VISITE A DOMICILE (.) ***vous y êtes déjà habituée, n'est-ce pas*** (?)

La visiteuse prévient son hôtesse que la visite a pour but de s'assurer que sa maison est aux normes « d'hygiène domestique » préconisées par les directives municipales. Pour ce faire, elle vérifie l'organisation des ustensiles de cuisine et l'hygiène de la cuisine et de la salle de bain. Dans ce contexte, le mot espagnol de *mamita* rappelle la position supposément inférieure de l'hôtesse qui se doit de répondre aux exigences de son invitée. L'exigence se trouve renforcée par *visita AH* et *VISITA DOMICILIARA* ; ces expressions confirment la légitimité de l'inspection et pour ôter tout doute qui pourrait subsister chez son interlocutrice, en passant au quechua, souligne que tout le monde dans le village est habitué au programme de « visites à domicile ».

L'hôtesse (H1), à l'énoncé de la phrase en quechua, indique son approbation en prononçant ***aha*** ('oui'). Elles se rendent dans la cuisine où l'agente écarte un rideau en plastique dissimulant une caisse en bois pour y vérifier les tasses, plats, cuillères et fourchettes. Après avoir inspecté un mug et vérifié les assiettes, elle approuve en disant, *muy bien,* **akna kanan** ('très bien, c'est comme ça qu'il faut faire'). L'agente pose des questions sur la propreté de l'eau et l'hygiène personnelle auxquelles l'hôtesse répond brièvement par oui ou non. L'agente poursuit son inspection du lavabo et des toilettes. Elle revient et remplit son formulaire en disant,

13 A3: No deben de echar tierra al baño (.) **MANA ALLPA KANACHU** (?)

14 H1: ***Mana, mana*** ((en chuchotant))

A3: Vous ne devriez pas mettre de terre dans des toilettes ((à la turque)) (.) ***IL NE DEVRAIT PAS Y AVOIR DE TERRE*** (?)

H1: ***Non, non*** ((en chuchotant))

L'agente réprimande son hôtesse à propos de la propreté des sanitaires d'abord en espagnol puis en quechua. Elle utilise le quechua pour s'assurer que son interlocutrice « comprend » les nouvelles règles de propreté. Par exemple, les toilettes ne doivent avoir aucune trace de boue. Dans cette interaction, l'espagnol est utilisé d'abord comme langue de pouvoir afin de souligner le pouvoir dont l'agente se trouve investie. Cela fixe le cadre selon lequel chaque procédure dans la maison fait partie intégrante de l'intérêt que manifeste le gouvernement à « améliorer » la vie des villageois. La surveillance est invasive et empiète sur la vie privée de l'hôtesse ainsi que sur la souveraineté au sein du foyer au nom des « mesures sanitaires ». L'hôtesse est confrontée à un dilemme ; c'est sa maison et elle peut demander à la visiteuse de partir si elle se sent offensée. Cependant, l'hôtesse a besoin de conserver son attitude aimable, d'autant plus que la visiteuse insiste sur le fait que son souci pour la propreté de la maison de son hôtesse fait partie de son devoir « officiel ».

Coda

Une manière classique de décrire le recours à une langue subordonnée telle que le quechua dans les échanges bilingues est d'affirmer que cela crée une « solidarité » entre les intervenants, comme Mannheim (1991) et Gal (1987) le suggèrent respectivement à propos des Andes et de l'Europe de l'Est. Mais dans les interactions que nous avons mentionnées plus haut, le quechua est utilisé pour réprimander, critiquer, ordonner et empiéter sur la vie privée des femmes parlant quechua. Le quechua et l'espagnol sont utilisés pour les désigner comme des femmes devant être disciplinées et élevées à une vie « humaine ». Cela revient à dire que les femmes quechua sont présentées comme des êtres inférieurs ayant besoin qu'on leur enseigne comment se comporter en public, comment prendre soin de leur capacité reproductive et comment tenir leur ménage de manière appropriée selon les « critères » des agentes – agentes qui dans le même temps s'affirmaient particulièrement sensibles à la situation de ces femmes et dédiées à leur porter assistance. Les bonnes intentions ou un véritable sentiment de solidarité envers les femmes – au point d'apprendre la langue autochtone – n'exonèrent pas pour autant ces agentes de comportements qui, essentiellement, sont autant de rites d'humiliation.

Dans ces échanges, le quechua se combine à l'espagnol au moins de quatre manières différentes. Premièrement, les phrases en quechua sont suivies de phrases en espagnol comme on le constate aux lignes 01, 07 et 09. Deuxièmement, les mots en espagnol sont infléchis par des suffixes en quechua comme aux lignes 05 et 11. Troisièmement, les phrases en quechua incorporent du vocabulaire espagnol comme aux lignes 05 et 11. Et quatrièmement, une série d'expressions en quechua sont utilisées après un énoncé en espagnol pour renforcer ce qui a été dit en espagnol comme aux lignes 07, 09, 12 et 13. Le quechua provenant de la bouche de ses locuteurs natifs est négligé et ignoré, comme on le voit aux lignes 03-04 et 08. Il n'est pas reconnu comme une langue valable par les interlocuteurs de langue espagnole comme en témoigne leur attitude condescendante envers les locutrices monolingues de quechua.

Dans tous ces cas, les structures de mélange ou d'alternance entre quechua et espagnol ne parviennent pas à surmonter les relations hiérarchiques. De plus, les discours en quechua combiné à l'espagnol ou vice-versa qui émergent de ces échanges sont façonnés par des idéologies racistes. Ils laissent implicitement ou explicitement entendre que les « mauvais comportements » des femmes quechua doivent être domptés. En d'autres termes, ces femmes quechua ont besoin de s'acclimater aux modes de vie 'civilisés' ('modernes') par des agentes qui interviennent dans leurs droits sexuels, reproductifs et ménagers à travers la gestion condescendante et les « conseils » à propos de leur vie monolingue.

Les discours qui émergent des échanges transcrits plus haut fournissent des informations sur les distinctions faites entre les femmes, classant celles qui n'ont pas accès à la langue du pouvoir dans des stéréotypes les assimilant à des mineures désobéissantes, « manquant d'hygiène » et de « bon sens ». Le *mestizaje* ou blanchiment linguistique n'est pas une étape provisoire vers un modèle d'assimilation linguistique. Il ne fait que façonner la nature de la domination sociale alors que ces modèles sont prédéterminés par les structures locales de domination sociale dans le sud des Andes.

Les cas étudiés m'ont permis d'illustrer comment le quechua devient un instrument de reproduction des relations hiérarchiques entre femmes (et je pourrai ajouter entre hommes) dans les échanges quotidiens. Dans ces échanges, les femmes quechua sont en butte à la discrimination et subordonnées car elles sont considérées comme des êtres socialement inférieurs. Les interprétations classiques de l'assimilation linguistique et du *mestizaje* cachent une histoire bien plus sinistre et sidérée par la persistance du quechua. Dans un tel contexte, même les échanges entre personnes bilingues répertorient et reproduisent des modèles de discrimination et de subordination sociale.

Bibliographie

ALBÓ (Xavier), «The Future of the Oppressed Languages in the Andes.» In *Language and Society: Anthropological Issues*, edited by William C. McCormack and Stephen A. Wurm. The Hague/New York, Mouton Publishers, 1973, p. 309-330.

ARGUEDAS (José María). «No soy un Aculturado» (Words of Arguedas in the «Inca Garcilaso de la Vega» award ceremony), Lima, Perú, 1968.

ARNOLD (Denise) (ed.), *Parentesco y Género en los Andes*. La Paz, Bolivia: CIASE, ILCA, 1977.

BARRIG (Maruja), *El Mundo al Revés. Imágenes de la Mujer Indígena*, Buenos Aires, CLACSO/ ASDI, 2001.

BOURDIEU (Pierre), «The Production and Reproduction of Legitimate Language. » In *Language & Symbolic Power*, Malden, Polity Press, 1991, p. 43-65.

BOURQUE (Susan) and Warren (Kay), *Women of the Andes: Patriarchy and Social Change in Two Peruvian Towns*, Ann Arbor, University of Michigan Press, 1981.

______.«Campesinas y Comuneras: Subordination in the Sierra.» *Journal of Marriage and the Family*, no 38, 1976, p. 781-788.

CERRÓN PALOMINO (Rodolfo) «Unidad y diferenciación lingüística en el mundo andino». In *Pesquisas en Lingusitica Andina*, edited by Luis Enrique López, Lima, CONCYTEC, 1988, p. 121-152.

ECKERT (Penelope) and MCCONNELL-GINET (Sally), *Language and gender*, second edition, Cambridge, Cambridge University Press, 2013.

______ «Communities of Practice: Where Language, Gender and Power all Live.» In *Language and Gender: A Reader,* edited by Jennifer Coates, Oxford, Blackwell, 1998, p. 484-494.

ESCOBAR (Ana María), «El español andino y el español bilingüe: Semejanzas y diferencias en el uso del posesivo», *Lexis XVI*, no 2, 1993, p. 189-222.

FALLER, Martina. 2002. *Semantics and Pragmatics of Evidentials in Cuzco Quechua.* PhD thesis, Stanford University.

GAL (Susan), «The Political Economy of Code Switching.» In *Codeswitching: Anthropological and Sociolinguistic Perspectives*, edited by Monica Heller, Berlin, Mouton of Gruyter, 1988, p. 245-64.

______«Codeswitching and Consciousness in the European Periphery», *American Ethnologist*, no 14(4), 1987, p. 637-653.

GOODWIN (Marjorie), *He-Said-She-Said: Talk as Social Organization Among Black Children*, Bloomington, Indiana University Press, 1990.

GUMPERZ (John), *Discourse Strategies*, Cambridge, Cambridge University Press, 1982.

HARVEY (Penelolope), «Mujeres que no hablan castellano: género, poder y bilingüismo en un pueblo andino», *Allpanchis*, no 38, 1991, p. 227-260.

______ *Género, autoridad y competencia lingüística*, Lima, IEP, 1989.

HILL (Jane) and MANNHEIM (Bruce), «Language and World View», *Annual Review of Anthropology*, no 21: 1992, p. 381-406.

HOOKS (Bell), *Yearning: Race, Gender, and Cultural Politics*, Boston, South End Press, 1990.

HORNBERGER (Nancy), *Bilingual Education and Language Maintenance: A Southern Peruvian Quechua Case*, Drotrecht (Holland), Foris, 1988.

HUAYHUA (Magarita), «Everyday Discrimination in the Southern Andes». In *Para quê Serve o Conhecimento se eu Não Posso Dividi-Lo?* Edited by Birgit Krekeler, Eva König, Stefan Neumann and Hans-Dieter Ölschleger, Berlin, Gebr. Mann Verlag, 2013a, p. 49-58.

______«Racism and Social Interaction in a Southern Peruvian Combi», *Ethnic and Racial Studies,* 2013b, p. 1-15

______.«*Runama Kani Icha Alquchu*? Everyday Discrimination in the Southern Andes», Ph.D. Diss. University of Michigan, 2010.

ISBELL (Billie), *To Defend Ourselves: Ecology and Ritual in an Andean Village*, Austin, University of Texas Press, 1978.

MANNHEIM (Bruce), *The Language of the Inka since the European Invasion*, Austin: University of Texas Press, 1991.

MEEK (Barbra), «Failing American Indian Languages», *American Indian Culture and Research Journal* 35(2), 2011, p. 43-60.

MOHANTY (Chandra Talpade), «Under Western Eyes: Feminist Scholarship and Colonial Discourse», *Boundary*, no 2, 12/13, (3/1), 1984, p. 333-358.

MOORE (Henrietta), *Feminism and Anthropology,* Polity Press, 1988.

MORETON-ROBINSON (Aileen), *Talkin' Up to the White Woman: Aboriginal Women and Feminism*, Queensland, Univiversity of Queensland Press, 2000.

SACKS (Harvey), SCHEGLOFF (Emanuel) and JEFFERSON (Gail), «A Simplest Systematics for the Organization of Turn-Taking for Conversation», *Language*, no 50(4), 1974, p. 696-735.

SAFA (Helen), «Challenging Mestizaje. A gender Perspective on Indigenous and Afrodescendant Movements in Latin America», *Critique of Anthropology*, no 25(3), 2005, p. 307-330.

SILVERBLATT (Irene), *Moon, Sun, and Witches: Gender Ideologies and Class in Inca and Colonial Peru*, Princeton, Princeton University Press, 1987.

SPEDDING (Alison), «Investigaciones sobre Género en Bolivia: Un Comentario Crítico». In *Parentesco y Género en los Andes*, edited by Denise Arnold, La Paz, Bolivia, CIASE, ILCA, 1997, p.53-74.

______« 'Esa Mujer no Necesita Hombre': En Contra de la 'Dualidad Andina'-Imágenes de Género en los Yungas de la Paz». In *Parentesco y Género en los Andes*, edited by Denise Arnold, La Paz, Bolivia, CIASE, ILCA, 1977, 325-344.

WEISMANTEL (Mary), *Alimentación, Género y Pobreza en los Andes Ecuatorianos*, Quito, Ecuador, Abya-Yala, 1994.

ANNEXE 1

DRSA DDC DSC SDC COSUDE — MINISTERIO DE SALUD

ANEXO Promoción N° 10

GUÍA PARA LA VERIFICACIÓN DEL SANEAMIENTO INTRADOMICILIARIO (SID), HÁBITOS DE HIGIENE Y ENFERMEDADES LIGADAS A SANEAMIENTO

N° ______

1. INFORMACIÓN GENERAL

Provincia: ______ Distrito: ______

Comunidad/Anexo/Sector: ______

Establecimiento de Salud: ______

Nombre y apellidos del usuario: ______

Ubicación del domicilio (referencia): ______

N° de miembros de la familia: Total ____, varones ____, mujeres ____

2. VERIFICACIÓN HÁBITOS DE HIGIENE	Visitas	1	2	3	4	5	6	7	8	9	10	11	12
	Fechas												
2.1 AGUA													
2.1.1 ¿Consumen agua clorada?													
2.1.2 ¿La almacenan en depósitos limpios y con tapa?													
2.1.3 ¿Sacan el agua almacenada sin contaminarla (en jarra)?													
2.1.4 ¿Utilizan el agua directamente del caño?													
2.1.5 ¿La batea está limpia y funcionando?													
2.2 HIGIENE PERSONAL													
2.2.1 Las personas están aseadas?													
2.2.2 Lavado de manos													
• ¿Tienen las manos limpias? (verificar)													
• ¿Se lava las manos a chorro? (verificar)													
• ¿Se lava las manos antes de preparar los alimentos?													
• ¿Se lava las manos antes de comer?													
• ¿Utiliza jabón o ceniza para lavarse? (verificar)													
2.3 LETRINAS													
2.3.1 ¿Tiene letrinas o baño?													
2.3.2 ¿La letrina o baño está limpio? (Verificar)													
2.3.3 ¿Usan la letrina o baño?													
2.3.4 ¿Se lavan las manos después de usarla?													
2.4 VIVIENDA													
2.4.1 ¿La cocina está limpia y ordenada? (Observar)													
2.4.2 ¿Los utensilios de cocina están limpios y protegidos? (observar													
2.4.3 ¿Usan el corral para los animales mayores y menores? [6]													
2.4.4 ¿El patio y alrededor de la vivienda está limpia (sin heces)?													
2.5 DISPOSICIÓN DE BASURA													
2.5.1 ¿Entierran la basura o la echan en el microrrelleno sanitario? (observar)													
TOTAL													
Calificación [7]													

[6] Animales mayores: Porcino, vacuno, caprino, ovino, equino

[7] Calificación: En la calificación de cada uno de los ítems registrar con el N° 1 (un punto) si la respuesta o conducta observada es positiva, y 0 (cero), si es negativa o no está presente.

Resultados: M = Malo (0-6), R = Regular (7-12), A =Adecuado (13-19) puntos

8 Si hubo casos, registrar el numero en el casillero correspondiente, si no hubo, registrar "no"

9 Si hubo casos, registrar el numero en el casillero correspondiente, si no hubo, negistrar "no·

Myriam Yataco & Lorena Córdova Hernández

Visibilité et revitalisation des langues autochtones latino-américaines : production d'un paysage linguistique

Résumé : La majorité des langues autochtones dans le monde se trouve en situation de danger manifeste. En Amérique latine, la présence tant publique que privée de celles-ci dans la vie de tous les jours de ses locuteurs commence à se raréfier. Il ne fait aucun doute qu'il existe de nombreuses manifestations visuelles et artistiques qui prouvent un certain niveau de résistance et de revitalisation sociolinguistique de groupes sociaux variés – que ce soit dans le contexte de migrations urbaines ou dans leurs lieux d'origine, dont les modifications en matière de pratiques socioculturelles tendent à être semi-urbaines – à partir de l'usage public de ces langues. De plus, dans certains pays, on constate une utilisation plus constante de l'usage officiel des langues autochtones dans les espaces publics en application des politiques et de la planification linguistique. Le présent article se veut une réflexion sur l'émergence et la production d'un paysage linguistique dans quelques langues autochtones latino-américaines dont l'usage dans les espaces publics motive sa visibilité et/ou sa revitalisation. Notre objectif principal est de démontrer comment l'utilisation écrite des langues autochtones dans l'espace publique ou dans des espaces institutionnels constitue en partie une nouvelle stratégie d'alphabétisation, d'appropriation socio-territoriale et de normalisation fonctionnelle dans les contextes péruvien et mexicain où leur usage a été stigmatisé et minorisé en faveur de langues à plus haut prestige social.

Mots-clés : paysages linguistiques, langues autochtones, revitalisation linguistique, identité socioculturelle.

Visibility and Revitalization of Indigenous Latino-American Languages: Production of a Linguistic Landscape

Abstract: The majority of indigenous languages throughout the world are in a situation of serious endangerement. In Latin America, their presence, whether public or private in the daily life of its speakers tend to become rare. There is no doubt however that there exist a large number of visual and artistic manifestations which prove a certain degree of resistance of sociolinguistic revitalizations of various social group – whether in the context of urban migrations or on their places of origin, in which case the modifications in sociocultural practices tend to become semi-urban- based on the public use of such languages. Furthermore, in some countries, we can acknowledge a more constant use in official functions of indigenous languages in the public spaces in conformity with the language policies and planning. This paper focuses on a reflexion regarding the emergence and the production of a linguistic landscape and signposting in some Latin American indigenous languages, the use of which sustains its visibility and/or revitalization. Our main purpose is to demonstrate how the written use of indigenous languages in the public space or in institutional spaces constitutes partly a new strategy of literacy, of socio-territorial ownership and of functional normalization within Peruvian and Mexican environments where they used to be stigmatized and minorized in favor of language with a higher social prestige.

Keywords: Linguistic landscape, Indigenous languages, Language revitalization, Literacy, Sociocultural identity.

Visibilización y revitalización de lenguas indígenas latinoamericanas: producción de paisaje lingüístico y señalética

Resumen: La mayoría de las lenguas indígenas en el mundo se encuentran en situación de riesgo. En Latinoamérica, la presencia pública y privada de éstas, en las interacciones cotidianas de sus hablantes, comienza a ser escasa. Sin embargo, existen varias manifestaciones visuales-artísticas que son evidencias de cierto grado de resistencia y reivindicación sociolingüística de diferentes grupos sociales —ya sea en contextos de migración urbana o en lugares de origen cuyas modificaciones en prácticas socioculturales tienden a ser semiurbanas— a partir del uso público de estas lenguas. Además, en algunos países, comienza a ser más constante el uso oficial de las lenguas indígenas en espacios públicos como parte de sus políticas y planificación lingüística. El presente artículo reflexiona sobre la emergencia y producción de Paisaje Lingüístico y señalética en algunas lenguas indígenas latinoamericanas cuyo uso en espacios públicos motiva a su visibilización y/o revitalización. El objetivo central es mostrar cómo el uso escrito de las lenguas indígenas, en la vía pública o espacios institucionales, forma parte de nuevas estrategias de literacidad, apropiación socioterritorial y normalización funcional, en el contexto peruano y mexicano, donde sus usuarios han sido estigmatizados y obligados a desplazarlas por lenguas con mayor prestigio social. .

Palabras clave: Paisaje lingüístico, Lenguas indígenas, Revitalización lingüística, Literacidad, Identidad sociocultural.

Being Visible may be as important
for Minority Languages as being heard
Marten, Van Mensel, Gorter[1]

Introducción

El paisaje lingüístico (PL) – campo de investigación que se encarga de analizar la presencia, ausencia, visibilidad y/o prominencia de las lenguas en los espacios urbanos – refleja de manera fehaciente importantes aspectos de las relaciones entre diversos grupos socioculturales. Múltiples teorías y perspectivas se han dirigido a examinar lo que Henri Lefebvre denomina el «fenómeno lingüístico/urbano» y su relación con los espacios públicos.[2] En específico, cómo los espacios públicos son construidos simbólicamente a través de una lengua y cómo esta construcción, en gran medida, depende de la inclusión o exclusión de las lenguas habladas en territorios delimitados.[3]

El PL también cobra relevancia en lo que Ronald Scollon y Suzanne Wong Scollon denominan los «discursos en el espacio» (*discourses in place*). Estos autores argumentan que la única manera de interpretar el significado de los carteles, rótulos o «textos públicos» en una sociedad es analizando el contexto social y físico que los rodea.[4] Además, como parte de su función comunicativa, estos «discursos públicos» cumplen con el papel de resaltar aspectos como la ubicación geográfica, la toponimia, la política lingüística, entre otros.

A nivel global, el PL es utilizado para visibilizar a las lenguas oficiales de las localidades. De esta manera, el PL oficial se convierte en indexical de prestigio social para la legua rotulada, fortaleciendo cierto tipo de políticas

1 Heiko F. Marten, Luk Van Mensel & Durk Gorter. «Studying Minority Languages in the Linguistic Landscape», en *Minority Languages in the Linguistic Landscape,* ed. Durk Gorter, Heiko F. Marten & Luk Van Mensel, United Kingdom, Palgrave Macmillan, 2012.

2 *Cfr.* Henri Lefebvre, *The Urban Revolution,* Minneapolis, The University of Minnesota Press, [1970] 2003.

3 *Cfr.* Eliezer Ben-Rafael, Elana Shohamy, Muhammad Hasan Amara & Nira Trumper-Hecht, «Linguistic Landscape as Symbolic Construction of the Public Space: The Case of Israel», *International Journal of Multilingualism*, vol. 3, no. 1, 2006. Elana Shohamy & Durk Gorter, *Linguistic landscape: Expanding the scenery*, New York/London, Routledge, 2009.

4 *Cfr.* Ronald Scollon & Suzanne W. Scollon, *Discourses in Place. Language in the Material World*, United Kingdom, Routledge, 2003.

lingüísticas, aunque éstas estén o no estipuladas en las Constituciones oficiales,[5] y la ideología lingüística dominante.[6] En Latinoamérica, el español y/o portugués han sido seleccionados para la construcción del PL por más de cinco siglos. Sin embargo, en la actualidad, puede constatarse que dicha selección comienza a revertirse y el PL en lenguas indígenas comienza a formar parte del paisaje.

El presente artículo reflexiona sobre la emergencia y producción de PL y señalética en lenguas indígenas latinoamericanas en situación de riesgo y cuyo uso en espacios públicos motiva a su visibilización y/o revitalización.[7] El objetivo es mostrar cómo el uso escrito de las lenguas indígenas comienza a ser parte de los contextos urbanos y/o semiurbanos de la región y es evidencia de nuevas formas de apropiación socioterritorial que fortalece la presencia e identidad étnica de sus usuarios.

Existe un número creciente de experiencias latinoamericanas en la producción de PL en lenguas indígenas. Sin embargo, este artículo se nutrirá de las experiencias generadas y documentadas en algunas ciudades y zonas semiurbanas de Perú y México. La tesis principal es que la visibilización de las lenguas indígenas —históricamente estigmatizadas y de uso reducido al ámbito privado— ayudará a desarrollar procesos de literacidad y de (re)valorización simbólica de las lenguas en soportes materiales y tecnológicos contemporáneos. A su vez, este proceso motivará su consumo y difusión local y global, así como fortalecerá sus posibilidades de revitalización.

Paisaje lingüístico y señalética: campo de investigación emergente

El concepto de PL tuvo como punto de partida el tema de interacción con rótulos o producción de señalética en ciudades cosmopolitas multilingües con presencia de hablantes de lenguas transnacionales o lenguas de grupos inmigrantes. Por ejemplo, existe un número considerable de estudios sobre la señalética en la ciudad de Jerusalén, en donde los avisos y «pintas públicas» se hacen en hebreo, inglés y árabe.[8]

La producción de PL en contextos multilingües permite hacer referencia al concepto de «paisaje» y su relación con los procesos de territorilización y/o apropiación etnocultural del espacio visual y físico. «El paisaje sólo puede existir como percibido por el ojo humano y vivido a través del

---

5 En muchas constituciones del mundo, no hay previsiones sobre política idiomática o lingüística.

6 *Cfr.* Durk Gorter, Heiko F. Marten & Luk Van Mensel, *Minority Languages in the Linguistic Landscape*, United Kingdom, Palgrave Macmilla, 2012.

7 Julia Sallabank, *Attitudes to Endangered Languages: Identities and Policies*, Cambridge, Cambridge University Press, 2013.

8 *Cfr.* Bernard Spolsky & Robert L. Cooper, *The Languages of Jerusalem*, Oxford, Clarendon Press, 1991.

aparato sensorial, afectivo y estético del hombre».[9] De esta manera, «la realidad social (o una 'cultura') es en sí un edificio de significados, una construcción semiótica» que motiva a interpretar el contexto sociocultural desde la perspectiva simbólica y formación identitaria de las personas que participan de dicho paisaje.[10]

La representación de un paisaje —imaginario, real y/o artístico— es describir la manera en que los individuos experimentan su realidad y, a su vez, la demarcación de un espacio para la reproducción social. Si el paisaje es parte de la experiencia sensorial, afectiva y artística de la vida cotidiana de los sujetos y de los pueblos, qué implicaciones tiene el hecho de demarcar dicha experiencia espacial con elementos simbólicos ajenos a la matriz cultural de dichos sujetos o pueblos. La producción actual de PL en lenguas indígenas, en el caso de Perú y México, nos permite vislumbrar el intento de diversos grupos sociales por revertir el proceso de demarcación monolingüe en español o castellano.

Rodrigue Landry y Richard Bourhis consideran que el PL está constituido por el conjunto de usos lingüísticos utilizados en los anuncios comerciales, rótulos de calles y carreteras, rótulos en edificios públicos (incluyendo el sector salud y el legal) y en otros textos escritos en la vía pública.[11] El PL es la cara pública de los espacios sociales, es parte de las principales experiencias sensoriales de los miembros de un grupo. Además, es una forma de utilizar elementos comunicativos, con significados e ideologías específicas, que motivan a las personas a intercambiar información, bienes y servicios.[12]

El PL tiene como soporte fundamental la escritura de la lengua más difundida y utilizada en el espacio en cuestión. Asimismo, en su producción se recurre a la representación figurativa de ciertos ambientes o relatos. De acuerdo con Román Jakobson, *todo testimonio escrito que sea visible desde la vía pública conforma el PL*, pues es un hecho discursivo y un acto de comunicación verbal.[13] De esta manera, el espacio urbano y semiurbano es un soporte útil para el PL, ya sea con fines reivindicativos, políticos y/o artísticas, como es el caso del arte urbano (*Street art*) y sus manifestaciones como el grafiti y el *sticker*, entre otros.[14]

---

9 Gilberto Giménez, «Cultura, territorio y migraciones. Aproximaciones teóricas», *Alteridades*, vol. 11, n° 22, 2001, p. 9.

10 Michael Halliday, *El lenguaje como semiótica social*, México, Fondo de Cultura Económica, [1978] 2005, p. 10.

11 Rodrigue Landry & Richard Y. Bourhis, «Linguistic Landscape and Ethnolinguistic Vitality. An Empirical Study», *Journal of Language and Social Psychology*, vol. 16, no. 1, 1997, p. 23.

12 *Cfr.* Theo van Leeuwen, *Introducing Social Semiotics*, United Kingdom, Routledge, 2005.

13 Roman Jakobson, «Lingüística y poética», *Ensayos de lingüística general*, Barcelona, Editorial Seix Barral, 1975, p. 352. Este postulado es sin duda ratificado por Scollon & Scollon, *op. cit.*

14 *Cfr.* Claudia Walde, *Sticker City Paper Graffiti Art*, New York, Thames & Hudson, 2007.

El estudio del PL es reciente y ha evolucionado rápidamente. Aunque «tiene un número de lingüistas importantes asociados al tema, en la actualidad, aún no posee un núcleo teórico definido».[15] El trabajo de Rodrigue Landry y Richard Bourhis nos proporciona una importante base teórica construida sobre estudios empíricos.[16] Sin embargo, es hasta un artículo publicado por Durk Gorter (2006) y la publicación del libro de Peter Bakhaus (2007), sobre el PL en la ciudad de Tokio, cuando se presentan los primeros patrones metodológicos para el estudio sistemático del PL.[17]

A partir de lo anterior, se pueden mencionar dos tendencias en el desarrollo de investigaciones en torno al PL. La primera se centra en el análisis exhaustivo de las repercusiones socioculturales del PL en términos de las lenguas asociadas a la producción del mismo en contextos geográficos específicos. Estas pesquisas, en su mayoría, se enfocan en la formulación de actitudes o prejuicios lingüísticos de los usuarios de dicho paisaje. La segunda tendencia, relacionada con la política lingüística, se efectúa a partir del impacto de la presencia o ausencia de regulaciones legales en torno al PL. Las diferencias entre ambas tendencias no suelen ser determinadas con precisión. Sin embargo, se pueden realizar distinciones entre ambos tipos.

El primer grupo de estudios muestra, mide, verifica, identifica y construye argumentos sobre el PL o en el efecto que el PL tiene en la comunidad de hablantes (lecto-escritores de las lenguas envueltas).[18] El

---

15 Mark Sebba, «Book review: "Linguistic Landscapes: A Comparative Study of Urban Multilingualism in Tokyo", by Peter Backhaus», *Writing Systems Research*, vol. 2, no. 1, 2010, p. 73.

16 Rodrigue Landry & Richard Y. Bourhis, *op. cit.*

17 *Cfr.* Durk Gorter, «Introduction: The Study of the Linguistic Landscape as a New Approach to Multilingualism». *International Journal of Multilingualism*, vol. 3, no. 1, 2006. Peter Backhaus, *Linguistic landscapes. A comparative study of urban multilingualism in Tokyo*", Clevedon, Multilingual Matters, 2007.

18 Algunos ejemplos de estudios clásicos pueden ser los siguientes. Desde la perspectiva mundial del PL y política lingüística en el mundo se encuentra Jacques Leclerc, *La guerre des langues dans l'affichage*, Montréal, VLB Editeur, 1989; y el texto clásico sobre geosemiótica de Scollon & Scollon, *op. cit.* En el continente americano, dentro del contexto multiligüe canadiense, se puede encontrar el trabajo de Rodrigue Landry, Real Allard & Jacques Henry, «French in South Louisiana: Towards Language Loss», *Journal of Multilingual and Multicultural Development*, vol. 17, no. 6, 1996, p. 442-468; Rodrigue Landry y Richar Y. Borhis, *Op. cit.*; Asimismo, las investigaciones desarrolladas en torno al PL y los efectos de los medios de comunicación así como reflexiones sobre vitalidad: Richard Clément, Susan C. Baker, Gordon Josephson & Kimberly A. Noels, «Media effects on ethnic identity among linguistic majorities and minorities: A longitudinal study of a bilingual setting», *Human Communication Research*, vol. 31, no.3, 2005, p. 399-422; Marc L. Johnson & Paule Doucet, *Une vue plus claire: évaluer la vitalité des communautés de langue officielle en situation minoritaire*, Ottawa, Commissariat aux langues officielles, 2006. De la misma manera, en el contexto canadiense multilingüe, se han realizado estudios relacionados con los inuktitut y las lenguas oficiales (inglés y francés), Louis-Jacques Dorais & Susan Sammons, «Language in Nunavut: Discourse and Identity in the Baffin Region», *Arctic Anthropology* vol. 37, no. 2, 2000, p. 92-110. En Estados Unidos, los trabajos sobre la relación entre el inglés y el español en California son: Valerie Barker, Howard Giles, Kimberly Noels, Julie Duck, Michael Hecht & Richarde Clément, «The English-only movement: a communication analysis of changing perceptions of language vitality», *Journal of Communication*, vol. 51, no. 1, 2001, p. 3-37; Valerie Barker & Howard Giles, «Who supports the English-Only movement?: Evidence for misconceptions about Latino group vitality», *Journal of Multilingual and Multicultural Development*, vol. 23, no. 5, 2002, p. 353-370; y René M. Dailey, Howard

segundo grupo describe cómo la normativa legal es un factor decisivo en la posibilidad de que las lenguas se hagan visibles en espacios públicos.[19] Algunos temas relevantes son, por ejemplo, el estudio de comunidades lingüísticas en contacto, el impacto del PL en temas de vitalidad lingüística, identidad étnica (su afirmación o debilitamiento), entre otros.[20]

El PL es un campo de investigación en el que se considera al lenguaje escrito y visual como «un potencial de significado compartido [e] interpretación intersubjetiva de la experiencia.[21] Por tal motivo, el proceso semiótico que se produce en el PL es de interés para la «geosemiótica», la cual estudia los diseños en la planeación urbana de las calles de las ciudades y los signos que ahí se localizan. El PL es su objeto de estudio porque ésta analiza el «diseño alfabetizado del discurso en público, [en el cual la base de la indexicalidad] es la cualidad del lenguaje que hace referencia a las cosas en el mundo» ya

---

Giles & Laura L. Jansma, «Language attitudes in an Anglo-Hispanic context: the role of the linguistic landscape», *Language and Communication*, vol. 25, no. 1, 2005, p. 27-38. Por su parte, en el continente europeo se ha realizado trabajo monográfico sobre el PL en irlandés, galés y vasco: François Grin & François Vaillancourt, *The cost-effectiveness evaluation of minority language policies: Case studies on Wales, Ireland and the Basque* Country, Flensburg, European Centre for Minority Issues/ Verlagskontor Horst Dieter Adler, 1999. Asimismo, en el contexto de la Escocia urbana y semiurbana sobre el gaélico escoses se cuenta con el trabajo de Davyth Hicks, «Scotland's linguistic landscape: The lack of policy and planning with Scotland's place-names and signage», ponencia presentada en el *World Congress on Language Policies*, Barcelona, abril 16-20, 2002.

19 *Cfr.* José Manuel Franco-Rodríguez, «El español en el Condado de Miami-Dade desde su paisaje lingüístico», *Lingüística en la Red*, no. 5, 2007, p. 2.

20 Para empezar se pueden mencionar los trabajos realizados en torno al contexto multilingüe de la India (por ejemplo, a partir de lenguas como hindi, inglés y otras lenguas locales); Dennis Kurzon, «Language choice as index: The case of India», *Semiótica*, vol. 147, no. 1/4, 2003, p. 457-472. En el caso del catalán y español en Cataluña se cuenta con los trabajos de Joan Solé Camardons & Joan Romaní, Joan M., «Els usos lingüístics en la retolació a Barcelona», *Llengua i ús: Revista tècnica de política lingüística*, 10, 1997, p. 58-67; Carme Miró Vives, «Estudi sobre llengua dels rètols a la ciutat de Tarragona», *Llengua i ús: Revista tècnica de política lingüística*, 12, 1998, p. 54-58. Para el caso de lenguas que coexisten en Israel, por ejemplo, árabe, hebreo, inglés y ruso, se cuenta con la aportación de Eliezer Ben-Rafael *et al., op.cit.*; y de Elana Shohamy, *Language Policy: Hidden Agendas and new approaches*, Abingdon, Routledge, 2006. En los Países Bajos, existe un importante estudio sobre el neerlandés y frisón. Dos estudios de importancia para el tema de PL en México y Perú son los estudios sobre el español y el vasco es Jasone Cenoz & Durk Gorter, «Linguistic landscape and minority languages», *Linguistic landscape: A new approach to multilingualism*, ed. Durk Gorter, Clevedon/Buffalo/Toronto, Multilingual Matters, 2006, p. 67-80. Asimismo, la investigación sobre el bielorruso y ruso en Bielorrusia de Anthony N. Brown, «Status language planning in Belarus: An examination of written discourse in public spaces», *Language Policy*, 6, 2007, p. 281-301. Otro tema relevante es que este tipo de estudios se concentra en mediciones de lenguas globales (por lo general del inglés), su co-existencia a lado de lenguas locales en términos de PL y aspectos de impacto de la globalización. Estudios de este corte han sido por lo general centrados en ciudades, de Francia y Senegal; Louis-Jean Calvet, «Des mots sur les murs: une comparaison entre Paris et Dakar», en *Des langues et des villes* (Actes du colloque international à Dakar, du 15 au 17 décembre 1990), ed. Robert Chaudenson, París, Agence de coopération culturelle et technique, 1990, p. 73-83. Hay una tercera línea que se dedica a estudiar la interferencia entre lenguas en el PL, por ejemplo, Andreu Bosch i Rodoreda, «L'ús del catalá I la interferència lingüística en la publicitat visual i la retolació comercial i institucional de l'Alguer», *Revista de Llengua i Dret*, 30, 1998, p. 105-145; estudia la influencia del italiano en el catalán de Alguer (Cerdeña).

21 M. Halliday, *op. cit.*, p. 10.

sea señalando, localizando o posicionando a las personas en relación con otras dentro de un mundo material.[22]

El soporte escrito del PL así como el diseño del mismo influye de manera directa en la manera en que los individuos interactúan. Asimismo, es evidencia de las formas de literacidad, donde entran en juego las grafías y normas que la regulan. Si coincidimos en que el concepto de PL se utiliza para referirse al análisis de la situación lingüística o de interrelación entre las lenguas que se hablan en determinados territorios de un país o región y/o la presencia de varias lenguas en un área determinada, se puede afirmar que el PL está relacionado con otras expresiones como el mercado lingüístico, el mosaico lingüístico, la ecología de lenguas o la diversidad lingüística.[23]

El PL es un campo interdisciplinario que pone en evidencia que, a pesar de ser un fenómeno eminentemente lingüístico, no se reduce al uso de oraciones o frases escritas sino a formas culturales de interacción discursiva. A partir de esta interacción, Rodrigue Landry y Richard Bourhis distinguen entre la función «informativa» y «simbólica» de los rótulos y textos escritos en las vías públicas. La función informativa delimita las fronteras territoriales de un grupo lingüístico al indicar que una o varias lenguas se utilizan en la comunicación. Por otra parte, la función simbólica se refiere al valor y estatus de las lenguas tal y como las percibe un grupo en comparación con otros grupos.[24] En ambos casos la experiencia sensorial y afectiva que produce el paisaje en los sujetos sociales es fundamental.

En términos generales, el PL en lenguas locales cumple las siguientes funciones:

- Marcar el poder y el estatus de las comunidades lingüísticas que habitan un territorio.
- Relevar los derechos lingüísticos y culturales de uno o varios grupos.
- Visibilizar y representar masivamente a las lenguas de las localidades.
- Renegociar el lenguaje del espacio público.[25]
- Apoyar la visibilización de las lenguas locales para fortalecer su vitalidad lingüística.[26]

---

22 Ronald Scollon y Suzanne Wong Scollon, *op. cit.*, p. x-xi.

23 *Cfr.* Lydia Sciriha & Mario Vassallo, *Malta – a Linguistic Landscape*, Malta, Socrates Publication, 2001. Janis Kreslins, «Linguistic landscapes in the Baltic», *Scandinavian Journal of History*, vol. 28, no. 3/4, 2005, p. 165-174.

24 Rodrigue Landry & Richard Y. Bourhis, *op. cit.*

25 Se propone entonces incluir, inicialmente, un formato bilingüe, usando formas escriturales como alfabetos estándar o representaciones simbólicas propias de las comunidades de hablantes.

26 El PL puede ser indicador de la vitalidad de una lengua. Sin embargo, el grado de presencia visual no determina y muchas veces no corresponde con el grado de uso de la lengua en el espacio urbano. Por ejemplo, el incremento de las señales en inuktitut en Canadá no reportaron uso equiparable a la baja frecuencia con que estas lenguas son usadas o practicadas (en el día a día) por la población de esas localidades. Se podría medir el uso real de las lenguas locales a través de estudios de análisis

- Reconocer los bilingüismos en lenguas locales, informando sobre su estatus legal.
- Fortalecer la percepción social de la identidad y la especificidad de un lugar.
- Afianzar posibilidades de trasmisión de información (lingüística y extralingüística).
- Estimular la normalización ortográfica (mundo letrado).[27]

En síntesis, el PL es una forma de reivindicación identitaria contemporánea de procesos de culturales y de conocimiento en contextos de migración nacional y transnacional así como en contextos locales donde las nuevas generaciones comienzan a ser agentes en el desarrollo de su lengua y cultura, así como en sus procesos alfabetizadores y poéticos. Los editores del libro *Representación de las lenguas minoritarias en el paisaje lingüístico* inician el primer capítulo mencionando que para las lenguas minoritarias es casi tan importante su visibilidad como el que sean habladas.[28] Por lo tanto, la irrupción de señalética en lenguas indígenas rompe el patrón de larga ausencia de estas lenguas y posibilita comenzar a revertir su situación de riesgo de desaparición.

Desde el punto de vista legal, Fernand de Varennes propone la implementación de la señalética, en sus diversos formatos (bilingüe o trilingüe), y nos señala que la producción de PL en lenguas locales refleja la realidad demográfica existente. Todavía no se constata si esos hablantes usan en realidad sus lenguas maternas en el día a día, pero sí se espera que la aparición de PL sea un factor que ayude en su preservación y uso diario como medio de comunicación natural.

A su vez, De Varennes agrega que el apoyo al PL por parte de las autoridades estatales regionales es importante, pues cumple con el enfoque no discriminatorio de las «preferencias de selección del idioma» de las diversas poblaciones en el mundo, como se confirma en la siguiente legislación internacional vinculante: [29]

- Artículo 11. *Framework Convention for the Protection of National Minorities.*
- Artículo 10(2)(g). *European Charter for Regional or Minority Languages.*

---

estrictamente lingüístico que nos darían evidencias sobre la amplitud léxica (campos semánticos representados) y densidad léxica (cantidad y frecuencia). La información de esta naturaleza serviría para determinar índices de la utilidad pública de cada lengua.

27 Se propone hacer énfasis, por ejemplo, en los topónimos y las variedades lingüísticas locales. La visibilización simbólica o letrada de los nombres ancestrales de las diversas localidades permite recuperar la memoria social ancestral a través de la lengua. Recuperar la memoria ancestral es clave para la revitalización cultural y lingüística. Indica la re-apropiación de espacios que fueron de alguna manera transformados por la llegada de fuerzas de colonización y se comienza un proceso de reversión por el cual se puede recuperar nombres ancestrales.

28 Heiko F. Marten, Luk Van Mensel & Durk Gorter, *op. cit*, p. 1.

29 Comunicación escrita y personal con el Doctor Fernand de Varennes, mayo 2015.

- Recomendación 3. *Oslo Recommendations on the Linguistic Rights of National Minorities.*

Es importante mencionar que, en Latinoamérica, esta legislación internacional vinculante recién empieza a ser reconocida para la implementación del PL en lenguas indígenas, lo cual es un paso importante para la normalización del fenómeno y decisivo para su producción masiva.

La experiencia en Perú y México es una evidencia sobre cómo la implementación de PL y señalética hace que los sujetos mantengan una presencia demográfica, política e identitaria en los espacios o territorios en donde se decide utilizarlas, casi siempre lugares urbanos o semiurbanos en los cuales la diferencia o diversidad étnica ha tratado de ser borrada por una etiqueta identitaria homogenizante. A continuación, se muestran algunas evidencias empíricas de dichos fenómenos en ambos países.

Un fenómeno nuevo: la generación de paisaje lingüístico en lenguas locales en Perú

> «Tu Idioma es la casa de tu alma ahí viven tus padres y tus abuelos».
> Jorge Miguel Cocom Pech[30].

> «La implementación del PL en lenguas indígenas del Perú
> será un homenaje a la inclusión y visibilizarían de las lenguas en riesgo».
> Miryam Yataco.

El PL es parte fundamental de cualquier espacio público. La historia del PL en Perú ha sido definida por el monolingüismo en español. Perú es un país marcado por un amplio nivel de diglosia o multiglosia en donde los espacios para el libre ejercicio de hablar una lengua indígena han sido casi nulos. La exclusión y marginación a los hablantes de las más de 47 lenguas del país ha sido persistente. La discriminación lingüística continúa siendo uno de los mecanismos que impulsa la exclusión de los pueblos indígenas en las regiones de alta densidad poblacional con lengua originaria.

A partir de esto, la aparición de carteles y grafiti, por ejemplo, en lengua quechua se presenta como un evento importante en la tendencia de apropiarse y usar el espacio público de la ciudad de Cusco.

---

30 Jorge Miguel Cocom Pech (1952) Escribe poesía, narrativa y ensayo en maya peninsular. En 2001 y 2006 el IIF de la UNAM publicó *Muk'ult'aan in nool*, *Secretos del abuelo*, que fue traducido a varias lenguas extranjeras; en 2012 dos libros ilustrados de narrativa infantil: *Las nueve preguntas* y *El abuelo Gregorio, un sabio maya*; en 2013, *Lágrimas de oro; ¡aquí no hables maya*; tiene dos textos inéditos: *U yáajal píisa'astal, El despertar del alba*, poesía; y, *Áak'ab ts'íib, Escritura nocturna*, narrativa. Actualmente, miembro del FONCA, escribe *La tribu minúscula: la sabiduría de los pequeños*. Cuenta con reconocimientos y premios en México y en el extranjero. cazadordeauroras@gmail.com

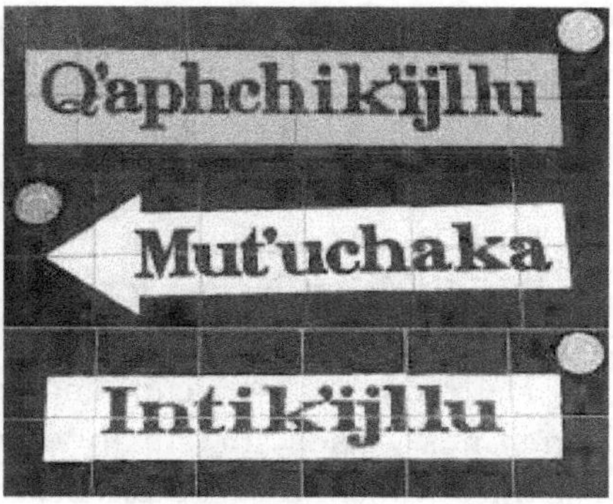

Ilustración 1
Señalización en formato monolingüe (quechua) en la ciudad de Cusco.

Los datos empíricos permiten analizar, por ejemplo, la presencia de grafiti producido por un grupo de jóvenes bilingües llamados «Acción Poética Cusco» es muestra fehaciente de que el discurso poético hecho por las nuevas generaciones encuentra en el PL un espacio de producción propio, tanto en lengua quechua como en lengua matsingenga.

Ilustración 2
Grafiti en versión bilingüe (quechua-español) y versión monolingüe (quechua) realizado por el grupo Acción Poética Qosqo.

Ilustración 3
Grafiti en formato monolingüe en lengua matsingenga o machigenga, realizado por Acción Poética Cusco.

El hecho que este grafiti no sea producto de una política lingüística oficial otorga especial relevancia a su simbolismo, pues se origina en la propia comunidad de hablantes, en un segmento poblacional de adolescentes artistas.

La producción de este tipo de PL proporciona material lingüístico particularmente valioso para el estudio, por ejemplo, de los intentos por utilizar un alfabeto o de grafizar en lengua local. Lengua y sociedad se fusionan en esta modalidad escrita como en ninguna otra, no sólo por su función pública sino por el modo y las circunstancias en que se generan, puesto que las convenciones y usos sociales no están necesariamente supeditadas a las regulaciones académicas. A diferencia de otras modalidades escritas, no están sujetos a un escrutinio lingüístico, ni a mayores filtros normativos. Simplemente, aparecen, emergen como arte.

El mensaje letrado se hace con una connotación poética que, por lo general, aparece en formato bilingüe o monolingüe en lengua local. En estos procesos, es la «norma lingüística funcional» de las propias comunidades la que determina los usos lingüísticos de este tipo de grafiti. Esta circunstancia confiere a los textos del PL una libertad expresiva similar al habla coloquial. Obviamente, siempre dentro de restricciones formales de la lengua escrita. Estos textos y citas poéticas están dirigidas a cumplir la función básica de comunicarse con los lectores potenciales de la comunidad de hablantes. Se espera que el mensaje poético sea transferido sin mayores explicaciones a sus lectores.

La aparición o visibilización espontánea de las lenguas locales o lenguas en riesgo no son sólo característica de Perú sino se encuentran dentro de un patrón que empieza a suceder a varios niveles dentro del sector de jóvenes que pertenecen a comunidades bilingües en lenguas locales de Bolivia, Argentina, Chile, entre otros. Por ejemplo, la popularidad de tatuajes con símbolos o texto en lenguas indígenas está cada vez más presente en todo Sudamérica.

La *apropiación de la lengua y sus representaciones* simbólicas como signo de pertenencia crece en las generaciones jóvenes y si consideramos al tatuaje como parte del PL, encontramos aquí una vertiente interesante para observar e investigar. Esto debido a que en estos tatuajes hay narrativas que usan la piel como un lienzo para contar historias. De la misma manera en que la narrativa expuesta en los grafitis en las paredes, estos jóvenes están tratando de comunicarse y de crear una «audiencia de lectores» de la poesía que seleccionan para los PL.[31]

De manera oficial, la implementación de PL en varios países de América Latina se está incorporando como una prioridad. No es una casualidad que la oficialización de la señalética en lenguas originarias esté

31 David E. Kirkland, «The Skin We Ink: Tattoos, Literacy, and a New English Education», *English Education*, vol. 41, no. 4, 2009, p. 375-395.

siendo apoyada por los Estados en una década en que se vienen aprobando leyes en reconocimiento, preservación y apoyo de las lenguas originarias. En general, el rol del PL es de gran importancia para dar visibilidad a las lenguas locales que han sido obviadas oficialmente en el diálogo nacional y cuya ausencia refleja, como en el caso peruano, prácticas discriminatorias y la ausencia de reconocimiento como un país plurilingüe.[32]

En Perú, el PL se viene desarrollando asociado a la producción de «normativa de señalización o señalética». En los últimos 10 años, ordenanzas municipales locales (que aparecen a nivel de ciudades y barrios) en diversas regiones empezaron a dar impulso a la aparición de carteles y rótulos en lenguas locales como es el caso en la ciudad del Cusco.[33] Gracias a una ordenanza departamental de la región Cusco, las municipalidades de San Jerónimo, Ccorca, Oropeza y Santiago, ya poseen señalética en quechua.

La mayoría de la rotulación y/ o carteles emergen en formato bilingüe y se adhieren no sólo a los edificios públicos o estatales sino a tiendas comerciales que libremente empiezan a crear PL en lengua local. En la ciudad de Cusco la presencia de señalización en quechua se incrementa de manera dramática. Por ejemplo, en el aeropuerto de esta ciudad se pueden encontrar carteles trilingües en quechua/español/inglés patrocinados por la aerolínea Avianca.[34] Además, los anuncios de la aerolínea a través de los altavoces se hacen también en el formato trilingüe.

Ilustración 4
Cartel alusivo en puerta de hotel, albergue de la Ciudad del Cusco.Fotografía: Miryam Yataco, 2013.

32 Paolo Coluzzi, «Multilingual Societies vs. Monolingual States: the Linguistic Landscape of Italy and Brunei Darussalam», en *Minority Languages in the Linguistic Landscape*, ed. Durk Gorter, Luk Van Mensel and Heiko F. Marten, United Kingdom, Palgrave Macmillan, 2011, p. 225-242.

33 Cabe resaltar que la región Cusco posee nueve lenguas locales en uso. Por lo tanto, la implementación del quechua en PL refleja la visibilizacion de una lengua local, pero falta la inclusión de lenguas como el machiguenga, el caquinte, el huachiperi, entre otros.

34 Los anuncios en quechua se han implementado en la sala de embarque, antes del vuelo y en el avión tras el aterrizaje, en el ambiente de desembarco de pasajeros. Asimismo, se encuentra información sobre el número de puerta, el número de vuelo, los destinos y la banda por la cual saldrá el equipaje. *Gestión, 23 de julio del 2014.*

Es importante hacer hincapié en que el formato en el que el PL presenta la lengua escrita es diferente al formato del libro. En el primer caso, el formato escritural propone una dinámica social diferente en el espacio urbano o semiurbano. Debido a sus mayores dimensiones, la escritura en formato cartel interactúa de una forma frontal y libre con el público. De esta manera, se integra en el entorno a semejanza de un mural o un grafiti en lo que a sus valores expresivos y técnicos se refiere. Esto permite una relación diferente entre los hablantes de lenguas locales y su escritura.

Ilustración 5
Señalética trilingüe, Municipalidad distrital de Punomanta.[35]

El fenómeno de producción de señalética también se extendió a Puno, región trilingüe, donde las lenguas originarias son el aymara y el quechua, esto sucede tanto en Juliaca como en la ciudad de Puno. En ambas ciudades se puede apreciar la aparición de señalética incluso en formato trilingüe (espanol, quechua e ingles).

Sin duda, es en la región de Cusco donde la producción de literacidad y de PL en quechua ha tomado un rol central. La Dirección Desconcentrada de Cultura de Cusco en coordinación con la Dirección de Lenguas Indígenas del Ministerio de Cultura[36] son quienes impulsan campañas para la difusión del quechua, integrando en menor escala a las otras lenguas de la región, a través de una serie de programas y acciones públicas mayormente en contextos urbanos y que tiene como objetivo generar un impacto en las comunidades de hablantes.

---

35 Las fotografías pertenecen a la fotógrafa Ruth Ccalli Ancco, y una serie de estas fotos fueron publicadas por primera vez en el blog de Jorge Alejandro Vargas Prado (poeta cuzqueño) Runasimilapi http://runasimillapi.blogspot.com/

36 En este momento, existe una Reglamentación sobre Lenguas Indigenas que acaba de ser emitida (Agosto de 2015) de parte del equipo de la Direccion de Lenguas Indigenas del Viceministerio de interculturalidad , y aquí se incluye una serie de artículos que no solo promoverán el PL en lenguas indígenas a nivel nacional sino que además, crean reglamentación dirigida a la normalización de la regla de producción de PL en cada región. El documento no es de acceso público en este momento pero será incorporado en los próximos 60 días.

Un ejemplo de estas acciones es la actividad, dirigida principalmente a los jóvenes, «Nuestros idiomas crecen contigo», la cual se realiza en centros comerciales de la ciudad del Cusco e incluye exhibiciones a favor de la difusión de las lenguas locales en formato oral y escrito. En este tipo de intervenciones, el PL bilingüe surge como un elemento de vanguardia, se le presenta sin restricciones y desde una perspectiva oficial. En conjunto, el formato en quechua que se integra al PL, y que está haciendo presencia en el espacio público en la región, promueve el desarrollo de una literacidad unificada en el quechua sureño.

El PL en lenguas locales emerge desde sus orígenes a través de variables explicativas muy diversas que se configuran en torno a una auto-representación en el marco urbano público, lo que puede llegar a convertirse en parte de la identidad del grupo, representación simbólica de la comunicación verbo-icónica, así como resistencia contra la presión social y la exclusión. También se reconoce una función lingüística y una faceta estética.

En este momento, hay una ausencia de un corpus específico y coherente de obras del PL en lenguas indígenas peruanas, el cual al concretarse permitirá un análisis e interpretación más fehaciente. Aunque ya empiezan a emerger registros fotográficos y videográficos realizados casi siempre sin ninguna sistematicidad, registrando de forma plana y sin comentarios concretos el hecho visual.

La señalética puede ayudar a la posibilidad no sólo de mantener y propiciar la revitalización lingüística, sino también dirigirse a crear un espacio para la escritura de la lengua y, por ende, hacer que el espacio público del Perú se convierta en una «gran pizarra» donde la lengua aparezca o irrumpa, con cierto grado de naturalidad, escrita. Por lo tanto, se facilite la creación de una comunidad no sólo de hablantes sino de «leyentes». La creación de una comunidad de lectores en lenguas locales podría ser uno de los grandes legados de la señalética en el país.

Con un marco teórico basado tanto en la vitalidad etnolingüística, como en la geosemiótica, el desarrollo de un paisajismo en lenguas indígenas en el Perú, y su consiguiente contacto con los miembros de una comunidad lingüística, puede contribuir al desarrollo de una lectoescritura de manera natural, y menos restringida; por eso, es importante hacer un planeamiento específico que incluya a la señalética como parte de las manifestaciones escriturales posibles de las lenguas.

En la actualidad, y bajo el amparo de la ley de Lenguas Originarias 29735 que fue aprobada unánimemente por el Pleno del congreso Peruano en 2010 y admitida como ley en el 2011,[37] han empezado a aparecer carteles y rótulos en la ciudad de Lima como hechos aislados. Por ejemplo, la

---

37 La Ley regula el uso, preservación, desarrollo, recuperación, fomento y difusión de las lenguas originarias.

señalización propiciada por el Servicio de Parques de la Municipalidad de Lima Metropolitana (SERPAR) incluye carteles en quechua y español, en algunos parques zonales de Lima Metropolitana y el distrito de San Juan de Lurigancho.

Ilustración 6
Señalética bilingüe, Parque Huiracocha, San Juan de Lurigancho.
Fotografía: Miryam Yataco, 2013.

Implementar el PL en lenguas locales va a significar un desafío a la tendencia monolingüe en español ya establecida. Es a los encargados de implementar la legislación pertinente para salvaguardar derechos lingüísticos en el Perú, y en América Latina en su conjunto, a quienes les toca implementar políticas públicas a partir de la planificación lingüística. Además, son los encargados crear espacios en donde las lenguas originarias se encuentren de igual a igual con la única lengua que posee el privilegio discursivo en la mayoría de los países latinoamericanos: el castellano y/o español.

En este momento, en Perú, no existe una normativa específica sobre producción e implementación de PL o de señalética en lenguas originarias. Sin embargo, el Estado con la ejecución de la Ley 29735 tiene como objetivo, dentro de sus propósitos a corto y largo plazo, que la creación del PL como parte fundamental en el cumplimiento de los derechos lingüísticos de los pueblos indígenas y sea parte permanente del espacio público.

A partir de la recién creada Dirección de Lenguas Indígenas (DLI) dentro del Ministerio de Cultura se avanza en establecer planes regionales de política lingüística. El sector salud y el sector legal están siendo masivamente capacitados para el cumplimiento de los derechos lingüísticos. Dentro de este conjunto de implementaciones, la creación del PL es vista como vital para revertir los procesos de subvaloración del uso de lenguas originarias. La respuesta, desde el Estado, a través de la DLI y su propuesta de *Estado*

Multilingüe refleja acciones de protección a las lenguas indígenas antes tan violentadas y excluidas del diálogo nacional.[38]

La pluralidad lingüística del Perú ha sido un tema ausente en la vida pública del país y, sobre todo, en los servicios estatales. Históricamente, desde la fundación del país en 1821, la única lengua a la cual se le asignó el privilegio discursivo en contenido y estatus oficial ha sido el español. La historia del Perú se desarrolla entonces bajo un marco homogeneizante, donde ha habido una sola lengua de prestigio y en donde la educación formal significo la castellanización.

La pérdida de lenguas locales en el Perú ha sido masiva, la mayoría de ellas han sufrido desplazamiento lingüístico severo. Actualmente, los servicios del Estado y la atención a la población en los gobiernos locales (regionales, provinciales y distritales) son generalmente en castellano, incluso, en aquellos donde existe un alto porcentaje de población que habla una lengua diferente. Esto genera no sólo dificultades para que la población acceda a los servicios, sino también da lugar a maltratos, formas de discriminación y violencia simbólica.

A la fecha, no existen datos sobre el dominio de las lenguas indígenas entre los funcionarios públicos de los gobiernos locales ni en los sectores estratégicos como justicia, salud, educación o desarrollo e inclusión social. Estos sectores que llegan a casi todo el país requieren conocer e impulsar el uso de las lenguas indígenas en diversas fases de los procesos que tienen a cargo.

Frente a este problema, es indispensable que el Estado peruano continúe implementando la política de salvaguarda y fortalecimiento de las lenguas indígenas, y que las integre a los diversos sectores públicos y privados del país. Esto constituye importantes avances en la emisión de normas que brinden un soporte legal para emprender proyectos y acciones concretas. Estas normas dirigidas a proteger las lenguas indígenas del país y a promover su uso establecen que la protección de los derechos lingüísticos de todos los ciudadanos peruanos constituye un mandato constitucional y legal. Asimismo, disponen que el Estado asuma compromisos con la protección de las lenguas indígenas, lo cual incluye elaborar planes que involucren el patrimonio fundamental de los pueblos que las hablan y del país entero.

Producción de paisaje lingüístico en México para la promoción lingüística

En México, la producción de PL y señalética en lenguas indígenas cada día va en aumento. Como un fenómeno de reivindicación étnica se

38 Para mayor información, consúltese *Informe Estado Multilingüe documento del Viceministerio de Interculturalidad* (2013).

puede observar un interés creciente, desde la población de origen indígena que habita en contextos urbanos o semiurbanos, por utilizar algunos espacios de la vía pública para visibilizar a sus lenguas de manera escrita. En la mayoría de los casos, el uso del PL y señalética se observa como una estrategia inicial para generar una promoción de la lengua minorizada dentro de los hablantes y no hablantes. Asimismo, motivar el interés por revitalizar la lengua. Es decir, por recuperar espacios de uso o generar nuevos usos de las lenguas que se encuentran en «riesgo de desaparición».[39]

Las iniciativas para generar PL y señalética, si bien son producto de una motivación comunitaria y/o de ciertos colectivos, en algunos casos han sido fortalecidas y financiadas por el Instituto Nacional de Lenguas Indígenas (Inali). Específicamente, dentro de las acciones proyectadas por la Dirección de Políticas Lingüísticas del Instituto. Dentro del Plan Nacional, el Inali tiene como objetivo generar señalética en lengua indígenas y, a nivel normativo, este tipo de disposiciones se encuentran plasmadas dentro de la *Ley General de Derechos Lingüísticos de los Pueblos Indígenas*, la cual señala que «en los municipios con población indígena se deben instrumentar las medidas necesarias para que las señales informativas, así como las de los topónimos, sean publicadas tanto en español como en las lenguas originarias».[40]

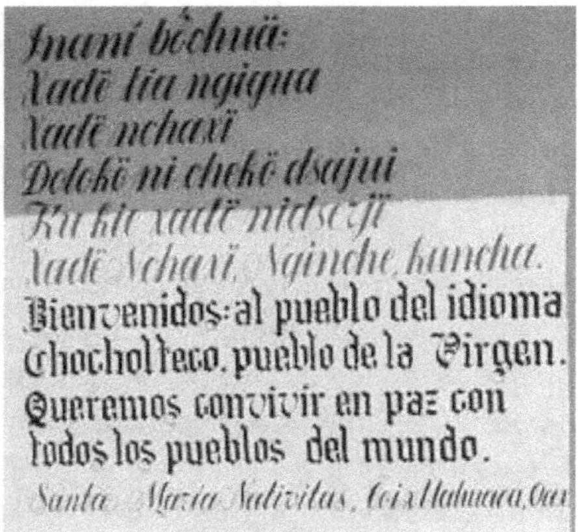

Ilustración 7
PL en chocholteco, Santa María Nativitas, Coixtlahuaca, Oaxaca.
Iniciativa realizada por convenio de colaboración entre autoridades municipales y el INALI.
Fotografía: Lorena Córdova-Hernández, enero 2015.

39 *Cfr.* Arnulfo Embriz y Óscar Zamora, *México. Lenguas indígenas nacionales en riesgo de desaparición*, México, Instituto Nacional de Lenguas Indígenas, 2012.

40 *Ley general de derechos lingüísticos de los pueblos indígenas*, Ley publicada en el Diario Oficial de la Federación el 13 de marzo de 2003, México, Cámara de Diputados del H. Congreso de la Unión, 2003.

Las iniciativas en las que el Inali ha colaborado corresponden, por lo general, a dos contextos espaciales: instituciones gubernamentales y espacios públicos de cabeceras o agencias municipales.

En el primer contexto, ámbito institucional, se realiza señalética bilingüe en la lengua indígena que se habla o hablaba en el lugar en donde se encuentran ubicadas las oficinas de la institución. Por ejemplo, dentro del propio edificio que alberga al Inali, en la Ciudad de México, la lengua náhuatl es la lengua que se utiliza para realizar dicha acción. Si bien en esta ciudad habitan varios grupos indígenas migrantes, en el proceso de inclusión y uso de la lengua indígena, se selecciona a la lengua que históricamente pertenece la región.

El proceso de señalética en oficinas gubernamentales incide en la implementación de cierto tipo de política lingüística y la reivindicación del uso escrito y público de una lengua. Significa un reto por contemporaneizar y desarrollar su uso en contextos totalmente nuevos. El uso de neologismos implica un trabajo de investigación y creación que enfrenta el reto de ser incorporado, por medio de uso y apropiación identitaria, al repertorio lingüístico de los hablantes de dicha lengua.

Las colaboraciones del Inali con las autoridades de las regiones se han manifestado más en la vía pública que dentro de las oficinas municipales. Es decir, el uso de la señalética se ha motivado más en el ámbito público y de la vida cotidiana que en el ámbito formal. La señalética en formato bilingüe náhuatl-español en oficinas del Inali, es uno de los ejemplos que marcan la excepción y no la regla del uso de las lenguas indígenas en las sedes de las instituciones gubernamentales. Asimismo, son un ejemplo de una búsqueda constante por hacer referencia a un festejo de la diversidad lingüística en compañía indisoluble con el español. Esta perspectiva «bilingüista» –donde se aboga por la promoción de una suerte de «bilingüismo coordinado» y como se verá en las conclusiones– es una idealización de la situación lingüística del país y/o de la región. Es decir, ha hecho del bilingüismo un mito.[41]

Dentro del segundo tipo de colaboraciones del Inali con organizaciones de la sociedad civil se puede hacer referencia a diversas iniciativas de PL. Por ejemplo, con los hablantes de lenguas en riesgo como el oluteco, tarahumara, zapoteco de Yautepec, zapoteco de Xochiltepec, zoque de San Miguel Chimalapa, entre otros. En este artículo, por cuestiones de espacio, sólo se hará referencia a dos experiencias, zapoteco de Xochiltepec y zoque de San Miguel Chimalapa.[42]

---

41 *Cfr.* Lluís Aracil, *Papers de sociolingüística*, Barcelona, Ediciones de la Magrana, 1986.

42 Estas dos experiencias pertenecen a iniciativas locales en el estado de Oaxaca que se insertan dentro de un proyecto de colaboración más amplio que emana de la Subdirección de Políticas Lingüísticas del INALI titulado «Revitalización de lenguas en riesgo del Sur del país» durante el período octubre, 2014-julio, 2015.

Estas iniciativas se generaron a partir de las acciones con algunos promotores culturales para iniciar procesos de revitalización. En ambos casos, dichas lenguas y/o variantes tienen un uso, por parte de los adultos, restringido al ámbito privado y familiar. En algunos casos, como el zapoteco de Santiago Xochiltepec, sólo tiene uso entre personas mayores que aún conocen la lengua pero que no la utilizan.

A partir de lo anterior, se puede observar que desarrollar un uso público de la lengua indígena cuya situación es de riesgo de desaparición no sólo se hace apremiante en los espacios urbanos donde existe un fuerte proceso de movilidad sociocultural. También, es necesario desarrollarlo en espacios semiurbanos donde la migración hacia las grandes ciudades es masiva, sobre todo por los jóvenes, y donde existe una constante transformación de prácticas culturales y lingüísticas.

En el caso del zapoteco de Xochiltepec, la iniciativa surge desde los profesores de una institución de educación media superior –Bachillerato Integral Comunitario (BIC) No. 9– que están interesados en fortalecer la presencia simbólica de la lengua. El objetivo es llevar a una práctica pública el uso de la lengua a la par de cumplir su misión como una institución que fortalece procesos identitarios a partir de la lengua. En este proceso de reivindicación étnica y revitalización, el cual se encuentra en un grado incipiente, la realización del PL se piensa como una estrategia efectiva, sencilla y atractiva donde los jóvenes comienzan a verter sus perspectivas sensoriales, artísticas y afectivas en torno a la lengua.

Ilustración 8
Taller para la construcción de PL (zapoteco).
Fotografía: Proyecto señalética y paisaje lingüístico para la revitalización del zapoteco de Santiago Xochiltepec, Textitlán, Oaxaca; mayo 2015.

A diferencia de la experiencia peruana con respecto a la producción de PL que han realizado los grupos de Acción Poética, los inicios de reflexión en torno a los contenidos visuales y lingüísticos del PL en la experiencia zapoteca es un proceso más «oficial» en términos del proceso de producción del PL. Esto no quiere decir que el contenido y las reflexiones de los jóvenes sean oficiales sino que la iniciativa del PL surge a partir de la colaboración entre dos instituciones, lo que motiva a que la producción del mismo tenga ciertas fases y «mayor control» que lo producido por el colectivo de Acción Poética. En ambos casos, lo que se debe resaltar es la participación de los jóvenes dentro del proceso de construcción del PL y el intento, desde el ámbito local, por respetar y/o incluir sus propuestas.

La iniciativa zapoteca apuesta por la realización monolingüe del PL debido a que la lengua de interés no tiene uso público, aunque también lo realiza en versión bilingüe. Esta apuesta por el molingüismo ha sido criticada por algunas personas de la propia comunidad, pues se tiene la ideología de que es necesario leer bien en español y lengua indígena, por lo que el PL debería de ayudarlos a ser «mejores bilingües». Estas discusiones serán motivo de debate durante la producción de más PL, el reto monolingüe que se plantean todavía no puede ser evaluado pues no se tienen evidencias de los procesos de apropiación que los habitantes tienen con respecto a los paisajes.

En el caso zoque de San Miguel Chimalapa a partir de la colaboración entre promotores y el Inali se ha realizado PL bilingüe (zoque-español) en la cabecera municipal de San Miguel y algunas de sus agencias. Cabe señalar que este tipo de señalética no es la primera iniciativa de paisaje en la vía pública de San Miguel. Aunque sí es la primera en la que el objetivo es la promoción de la lengua zoque. Existe otro tipo de paisaje en este lugar y está relacionado con la promoción de su diversidad biológica y, aunque su objetivo principal es la concientización ambiental, también utiliza como soporte a la lengua zoque.

Ilustración 9
PL (zoque-español), San Miguel Chimalapa, Oaxaca; abril, 2015.
Fotografía: Lorena Cordova-Hernández.

El PL en lengua zoque se ha difundido también en las agencias. En estos lugares, a pesar de ser contextos más rurales que semiurbanos, el zoque no se utiliza en la vía pública y varias prácticas culturales se están modificando debido a una fuerte migración a la ciudad.

La elaboración de PL en lengua zoque ha generado dos tipos de reacciones. Por un lado, de forma negativa, disgusto por parte de algunas personas que habitan en la cabecera municipal, porque el desplazamiento de la lengua se imagina como una forma de aminorar el «estigma» de ser indígenas.[43] Por el otro, de manera positiva, genera una reflexión o (re)valorización por parte de los hablantes sobre el uso y la escritura de su lengua. Lamentablemente, esta reacción sólo se ha generado por parte de los hablantes que viven en las agencias y no por quienes viven en un contexto semiurbano y que ya no utilizan la lengua.

A partir de lo anterior, en el caso zoque será necesario seguir implementando distintos tipos de estrategias en la cabecera municipal para modificar las actitudes e ideologías negativas hacia la lengua. Probablemente, se necesita abrir más espacios o procesos de reflexión previos a la construcción de los paisajes, como se ha hecho en el caso zapoteco de Xochiltepec.

Por ejemplo, el PL en lengua zoque se proyectó y construyó de manera automática por parte los promotores involucrados, quienes decidieron el contenido el contenido. Asimismo, para su elaboración se contrató a rotulistas. Aunque los rotulistas viven en la región no se consideran zoques. En cambio, en el caso zapoteco, se ha tratado de reflexionar sobre la importancia y contenido del PL en dicha lengua y la elaboración del mismo corre a cargo de los jóvenes que participan en las reflexiones. En ese sentido, en la experiencia zapoteca el proceso de construcción del PL ya es una forma de promocionar la lengua en un sector de la población.

Las dos iniciativas, a pesar de ser valiosas en términos de acciones a favor de la lengua, muestran una tensión importante entre elegir «rescatar» el pasado y/o incluir el presente. En el caso zoque el contenido del paisaje trata de revalorizar el tema de la familia y la presencia de los abuelos en la transmisión de la lengua. El contenido de las frases se limitan a la promoción de la lengua zoque. En cambio, en el caso del zapoteco existen reflexiones y expresiones de los jóvenes que son elementos totalmente ajenos al contexto comunitario o su entorno natural pero que ya pertenecen al *ethos* o imaginario de los propios jóvenes y su contacto con distintos medios tecnológicos y de comunicación.

Las tensiones entre representar el pasado o presente crean disputa al momento de decidir políticas de la representación. Escoger elementos

43 *Cfr.* Erving Goffman, *Estigma: la identidad deteriorada*, Buenos Aires, Amorrortu Editores, [1963] 1986.

socioculturales y darles representatividad visual dentro de ciertos contextos es una acción política que no siempre brindará buenos frutos para la lengua si esta disputa no es bien dirigida dentro del grupo de hablantes o posibles hablantes. Las políticas de la representación dentro del PL crean tensiones en torno a quienes están a favor de promocionar la cultura, como en los dos casos mexicanos. Sin embargo, como se muestra en el caso de Perú, esto no sucede en el ámbito de la mercadotecnia donde la preocupación es crear empatía por parte de los consumidores (o clientes) y no generar una disputa de poder sobre lo que se tiene que representar.

A partir de lo anterior, se puede afirmar que el PL para la promoción o revitalización lingüística puede entrar en conflictos de acuerdo al tipo de selección cultural que se realice, mientras que la producción de éste con fines artísticos, contraculturales o comerciales muestra un proceso de representación más espontáneo y libre e incluso mucho más cercano a las prácticas socioculturales de la población en general. En ese sentido, la PL para la revitalización, como los casos mexicanos aquí señalados, se enfrentará a distintos retos para generar políticas de la representación que incidan de manera práctica y funcional en el consumo de la lengua y literacidad.

Conclusión

Las lenguas indígenas han sido lenguas que no cuentan con un uso masivo de la escritura alfabética. En el mejor de los casos, el uso masivo ha sido limitado por la omnipotencia del español. Con la producción de PL en lengua indígena se tienen nuevas posibilidades de difusión de su escritura y/o literacidad. A partir de dichos procesos, uno de los posibles resultados positivos que se prevé es la generación (*an emergent*) de grupos de lectores en legua indígena a nivel masivo y público. De esta manera, se diversificaría la literacidad en lengua indígena por edades, escolaridad, género, entre otros. En especial, se alcanzaría la generación de una reflexión y apropiación de la lengua en la juventud que ha pasado por el proceso de «letrarse» o de literacidad en español.

La promoción lingüística a partir de la producción del PL tendría los mismos frutos que la función del «texteo» vía celular o la presencia digital de las lenguas en el espacio virtual. Además, el PL crea un espacio sin precedentes para las posibilidades de estas lenguas de ingresar en espacios públicos en condiciones sociolingüísticas más equilibradas con respecto al español escrito.

En términos de una normalización lingüística, entendida ésta desde una perspectiva más funcional y menos academicista, la posibilidad de emergencia de lectores en lengua local se extendería a más usuarios. En síntesis, propiciaría un proceso de literacidad funcional que, muchas veces, no se logra obtener en el contexto escolar o académico. Además, será un proceso de fortalecimiento de la identidad lingüística.

En el caso mexicano, el Inali es uno de los actores principales para la promoción de la producción del PL. En Perú, en el ámbito oficial, el PL aún está en proceso de discusión y definición de líneas de acción concretas. Sin embargo, la perspectiva oficial de ambos países no otorga un lugar específico o primordial a la lengua sino que sigue pregonando un proceso de producción bilingüe del PL, lo cual puede no generar una necesidad de uso o comprensión de la lengua, pues siempre se cuenta con una traducción de ésta. La omnipresencia del español sigue generándose, por lo cual la perspectiva bilingüe, en algunos casos, puede no ser la mejor propuesta.

Las virtudes de la producción de PL son variadas. Ahora bien, en términos de revitalización de lenguas, la oficialización de la promoción del PL no siempre es una acción que garantice procesos incipientes de revitalización. En el caso peruano existe un uso colectivo del PL para la promoción no sólo de la lengua sino de creaciones artísticas (poesía). En el caso mexicano, en la producción del PL existe un fuerte proceso metalingüístico que puede llegar a ser «inactual» para los intereses de las nuevas generaciones.[44] Por tal motivo, es necesario diversificar el contenido semántico y/o temático del PL para que el contenido del mismo sea apropiado por la población de interés.

Las evidencias empíricas de PL muestran perspectivas sincréticas de la cultura, lo cual es una evidencia de que las lenguas se encuentran en un proceso dinámico de (re)construcción. Es decir, el PL nos plantea no vislumbrar un uso estándar del paisaje sino un proceso que respeta o incluye las diferencias étnicas y culturales. Así, en términos analíticos, la dinamicidad se puede observar desde la tipografía utilizada, los procesos cromáticos y figurativos, entre otros.

Por ejemplo, la representación tipográfica en el caso de los colectivos peruanos tiende a otorgarle mayor peso visual a la lengua indígena, no así en la señalética oficial de los parques o las calles. En el caso mexicano, los promotores culturales bilingüistas, por lo general, le otorgan la misma carga tipográfica que al español. Algo que en el caso zoque se trató de evitar, otorgándole mayor visibilidad a la lengua indígena.

---

44 El término «inactual» es retomado del pesamiento de Fanon. Él hace referencia a que los intelectuales colonizados al tratar de describir o crear a partir de la descripción de la «verdad», paradójicamente, sólo se vuelve al pasado. «[El intelectual colonizado] lo que busca en su profunda intencionalidad son las deyecciones del pensamiento, las apariencias, los cadáveres, el saber definitivamente estabilizado]». Frantz Fanon, *Los condenados de la tierra,* México, Fondo de Cultura Económica, [1961] 2014, p. 205. En este sentido, el trabajo de los promotores culturales en la producción de PL puede no generar una emergencia de lectores y usuarios de la lengua si en términos identitarios sólo retoman «el pasado cultural» y no tratan de dialogar con los intereses de la generación de jóvenes y niños.

La producción del PL monolingüe y bilingüe también es un tema a analizar. En el caso peruano el PL que se encuentra en contextos multilingües se llega a producir en versión monolingüe en lengua indígena, pero se rotula el nombre de la lengua para que el lector obtenga información sobre el idioma que está leyendo. Sin embargo, si una de las lenguas goza de cierta popularidad en la región el nombre se omite. Así, se puede observar que los no hablantes de la lengua pueden tener cierto conocimiento de las características de las mismas. Esto es un buen indicio de la popularidad o difusión que la lengua tiene aunque su situación sea crítica.

Por lo tanto, el tema de PL plantea nuevas formas de observar el desarrollo y uso de las lenguas minorizadas y nuevos focos de interés: visibilización, revitalización, literacidad, estéticas, entre otros. Dicha producción es una manera de celebrar la diversidad lingüística y reivindicaciones étnicas en Latinoamérica y el mundo. Cualquier forma de producción de PL es bienvenida y tema de interés para seguir dialogando a favor de la diferencia y los derechos lingüísticos de los grupos sociales. Visibilizar la diversidad lingüística es volver público el derecho de los pueblos cuyas lenguas han quedado en el ámbito privado por más de 500 años. En síntesis, es una forma de apropiación simbólica del territorio y una revalorización afectiva del reportorio lingüístico latinoamericano.

Bibliografía

ARACIL (Lluís), *Papers de sociolingüística*, Barcelona, Ediciones de la Magrana, 1986.

BACKHAUS (Peter), *Linguistic Landscapes. A Comparative Study of Urban Multilingualism in Tokyo*, Clevedon, Multilingual Matters, 2007.

BARKER (Valerie), Howard GILES, Kimberly NOELS, Julie DUCK, Michael HECHT & Richarde CLÉMENT, «The English-only movement: a communication analysis of changing perceptions of language vitality», *Journal of Communication*, vol. 51, no. 1, 2001, p. 3–37.

BARKER (Valerie) & Howard GILES, «Who supports the English-Only movement?: Evidence for misconceptions about Latino group vitality», *Journal of Multilingual and Multicultural Development*, vol. 23, no. 5, 2002, pp. 353-370

BEN-RAFAEL (Eliezer), Elana SHOHAMY, Muhammad HASAN AMARA & Nira TRUMPER-HECHT, «Linguistic Landscape as Symbolic Construction of the Public Space: The Case of Israel», *International Journal of Multilingualism*, vol. 3, no. 1, 2006, p. 7-30.

BOSCH I RODOREDA (Andreu), «L'ús del catalá I la interferència lingüística en la publicitat visual i la retolació comercial i institucional de l'Alguer», *Revista de Llengua i Dret*, 30, 1998, p. 105-145.

BROWN (Anthony N.), «Status language planning in Belarus: An examination of written discourse in public spaces», *Language Policy*, 6, 2007, p. 281-301.

CALVET (Louis-Jean), « Des mots sur les murs: une comparaison entre Paris et Dakar », en *Des langues et des villes* (Actes du colloque international à Dakar, du 15 au 17 décembre 1990), ed. Robert Chaudenson, París, Agence de coopération culturelle et technique, 1990, p. 73-83.

CENOZ (Jasone) & Durk GORTER, «Linguistic landscape and minority languages», *Linguistic landscape: A new approach to multilingualism*, ed. Durk Gorter, Clevedon/Buffalo/Toronto, Multilingual Matters, 2006, p. 67-80.

CLÉMENT (Richard), Susan C. BAKER, Gordon Josephson & Kimberly A. Noels, «Media effects on ethnic identity among linguistic majorities and minorities: A longitudinal study of a bilingual setting», *Human Communication Research*, vol. 31, no.3, 2005, p. 399-422.

COLUZZI (Paolo), «Multilingual Societies vs. Monolingual States: the Linguistic Landscape of Italy and Brunei Darussalam», en *Minority Languages in the Linguistic Landscape*, ed. Durk Gorter, Luk Van Mensel and Heiko F. Marten, United Kingdom, Palgrave Macmillan, 2011, pp. 225-242.

DAILEY (René M.), Howard GILES & Laura L. JANSMA, «Language attitudes in an Anglo-Hispanic context: the role of the linguistic landscape», *Language and Communication*, vol. 25, no. 1, 2005, p. 27-38.

DORAIS (Louis-Jacques) & Susan SAMMONS, «Language in Nunavut: Discourse and Identity in the Baffin Region», *Arctic Anthropology*, vol. 37, no. 2, 2000, p. 92-110.

EMBRIZ (Arnulfo) y Óscar ZAMORA, *México. Lenguas indígenas nacionales en riesgo de desaparición*, México, Instituto Nacional de Lenguas Indígenas, 2012.

FANON (Frantz), *Los condenados de la tierra*, México, Fondo de Cultura Económica, [1961] 2014.

FRANCO-RODRÍGUEZ (José Manuel), «El español en el Condado de Miami-Dade desde su paisaje lingüístico», *Lingüística en la Red*, no. 5, 2007, p. 1-29. Disponible en: http://www.linred.es/articulos_pdf/LR_articulo_28112007.pdf

GIMÉNEZ (Gilberto), «Cultura, territorio y migraciones. Aproximaciones teóricas», *Alteridades*, vol. 11, n° 22, 2001, p. 5-14.

GOFFMAN (Erving), *Estigma: la identidad deteriorada*, Buenos Aires, Amorrortu Editores, [1963] 1986.

GORTER (Durk), «Introduction: The Study of the Linguistic Landscape as a New Approach to Multilingualism», *International Journal of Multilingualism*, vol. 3, no. 1, 2006, p. 1-6.

GORTER (Durk), Heiko F. MARTEN, & Luk VAN MENSEL, *Minority Languages in the Linguistic Landscape*, United Kingdom, Palgrave Macmillan, 2012.

GRIN (François) & François VAILLANCOURT, *The cost-effectiveness evaluation of minority language policies: Case studies on Wales, Ireland and the Basque Country*, Flensburg, European Centre for Minority Issues/Verlagskontor Horst Dieter Adler, 1999.

HALLIDAY (Michael), *El lenguaje como semiótica social,* México, Fondo de Cultura Económica, [1978] 2005, p. 10.

HEIKO (Marten F.), Luk VAN MENSEL,& Durk GORTER, «Studying Minority Languages in the Linguistic Landscape», en *Minority Languages in the Linguistic Landscape,* ed. Durk Gorter, Heiko F. Marten & Luk Van Mensel, United Kingdom, Palgrave Macmillan, 2012, p. 1-18.

HICKS (Davyth), «Scotland's linguistic landscape: The lack of policy and planning with Scotland's place-names and signage», ponencia presentada en el *World Congress on Language Policies*, Barcelona, abril 16-20, 2002. Disponible en: http://www.poileasaidh.celtscot.ed.ac.uk/hicksseminar.html

JAKOBSON (Roman), «Lingüística y poética», *Ensayos de lingüística general*, Barcelona, Editorial Seix Barral, 1975, p. 347-395.

JOHNSON (Marc L.) & Paule DOUCET, *Une vue plus claire: évaluer la vitalité des communautés de langue officielle en situation minoritaire*, Ottawa, Commissariat aux langues officielles, 2006.

KIRKLAND (David E.), «The Skin We Ink: Tattoos, Literacy, and a New English Education», *English Education*, vol. 41, no. 4, 2009, p.375-395.

KRESLINS (Janis), «Linguistic landscapes in the Baltic», *Scandinavian Journal of History*, vol. 28, no. 3/4, 2005, p. 165-174.

KURZON (Dennis), «Language choice as index: The case of India», *Semiótica*, vol. 147, no. 1/4, 2003, p. 457-472.

LANDRY (Rodrigue), Real Allard & Jacques Henry, «French in South Louisiana: Towards Language Loss», *Journal of Multilingual and Multicultural Development*, vol. 17, no. 6, 1996, p. 442-468.

LANDRY (Rodrigue) & Richard Y. BOURHIS, «Linguistic Landscape and Ethnolinguistic Vitality. An Empirical Study», *Journal of Language and Social Psychology*, vol. 16, no. 1, 1997, p. 23-49.

LECLERC (Jacques), *La guerre des langues dans l'affichage*, Montréal, VLB Editeur, 1989.

LEFEBVRE (Henri), *The Urban Revolution,* Minneapolis, The University of Minnesota Press, [1970] 2003.

MIRÓ VIVES (Carme), «Estudi sobre llengua dels rètols a la ciutat de Tarragona», *Llengua i ús: Revista tècnica de política lingüística*, 12, 1998, p. 54-58.

SALLABANK (Julia), *Attitudes to Endangered Languages: Identities and Policies*, Cambridge, Cambridge University Press, 2013.

SCIRIHA (Lydia) & Mario VASSALLO, *Malta – a Linguistic Landscape*, Malta, Socrates Publication, 2001.

SCOLLON (Ronald) & Suzanne W. SCOLLON, *Discourses in Place. Language in the Material World*, United Kingdom, Routledge, 2003.

SEBBA (Mark), «Book review: "Linguistic Landscapes: A Comparative Study of Urban Multilingualism in Tokyo", by Peter Backhaus», *Writing Systems Research*, vol. 2, no. 1, 2010, p.73-76.

SHOHAMY (Elana), *Language Policy: Hidden Agendas and new approaches*, Abingdon, Routledge, 2006.

SHOHAMY (Elana) & Durk GORTER, *Linguistic landscape: Expanding the scenery*, New York/ London, Routledge, 2009.

SOLÉ CAMARDONS (Joan) & Joan ROMANÍ, Joan M., «Els usos lingüístics en la retolació a Barcelona», *Llengua i ús: Revista tècnica de política lingüística*, 10, 1997, p. 58-67.

SPOLSKY (Bernard) & Robert L. COOPER, *The Languages of Jerusalem*, Oxford, Clarendon Press, 1991.

VAN LEEUWEN (Theo), *Introducing Social Semiotics*, United Kingdom, Routledge, 2005.

Viola Krebs avec la contribution de **Namory Diakhaté** (Sénégal) et **Kemi Tibaijuka** (Tanzanie)

Langues africaines dans un contexte urbain : la situation du continent et le cas du Sénégal et de la Tanzanie

Résumé : La langue est un moyen de communication, mais aussi l'un des éléments essentiels de l'identité individuelle, collective et nationale des locuteurs qui la parlent. Si plusieurs langues sont présentes sur un même territoire, leurs locuteurs vont les utiliser de manière dynamique en fonction des interlocuteurs à qui ils s'adressent. Puis, lorsqu'il y a des luttes de pouvoir, ces dernières passent souvent par l'affirmation ou au contraire la marginalisation de langues par les forces en place. La meilleure manière de promouvoir une langue ou au contraire de l'éliminer se fait au niveau officiel, par exemple si une langue est obligatoire pour l'enseignement, des échanges administratifs ou encore la recherche d'un emploi. Lorsque des changements importants modifient le statut d'une langue ou sa présence sur un territoire particulier, la place qu'elle occupe dans la société elle aussi évolue. Ces changements sont le plus perceptibles et rapides au moment de changements sociopolitiques importants, suite à la déclaration d'indépendance d'un pays ou encore au moment d'importants flux migratoires. À cela s'ajoute le fait qu'avec la mondialisation et l'introduction des technologies de l'information et de la communication (TIC), des changements importants et rapides sont en cours par rapport au choix et à l'utilisation des langues. L'Afrique est un cas particulièrement intéressant quant à ces dynamiques sociolinguistiques et linguistiques, car elle est le berceau d'un tiers des langues parlées sur notre planète, mais très peu d'entre elles sont reconnues comme langues officielles par les pouvoirs en place. Comment expliquer cela ? Quelles sont les langues reconnues officiellement et pourquoi ? Qu'en est-il de ce qu'on appelle aujourd'hui l'Afrique francophone, anglophone, lusophone et arabophone ? Pour répondre à ces questions, nous allons brièvement passer en revue la situation linguistique de l'Afrique, avec quelques exemples, puis nous intéresser plus particulièrement à la situation des zones périurbaines et urbaines du Sénégal et de Tanzanie. Quelles sont les langues parlées dans ces zones et par qui ? Est-il possible d'observer des changements récents quant à l'utilisation des langues africaines ? Telles sont les questions auxquelles nous tâcherons de répondre.

Mots-clés : langues africaines, multilinguisme, bilinguisme, langues dans le cyberespace, éducation.

African Language in an Urban Context: The Situation of the Continent and the Cases of Senegal and Tanzania

Abstract: Language is a means of communication but it also constitutes an essential element for the individual, collective and national identity of the people who speak it. If multiple languages are present on the same territory, their speakers will use them in a dynamic fashion, depending on whom they are communicating with. Whenever there are power struggles, these are often connected to the promotion or on the contrary the marginalization of languages by the powers in place. The best way to promote a language is by recognizing it at the official level, for example as a compulsory language for teaching, administrative exchanges or for job requirements. However, once significant changes alter the status of a language or its presence in a particular territory, its place in society also evolves. These changes are most noticeable and rapid as a result of major socio-political changes, for example following the declaration of independence of a country or the influx of large numbers of migrants. Furthermore, with globalization and the introduction of information and communications technologies (ICTs), major and rapid changes are underway in relation to the choice and the use of languages. Africa is a particularly interesting case with regards to sociolinguistics and linguistic dynamics, because it is home to one third of all languages spoken on our planet, yet very few of them are recognized as official languages by the governments in place. How to explain this? What languages are officially recognized and why? What about the so-called French-speaking, English-speaking, Portuguese-speaking and Arabic-speaking Africa? To answer these questions, we will briefly review the linguistic situation of Africa, with a few examples, and then particularly focus on the periurban and urban areas of Senegal and Tanzania. What are the languages spoken in these areas and by whom? Is it possible to observe recent changes in the use of African languages? These are the questions we will try to answer.

Keywords: African languages, Multilingualism, Bilingualism, Languages in cyberspace, Education.

Introduction

Les langues ne sont pas une masse statique mais plutôt un ensemble de syllabes, de mots, d'expressions et de phrases en constante mouvance. Si plusieurs langues sont présentes sur un même territoire, leurs locuteurs vont les utiliser de manière dynamique en fonction des interlocuteurs à qui ils s'adressent. Le contact de plusieurs langues mène souvent au bilinguisme, c'est-à-dire à la connaissance et à l'utilisation de deux codes linguistiques par un individu, un groupe social ou une population tout entière[1]. Le bilinguisme existe dans tous les pays du monde, au sein de toutes les classes sociales et de tous les âges. La meilleure manière de promouvoir une langue est de lui donner un rôle institutionnel ou officiel, par exemple en l'intégrant dans le système scolaire comme langue obligatoire pour l'enseignement, les échanges administratifs ou comme langue requise pour un poste de travail. Lorsqu'il y a des luttes de pouvoir, ces dernières passent souvent par l'affirmation ou au contraire la marginalisation de certaines langues par les forces en place. Ainsi, les langues représentent un pouvoir, souvent lié à une lutte de contrôle qui dépasse de loin les questions purement fonctionnelles de la communication. Si le pouvoir en place change, l'équilibre linguistique lui aussi est susceptible de changer. Il suffit de regarder l'histoire de l'humanité et des langues pour s'en rendre compte. Cette évolution est le plus perceptible et rapide au moment de changements sociopolitiques importants, par exemple suite à la déclaration d'indépendance d'un pays ou encore au moment d'importants flux migratoires. Ces dernières années, les grandes agglomérations urbaines de la planète ont connu une immigration importante, qu'elle soit nationale – de la campagne vers les villes – ou en provenance d'autres pays. Cela a donné lieu à des changements de dynamique. Ces changements vont de pair avec une évolution du système social et gouvernemental. À cela s'ajoute le fait qu'avec la mondialisation et l'introduction des technologies de l'information et de la communication (TIC), des changements importants et rapides sont en cours par rapport au choix et à l'utilisation des langues. Cela est notamment dû au fait que les TIC ont

1 René and Muysken Pieter, *Language contact and bilingualism*, Institute for General Linguistics, University of Amsterdam, Edward Arnold, London, England, 1987.

transformé le monde en un lieu éminemment plus interconnecté. Dès lors, nous voyons défiler, de façon quasi instantanée, des images et des témoignages d'événements qui se déroulent à l'autre bout du monde sur nos écrans de télévision et d'ordinateurs. De plus, les nouveaux outils technologiques permettent au simple citoyen de participer, de manière proactive, à la création et à l'échange de contenus, envoyés par téléphone portable ou encore diffusés sur Internet et les réseaux sociaux.

L'Afrique est particulièrement intéressante quant aux dynamiques linguistiques et sociolinguistiques. En effet, sur les 7 102 langues répertoriées sur notre planète par l'*Ethnologue*[2], un tiers est parlé en Afrique[3], soit 2 110 langues[4]. De ces langues, 113 peuvent être considérées comme majeures[5], dans la mesure où elles sont répandues dans beaucoup de pays ou parce qu'elles ont un statut spécifique dans les pays où elles sont parlées. Or, peu de ces langues sont officiellement reconnues par les pouvoirs en place, dont notamment le français[6], l'anglais[7], le portugais[8], l'arabe[9], l'espagnol[10], ainsi que quelques rares langues africaines, telles que par exemple le swahili (Kenya, Tanzanie), le somali (Somalie), l'amharique (Ethiopie), le tigrinya (Erythrée) et 10 des 11 langues officielles d'Afrique du sud[11] (figure 1). La grande majorité des langues officielles parlées en Afrique a été importée et imposée durant l'époque coloniale. Ainsi on parle aujourd'hui de l'Afrique francophone,

2 Nous nous référons à l'*Ethnologue*, car c'est la source la plus complète qui existe actuellement en ce qui concerne l'inventaire mondial des langues : https://www.ethnologue.com/country/CM. Notons également que lorsque des statistiques officielles nationales existent, une autre source intéressante de données est le CIA Factbook, https://www.cia.gov/library/publications/the-world-factbook/.

3 UNESCO, Atlas on endangered languages, http://www.unesco.org/webworld/babel/atlas.

4 L'*Ethnologue* : https://www.ethnologue.com et http://www.nationsonline.org/oneworld/african_languages. htm

5 Marcel Diki-Kidiri 2012 ; « Les langues africaines sur la Toile », *RIFAL* 24, http://www.termisti.org/rifal/PDF/rifal24/rifal24_Diki-Kidiri_L'%C3%A9tat%20du%20traitement%20informatique.pdf, 2003.

6 Bénin, Burkina Faso, Burundi, Cameroun, Comores, Côte-d'Ivoire, Djibouti, Gabon, Guinée, Guinée équatoriale, Madagascar, Mali, Monaco, Niger, République centrafricaine, République du Congo, République démocratique du Congo, Rwanda, Sénégal, Seychelles, Tchad, Togo.

7 Afrique du sud, Botswana, Burundi, Cameroun, Gambie, Ghana, Kenya, Lesotho, Liberia, Malawi, Namibie, Nigeria, Ouganda, Rwanda, Seychelles, Sierra Leone, Soudan du Sud, Soudan, Swaziland, Tanzanie, Zambie, Zimbabwe.

8 Angola, Cap Vert, Guinée-Bissau, Mozambique, République Démocratique de São Tomé et Príncipe.

9 Algérie, Comores, Djibouti, Egypte, Érythrée, Gambie, Liban, Libye, Mauritanie, Maroc, Somalie, Soudan, Tchad, Tunisie.

10 Guinée équatoriale.

11 Langues officielles de l'Afrique du Sud : l'isiZulu 22,7%, l'isiXhosa 16%, l'afrikaans 13,5%, l'anglais 9,6%, le sepedi 9,1%, le setswana 8%, le sesotho 7,6%, le xitsonga 4,5%, le siSwati 2,5%, le tshivenda 2,4%, l'isiNdebele 2,1% ; carte listant les langues d'Afrique : https://upload.wikimedia.org/wikipedia/commons/8/8d/Official_Languages_-_Africa.PNG.

anglophone, lusophone et arabophone[12]. Cependant, si nous comparons la petite liste de langues officielles avec la longue liste de langues parlées sur le territoire africain, nous pouvons observer un écart énorme entre les langues parlées et celles bénéficiant d'un statut officiel. Si la moitié de la population mondiale est bilingue, ce pourcentage est encore plus élevé en Afrique.

Dans cet article, nous allons brièvement passer en revue la situation linguistique de l'Afrique, avec quelques exemples, puis nous concentrer plus particulièrement sur la situation des zones périurbaines et urbaines du Sénégal et de la Tanzanie. Nous avons choisi ces deux pays car le Sénégal représente bien l'Afrique francophone, alors que la Tanzanie appartient à l'Afrique anglophone, mais a connu une évolution particulière avec le swahili.

Au Sénégal, nous allons nous intéresser à des lieux tels que Dakar et Rufisque, ville limitrophe de Dakar. Ces dernières années, ces deux villes ont connu une forte immigration nationale, voire internationale. En Tanzanie, nous allons prendre l'exemple de Dar es Salaam, plus grande ville de langue swahili. Il est alors très intéressant de voir comment les habitants de ces lieux utilisent les différentes langues qu'ils maîtrisent dans le contexte de la communication quotidienne, faisant souvent preuve d'un bilinguisme fonctionnel.

Méthodologie

Après une vue d'ensemble concernant les langues en Afrique, nous passerons à un bref historique du Sénégal et de la Tanzanie, ce qui nous permettra de déterminer le cadre de cette étude. Pour ce faire, nous nous référons aux sources les plus fiables disponibles sur ces questions, dont l'*Ethnologue*[13], des statistiques officielles, ainsi qu'une littérature académique liée aux langues des deux pays mentionnés. Puis, nous présenterons les résultats obtenus concernant la Tanzanie et le Sénégal dans le cadre d'une enquête de terrain par le biais d'entretiens semi-standardisés et un questionnaire diffusé sur Internet.

---

12 Carte graphique des langues officiellement reconnues par les pouvoirs en Afrique : https://commons.wikimedia.org/wiki/File:Official_Languages_-_Africa.PNG, Arab Hafez at English Wikipedia. Later version(s) were uploaded by Beao at English Wikipedia.

13 Publié par SIL International, « *Ethnologue: Languages of the World* » est un ouvrage de référence exhaustif qui catalogue toutes les langues vivantes connues du monde. Depuis 1951, l'Ethnologue a été un projet de recherche actif impliquant des centaines de linguistes et d'autres chercheurs du monde entier. Il est largement considéré comme la source la plus complète d'informations de ce genre, https://www.ethnologue.com.

Dynamiques linguistiques dans un contexte urbain africain

Les villes africaines connaissent de rapides mutations[14]. Elles sont caractérisées par une forte hétérogénéité économique et sociale, mais aussi ethnique et linguistique, ainsi que par une grande disparité des modes de vie et des formes d'urbanisation. Cela étant, les groupes et les individus qui composent cette société complexe ont en commun le fait d'être impliqués dans un processus d'intégration urbaine, ce qui a mené à l'émergence d'une culture urbaine, comme le soulignent Dreyfus et Juillard, leur mode de vie dévie des modes de vie traditionnels, ce qui implique un processus de transformation des réseaux de relations interpersonnelles et des formes de communication. Toujours selon Dreyfus et Juillard, « l'hypothèse la plus couramment admise sur le changement linguistique amené par l'urbanisation et l'immigration est que les différents flux migratoires produisent un brassage de populations où les langues, les cultures et les identités ethniques se diluent au profit d'une langue, d'une culture et d'une identité urbaines ». Ainsi l'insertion urbaine s'accompagnerait d'un abandon des langues d'origine au profit d'une ou plusieurs langues véhiculaires urbaines. Cette adaptation irait de pair avec une modification des fonctions des langues, soit le passage du statut de langue vernaculaire au statut de la langue véhiculaire ou inversement.

Les langues africaines dans les sphères numériques

Les langues africaines appartiennent à six grandes familles linguistiques (figure 2) : langues afro-asiatiques (arabes, berbères, fouibéennes, autres) ; langues nilo-sahariennes (songaïennes, sahariennes, soudanaises centrales, soudanaises orientales) ; langues nigéro-congolaises (ouest-atlantiques, mandées, voltaïques, adamouennes, oubanguiennes, sud-atlantiques, bantoues) ; langues kalahariennes (khoisanes) ; langues indo-européennes (afrikans) ; langues austronésiennes (malgaches)[15]. Cette liste seule témoigne de la grande richesse et de la diversité des langues parlées sur le continent africain.

À titre d'exemple, selon l'*Ethnologue*[16], le Cameroun à lui seul est le berceau de 285 langues, dont 280 sont encore parlées aujourd'hui. 12 de ces langues ont un statut institutionnel mais seuls l'anglais et le français sont considérés comme des langues officielles de ce pays d'Afrique centrale.

---

14 Martine Dreyfus et Caroline Juillard, *Le Plurilinguisme au Sénégal, Langues et identités en devenir*, éd. Karthala, 2004.

15 Nations Online, *Les familles de langues africaines, selon leur origine*, http://www.nationsonline.org/oneworld/map/african-language-map.htm.

16 L'*Ethnologue* : https://www.ethnologue.com/country/CM.

Toujours selon l'*Ethnologue*[17], le Nigéria, dont la langue officielle est l'anglais, compte 527 langues, 520 sont vivantes et 7 éteintes.

Peu de ces langues sont cependant présentes dans le cyberespace. Parmi d'autres facteurs, cela est lié au fait que les langues africaines ne s'écrivent pas toujours. Cela étant, il est intéressant de justement voir l'évolution d'Internet et de ses outils. Ainsi, plus de langues africaines sont disponibles pour le site de Wikipédia qu'elles ne sont reconnues officiellement. Wikipédia propose des pages en 33 langues africaines, sur 292 langues utilisées pour cette encyclopédie en ligne (tableau 1)[18]. L'outil de traduction de Google, quant à lui, utilise actuellement les langues africaines suivantes : afrikaans (Afrique du sud), arabe, hausa[19], igbo (Nigéria), Malagasy (Madagascar), sésotho (Lesotho, Afrique du sud), somali (Somalie), soudanais[20] (Soudan), swahili (Tanzanie, Kenya), yoruba (Bénin, Nigeria), zulu (Afrique du sud). Vue l'évolution de ces dernières années, on peut s'attendre à ce que cette liste s'étoffe encore d'avantage dans un avenir proche. Ainsi, le moteur de recherche Google est par exemple disponible en wolof[21], langue nationale (mais pas officielle) du Sénégal, depuis 2010. Cette évolution est encourageante quand on sait que la faiblesse des moteurs de recherche pose un grand problème en ce qui concerne l'indexation des pages web. Selon des estimations, seuls 5-10% de toutes les pages disponibles sur le Web seraient indexées par les moteurs de recherche[22]. Une représentation particulièrement faible reviendrait aux langues à moindre diffusion. À titre d'exemple, notons encore que d'autres outils en langues africaines voient le jour, tels que Lexilogos[23] qui propose un dictionnaire numérique en wolof. L'*AgriGuide*[24], un outil de conseil agricole qui promeut une agriculture respectueuse de l'environnement, a quant à lui été traduit en partie en wolof et en pulaard, ainsi qu'en bambara, langue vernaculaire du Mali. Signalons enfin les recherches de référence en ce qui concerne la présence des langues africaines dans le cyberespace, réalisée par Don Osborn[25] et Marcel Diki

---

17 http://www.ethnologue.com/country/NG.

18 Liste de Wikipedias disponibles : https://en.wikipedia.org/wiki/List_of_Wikipedias.

19 Le haussa est notamment parlé dans les pays suivants : Benin, Burkina Faso, Cameroun, Côte d'Ivoire, Arabie Saoudite, Cameroun, Ghana, Nigeria, Niger, Soudan, Togo.

20 Variété d'arabe.

21 Seyni Diop, « Recherche internet en wolof: 'Saytu ko ci Google', lancé aujourd'hui », Wal Fadjri et OSIRIS, 15 septembre 2010, http://www.osiris.sn/Recherche-internet-en-wolof-Saytu.html, Au Sénégal, 20 septembre 2010, http://www.au-senegal.com/+google-en-wolof,1953+.html?lang=fr.

22 Chapitre « la faiblesse des moteurs de recherche » dans « La place du français dans l'Internet », Partie 3 du livre *2014 - La langue française dans le monde*, OIF, Nathan, 2014, p. 531-532.

23 http://www.lexilogos.com/wolof_dictionnaire.htm.

24 *AgriGuide*, www.agriguide.org.

25 Donald Z. Osborn, *Les langues africaines et la technologie de l'information et de communication. Localiser le futur ?* 2005, visité le 3 novembre 2015, https://www.academia.edu/3997023/ Les_langues_africaines_et_la_technologie_de_l_information_et_de_communication_localiser_le_futur_.

Kidiri[26]. Le premier fait un état des lieux des langues africaines dans le cyberespace, alors que le second énumère les ingrédients d'un cyberespace multilingue. Ces linguistes, l'Académie africaine des Langues[27] mise en place comme entité de l'Union africaine, ainsi que le Réseau mondial pour la Diversité linguistique, Maaya[28], plaident pour plus de reconnaissance des langues africaines.

En outre, il est intéressant de signaler que les réseaux sociaux et les téléphones portables (fonction SMS) contribuent actuellement au fait que les gens écrivent de plus en plus dans des langues telles que le wolof. Les téléphones portables sont des outils largement utilisés dans toute l'Afrique, dont la pénétration est éminemment plus importante que celle d'Internet, qui est certes utilisé mais reste comparativement beaucoup moins accessible (tableau 2/3)[29][30]. Étant données les contraintes technologiques des téléphones portables mais également des ordinateurs standards et l'absence de la possibilité d'écrire certains caractères spéciaux ainsi que des accents, on voit se développer une langue simplifiée et phonétique[31].

Éducation, bilinguisme scolaire et identité nationale

La transmission d'une langue et de sa culture passe souvent par l'éducation. C'est la raison pour laquelle le système scolaire en matière de langues a une influence importante sur le développement d'une langue.
En Afrique, si l'apprentissage des langues locales voire transfrontalières s'est longtemps fait en dehors de l'école, ces langues sont restées un outil important de communication et d'identité culturelle, et ce d'autant plus que la culture africaine reste fortement ancrée dans l'oralité. Dans un grand nombre de pays, il s'est alors creusé un clivage entre la langue du peuple et les langues internationales, enseignées à l'école, héritage de l'ère coloniale.

Ces dernières années, certains pays africains ont réintroduit leurs langues locales dans le cursus scolaire. C'est le cas dans des pays tels que la Zambie, la Namibie, la Tanzanie ou encore le Burkina Faso et le Mali[32]. Ainsi, le plan d'action triennal publié en 2000 par le gouvernement malien énumère non seulement 13 langues nationales, mais souligne également que l'objectif de la

---

26 Marcel Diki-Kidri, *Comment assurer la présence d'une langue dans le cyberespace ?*, UNESCO, 2007.

27 Académie Africaine des Langues, www.acalan.org.

28 Réseau Mondial pour la Diversité Linguistique, Maaya, www.maaya.org.

29 *Study on International Internet Connectivity in Sub-Saharan Africa*, ITU, March 2013. https://www.itu.int/en/ITU-D/Regulatory-Market/Documents/IIC_Africa_Final-en.pdf.

30 Sub-Saharan Africa Mobile Observatory 2012, Deloitte, GSMA, 13 November 2012. https://www.itu.int/en/ITU-D/Regulatory-Market/Documents/IIC_Africa_Final-en.pdf.

31 Aussi voir le chapitre sur l'Histoire et les dynamiques linguistiques sociétales de Rufisque et de Dakar.

32 ADEA (Association for the Development of Education in Africa), Volume 17, number 2, April-June 2005.

politique des langues au Mali est avant tout *de promouvoir les langues nationales dans les écoles afin de permettre au plus grand nombre d'accéder au code écrit et de participer de manière éclairée et démocratique à l'édification de la société*[33]. La loi malienne consacrée aux langues prône alors la diversité linguistique et met en avant l'importance des langues nationales avec leurs dialectes et sous dialectes, ce qui est exemplaire dans ce contexte.

En Tanzanie aussi, la langue nationale est enseignée, puis le changement se fait à l'école supérieure pour l'anglais. Cela ne va pas sans poser des questions et certains problèmes[34].

Ce qui est essentiel dans tout plan stratégique lié à l'éducation semble être comment s'articule justement l'apprentissage des langues et aussi quel est l'équilibre de ces langues à l'extérieur de l'école. En effet, plusieurs études montrent que le bilinguisme scolaire et l'enseignement des langues est positif dans ce contexte africain à condition qu'il soit basé sur un modèle de bilinguisme scolaire additif[35][36]. Selon Cummins, un niveau seuil de compétence assez élevé doit être acquis par l'enfant dans sa première langue (L1) afin qu'il puisse ensuite construire un cadre de référence d'apprentissage d'une seconde langue (L2). Des études menées au Mali, au Burkina Faso et en Zambie montrent des améliorations spectaculaires. En Zambie, par exemple, les élèves ont amélioré leur capacité de lecture aussi bien en anglais qu'en langue locale[37]. Au Mali, le taux de réussite de l'examen du Certificat de fin d'études du Premier cycle de l'enseignement fondamental (CFEPCEF) est supérieur en moyenne de 16% dans les établissements bilingues en comparaison aux établissements qui enseignent exclusivement en français[38].

Si le bilinguisme scolaire a connu le succès dans le contexte africain, il est sans doute essentiel de bien prendre en compte les défis identifiés. En plus des contraintes identitaires favorisant le bilinguisme scolaire ou non, la mise sur pied de programmes bilingues exige :

1. une politique scolaire en matière de langues adaptée à la région et prenant en considération l'origine des enfants ;
2. une bonne connaissance des mécanismes d'acquisition chez l'enfant ;

---

33 Ministère de l'Éducation de base, Secrétariat général, République du Mali. Note sur les éléments de politique des langues du Mali, Plan d'action triennal 2000-20002.

34 Deo Ngonyani, *The Failure of Language Policy in Tanzanian Schools*, ed. Eric, Social Education, v. 61 n°7 p. 412-18 nov.-dec. 1997, http://www.socialstudies.org/system/files/publications/se/6107/610708.html.

35 J. Cummins, «The influence of bilingualism on cognitive growth: A synthesis of research findings and explanatory hypotheses», *Working Papers on Bilingualism*, 1976, 9: 1-43.

36 J. Cummins, Ontario: Ontario Institute for Studies in Education, 1981.

37 *Burkina Faso, Mali, Zambia: Experiences and Results.* ADEA Newsletter April-June 2005.

38 Source : ministère de l'Éducation du Mali, chiffres de 1994 à 2000.

3. une information adéquate des parents ;
4. une formation spécialisée des enseignants ;
5. du matériel scolaire adapté.

En outre, les paramètres de l'âge d'introduction de la langue, de l'intensité (nombre d'heures par semaine), du système facultatif ou obligatoire, et de l'enseignement dans le cadre de programmes publics ou privés doivent être pris en considération[39].

L'exemple du Sénégal

Situation démographique et linguistique

Situé en Afrique de l'Ouest, le Sénégal s'étend sur 196 722 km² et compte 13 975 834 habitants (estimation de juillet 2015)[40]. Ancienne colonie française, le Sénégal a obtenu son indépendance en 1960. La société sénégalaise se compose d'un nombre de différentes ethnies, dont notamment les Wolof 43.3%, les Peuls 23,8%, les Sérères 14,7%, les Jola 3,7%, les Mandinka 3%, les Soninkés 1,1%, les Européens et les Libanais 1%, et divers autres 9,4%.

Au Sénégal, les langues individuelles répertoriées sont au nombre de 38. Toutes sont des langues vivantes. Parmi elles, seul le français est langue officielle, mais 4 ont un rôle institutionnel, 18 sont en développement, 7 sont vigoureuses, 8 sont en difficulté et 1 est en train de mourir[41]. Le français est utilisé par l'État, l'administration, l'enseignement, les médias et le monde des affaires[42]. Le taux d'alphabétisation est de 57,7%[43].

Sous la double action des apports migratoires depuis les campagnes et de l'accroissement naturel, la région de Dakar, la capitale, s'est très rapidement développée. Elle est ainsi passée de 400 000 habitants en 1970 à 2,6 millions d'habitants en 2005 et compte aujourd'hui environ 3,52 millions d'habitants (estimation 2015)[44]. Métropole macrocéphale, Dakar accueille aujourd'hui la moitié de la population urbaine du pays. Situé au sud-est de la capitale, Rufisque est le chef-lieu du département du même nom. Sa population a

---

39 V. Krebs, « Bilinguisme, interculturalité et communication politique », *L'anglais et les cultures : carrefour ou frontières ?, Droit et Cultures*, L'Harmattan, 54-2007/2.

40 https://www.cia.gov/library/publications/the-world-factbook/geos/sg.html.

41 Officielle (français), institutionnelle (français, crioulo, n'ko, wolof), en développement (balanta-ganja, bandial, hassaniyya, jola-fonyi, jola-kasa, kuwaataay, mandinka, mandjak, maninkakan, western, mankanya, ménik, ndut, noon, oniyan, pulaar, pular, saafi-saafi, serer-sine), vigoureuses (bayot, gusilay, jalunga, karon, kerak, laalaa, soninke), en danger (badyara, bainouk-gunyaamolo, bainouk-samik, ejamat, mlomp, palor, wamey, xasonga), quasi morte (kobiana).

42 https://www.ethnologue.com/country/SN.

43 https://www.cia.gov/library/publications/the-world-factbook/geos/sg.html.

44 https://www.cia.gov/library/publications/the-world-factbook/geos/sg.html.

plus que doublé en seulement 13 ans, passant de 143 821 habitants lors du recensement de 2002 à près de 300 000 habitants en 2015[45]. Plus populaire que Dakar, la ville de Rufisque a également connu une immigration importante.

L'histoire du Sénégal et ses dynamiques linguistiques urbaines

Après l'indépendance du Sénégal en 1960, ce pays faisait partie de ce qui s'appelait à l'époque la « Fédération du Mali ». Le Sénégal s'est retiré après seulement quelques mois, s'unissant avec la Gambie pour former la « Confédération de Sénégambie ». L'intégration envisagée des deux pays n'a jamais été mis en œuvre, et l'alliance a été dissoute en 1989. Le Mouvement des forces démocratiques de la Casamance a mené une insurrection séparatiste dans le sud du Sénégal depuis les années 1980, et plusieurs accords de paix ont échoué à résoudre le conflit. Néanmoins, le Sénégal demeure l'une des démocraties les plus stables en Afrique et a une longue histoire de participation au maintien de la paix internationale et la médiation régionale.

Martine Dreyfus et Caroline Juillard[46] tracent l'histoire sénégalaise sur le plan linguistique et ont procédé à une enquête détaillée passant par des questionnaires et une collecte de données dans les marchés afin de déterminer l'utilisation des langues. Dreyfus et Juillard soulignent que la complémentarité de l'usage du *wolof* et du *français* est ancienne. Selon eux, le *wolof* s'est diffusé dans le sillage du français et par les mêmes canaux, puis en chevauchement et puis en complémentarité fonctionnelle. Il y a eu une volonté de mettre des fonctionnaires wolofs dans les préfectures, les centres administratifs régionaux. Cette politique est héritée de la période coloniale : les Wolofs ont été les premiers en contact avec l'administration coloniale et les premiers formés. Le rapport numérique et historique a été en leur faveur. Quant au rôle politique des Wolofs, il a été doublé d'un rôle économique, car c'étaient les Wolofs qui tenaient le commerce, même si des migrants *pulaar* venus de la Guinée ou des zones nord du Sénégal y étaient également impliqués. Dreyfus et Juillard font remarquer qu'« au Sénégal, il n'y a actuellement pas d'indices qu'on puisse se passer du français, même si on peut supposer que les langues vernaculaires reculent, y compris dans les usages familiaux intra-groupes devant la progression du wolof urbain et sa diffusion périphérique. Il est donc intéressant de voir qu'*à priori* il n'y a pas de rapport constitutif État/langue, comme on peut l'observer en France. Ainsi, l'État n'est pas le wolof. Il convient également de souligner que la présence d'autres groupes ethnolinguistiques reste importante, ce qui est le

45 La ville de Rufisque est située à 25 km au sud-est de Dakar. Sa superficie est de 42 km², voir http://mairiederufisque.org.

46 Martine Dreyfus et Caroline Juillard, *Le Plurilinguisme au Sénégal,* Langues et identités en devenir, éd. Karthala, 2004.

cas des Peul ou encore des Toucouleur. Aussi, pour l'instant il n'y a pas vraiment de politique linguistique de l'État, comparable à celle organisée en France, ce qui aurait pu favoriser davantage le wolof aux dépens des autres langues.

On a globalement constaté que la diglossie « langues officielles/ langue(s) nationale(s) » s'est banalisée progressivement dans la capitale : l'appropriation de la langue française, sous d'autres formes et pour d'autres fonctions, s'opère actuellement de plus en plus hors du système scolaire. Le français, langue de travail dans les administrations et langue de contact avec les colons, s'est popularisé lentement, par le biais de formes moins surveillées parlées par des personnes peu scolarisées, étrangères ou indigènes, dans les situations informelles de la vie quotidienne.

Cela étant, selon notre enquête de terrain, le français a connu un déclin au Sénégal de manière générale et dans les zones périurbaines et urbaines en particulier. Même si le français reste la langue officielle et de l'enseignement de l'école primaire à l'université, les langues nationales prennent petit à petit leur importance, à commencer par le wolof, langue dominante à Dakar et Rufisque. Ainsi, il est possible d'observer que les personnes d'un certain âge parlent mieux le français que les jeunes, qui eux communiquent essentiellement en wolof. Les familles immigrées d'autres régions du Sénégal ont tendance à utiliser leurs langues respectives au sein du foyer, mais à parler wolof à l'extérieur de la maison, car cette langue est prédominante dans leur environnement. Certaines familles s'installent près de la capitale seulement durant la saison sèche de l'hivernage, soit de décembre à juin, puis elles repartent vers leurs territoires pour s'adonner à des activités agricoles durant la saison des pluies. Typiquement, les migrants qui repartent reprennent leur bagage linguistique mais les enfants bilingues voire trilingues exportent le wolof même dans leur région natale. À Rufisque et à Dakar, les familles qui communiquent en français dans leur foyer sont typiquement les enseignants et les chrétiens (Mandik, Joola), mais il n'est pas rare que l'opinion populaire puisse les traiter comme des 'toubabs', soit des blancs, puisqu'ils parlent la langue des anciens colons.

Dans les zones urbaines, il existe aujourd'hui quelques projets pilotes d'éducation bilingue français/wolof ou d'enseignement monolingue en wolof, mais l'approche n'est pour l'instant pas répandue. En 2003, les lignes directrices d''Éducation pour tous' ont été adoptées au Sénégal pour que le système éducatif fasse recours à des volontaires[47]. Or, cette approche n'est pas sans difficultés dans la mesure où la qualité de l'enseignement a régressé, et ce d'autant plus que les professeurs qui enseignent le français ne le

47 Programme de développement de l'éducation et de la formation (Éducation pour tous), PDEF/ EPT, mars 2003, http://planipolis.iiep.unesco.org/upload/Senegal/Senegal%20PDEF-EPT.pdf.

maîtrisent pas toujours très bien eux-mêmes. Certains réseaux de femmes ont mis sur pied des cours d'alphabétisation en wolof pour leurs membres, des femmes qui participent à la tontine (gestion communautaire d'argent pour les événements particuliers).

Quand les téléphones portables ont été introduits, l'essentiel des SMS se faisait en français. Or, cela est de moins en moins le cas. Les utilisateurs de téléphones portables – qui constituent une grande majorité de la population (tableau 2) – communiquent aujourd'hui en wolof phonétique et simplifié. Les abréviations sont très courantes et un nouveau langage de communication voit alors le jour. Si une personne est d'une région linguistique autre que celles où prédomine le wolof, elle va alors utiliser sa langue pour des conversations entre membres de cette communauté linguistique (que ce soit le pulaard, le manding, le bambara ou une autre langue).

Une évolution notable est aussi perceptible au niveau des contenus produits par les médias. Quelques radios émettent leurs programmes en wolof, mais les autres continuent de diffuser leurs programmes en français. Plusieurs journaux télévisés, quant à eux, émettent des émissions d'abord en français, puis en wolof, d'autres aussi en soninké, en serré et en bambara.

L'exemple de la Tanzanie

Situation démographique et linguistique

Le nombre de langues individuelles répertoriées en Tanzanie est de 127. Parmi celles-ci, 125 sont vivantes et 2 sont éteintes. Parmi les langues vivantes, 2 sont d'ordre institutionnel, 18 sont en développement, 58 sont vigoureuses, 39 sont en difficulté, et 8 sont en train de mourir. Aujourd'hui le taux d'alphabétisation est de 70.6%[48].

Dar es Salaam (de l'arabe : دار السلام Dar As-Salam, littéralement « la résidence de la paix » ; ou simplement Dar, anciennement Mzizima) est la plus grande ville en Afrique orientale par sa population, et est un centre économique régional important. La ville est la plus importante de la Tanzanie dans les arts, la mode, les médias, la musique, le cinéma et la télévision. Dar es Salaam est également la plus peuplée de la Tanzanie et la plus grande de langue swahili dans le monde. La population de Dar es Salaam est de 5,116 millions d'habitants[49]. Bien que Dar es Salaam ait perdu son statut de capitale de la Nation à Dodoma en 1974 (pas achevé avant 1996), elle reste un centre permanent de la bureaucratie du gouvernement central. La plupart des décisions prises par les gens au pouvoir dans la ville de Dar es Salaam touchent l'ensemble de la nation de Tanzanie. La ville est aussi le

48 CIA Factobook, visité le 3 novembre 2015, https://www.cia.gov/library/publications/the-world-factbook/geos/tz.html.

49 https://www.cia.gov/library/publications/the-world-factbook/fields/2219.html.

principal point d'arrivée et de départ pour la plupart des touristes qui visitent les zones de tourisme en Tanzanie, comme les parcs nationaux pour les safaris et les îles de Zanzibar.

Histoire et dynamiques linguistiques de Dar es Salaam

Le Tanganyika[50] a renforcé après son indépendance en 1961 la communication en swahili (aussi connu sous le nom de kiswahili) et a poursuivi des efforts déjà débutés sous l'administration par les colons au cours de la domination coloniale allemande au XIXe siècle qui a contribué, de manière pionnière, à la diffusion de la langue des zones côtières vers les parties intérieures du pays[51]. L'État nouvellement indépendant a fait des efforts concertés pour promouvoir le swahili comme langue nationale utilisée pour la plupart des activités du gouvernement, y compris du Parlement et de la communication interdépartementale. Pendant le mouvement socialiste, en 1968 le swahili est ainsi devenu le moyen d'instruction dans les écoles primaires[52], ce qui fait qu'une langue africaine indigène[53] a été imposée comme langue de l'instruction. En conséquence, aujourd'hui, le swahili est à la fois la langue nationale et officielle, en plus de l'anglais, parlée en Tanzanie. Il a réussi à forger l'unité multiethnique postcoloniale de la Tanzanie, ainsi que du Kenya, pays voisin. Malgré la reconnaissance du swahili comme langue nationale et officielle parlée par environ 90% de la population, il est intéressant de noter que « seulement 10% de la population parle le swahili comme langue maternelle »[54] et que la majorité des Tanzaniens parle en effet au moins une langue locale en plus du swahili, la plupart des gens instruits parlant en outre l'anglais[55]. Les langues vernaculaires sont secondaires au swahili sans dispositions de la politique leur permettant d'être étudiées formellement dans le système éducatif tanzanien[56]. Elles sont utilisées comme un moyen de communication dans tous les contextes sociaux en Tanzanie rurale et sont reléguées à la communication à l'intérieur des foyers dans les zones urbaines. Un exemple typique est celui de familles qui, quittant la campagne, se sont installées dans un contexte urbain, dans certains cas avec un conjoint qui vient de la même région d'origine. Les parents

---

50 Nom de ce qui est aujourd'hui connu sous le nom de la Tanzanie a été appelé de 1961 à 1964 Tanganyika.

51 A. J. Gottneid (ed), *Church and Education in Tanzania*, East African Publishing, Nairobi, 1976.

52 S. N. Eliufoo, *Education: A New Era Begins* (Dar es Salaam, Tanzania: Ministry of Education, 1968).

53 http://www.socialstudies.org/system/files/publications/se/6107/610708.html.

54 M. Abdulaziz-Mkilifi, «Triglossia and Swahili-English Bilingualism in Tanzania», *Language in Society* 1, 2 (1972): 197-213; C. Rubagumya, «Language Promotion for Education Purposes: The Example of Tanzania», *International Review of Education* 37, 1 (1991): 67-85.

55 M. Abdulaziz, «Tanzania's National Language Policy and the Rise of Swahili Political Culture», in *Language Use and Social Change,* ed., W. Whiteley (Oxford: Oxford University Press, 1971).

56 http://www.socialstudies.org/system/files/publications/se/6107/610708.html.

d'une telle famille vont alors habituellement continuer à utiliser leur langue maternelle vernaculaire à la maison en milieu urbain de Sar es Salaam. Cependant, ce ménage urbain « modernisé » ne parlera que swahili ou anglais avec ses enfants. Bénéficiant de peu de contacts avec les langues locales, il est donc la norme que la deuxième génération de citadins parle principalement swahili comme première langue et l'anglais comme seconde langue au détriment des langues vernaculaires. Le swahili pourrait encore davantage prendre une place prépondérante après le décret récent qui prône l'utilisation du swahili pour l'instruction de l'école primaire à l'université, ainsi écartant l'anglais qui jusque là a dominé le système éducatif tanzanien[57].

Conclusions

Globalement, nous avons pu voir que des langues africaines telles que le swahili ou encore le wolof occupent une place importante dans les zones urbaines où elles sont parlées. En effet, elles bénéficient d'une position privilégiée comme moyen de communication des populations, dénominateur commun au détriment des langues africaines parlées par des minorités d'immigrés venant de la campagne.

Dans le cas du Sénégal, le français est la langue de l'instruction et de l'administration. Le wolof, lui, est utilisé dans la rue et pour la vie quotidienne, y compris de plus en plus dans le cadre d'échanges avec des outils technologiques tels que les réseaux sociaux ou encore les téléphones portables. Il y a donc une progression du wolof, même si le français reste une langue importante et officielle.

Dans le cas de la Tanzanie, le swahili, langue officiellement reconnue, est le vecteur de communication privilégié en plus de l'anglais, enseigné au niveau secondaire et aussi utilisé par les administrations.

Il sera intéressant de voir, ces prochaines années, comment la place des langues locales évolue dans les zones urbaines du continent africain et ce d'autant plus que le brassage culturel et linguistique y est particulièrement riche. Aussi les technologies de l'information et de la communication peuvent jouer un rôle phare pour la diffusion et l'utilisation active des langues africaines, à condition que celles-ci puissent bénéficier du développement d'outils et aussi de systèmes de caractères permettant de les écrire.

---

57 The Citizen, «Bye Std VII exams, English; Karibu Kiswahili in studies», 14 février 2015. http://www.thecitizen.co.tz/News/national/Bye-Std-VII-exams--English--Karibu-Kiswahili-in-studies/-/1840392/2623428/-/2krj4x/-/index.html.

Bibliographie

« La faiblesse des moteurs de recherche », *La langue française dans le monde*, OIF, Nathan, 2014, p. 531-532.

ABDULAZIZ (M.), «Tanzania's National Language Policy and the Rise of Swahili Political Culture», in *Language Use and Social Change*, W. Whiteley, ed., Oxford: Oxford University Press, 1971.

ABDULAZIZ-MKILIFI (M.), «Triglossia and Swahili-English Bilingualism in Tanzania», *Language in Society* 1, 2 (1972): 197-213.

ADEA (Association for the Development of Education in Africa), Volume 17, number 2, April-June 2005.

AgriGuide, www.agriguide.org.

Burkina Faso, Mali, Zambia: Experiences and Results. ADEA Newsletter April-June 2005.

CIA Factbook, https://www.cia.gov/library/publications/the-world-factbook/.

CUMMINS (Jim), «The influence of bilingualism on cognitive growth: A synthesis of research findings and explanatory hypotheses», *Working Papers on Bilingualism*, 1976, 9: 1-43.

CUMMINS (Jim), *Bilingualism and Minority Language Children*, Ontario: Ontario Institute for Studies in Education, 1981.

DIKI-KIDIRI (Marcel), « Les langues africaines sur la Toile », *RIFAL* 24, http://www.termisti.org/rifal/PDF/rifal24/rifal24_Diki-Kidiri_L'%C3%A9tat%20du%20traitement%20informatique.pdf, 2003.

DIKI-KIDRI (Marcel), *Comment assurer la présence d'une langue dans le cyberespace ?*, UNESCO, 2007.

DIOP (Seyni), « Recherche internet en wolof: 'Saytu ko ci Google', lancé aujourd'hui », Wal Fadjri et OSIRIS, 15 septembre 2010, http://www.osiris.sn/Recherche-internet-en-wolof-Saytu.html, Au Sénégal, 20 septembre 2010, http://www.au-senegal.com/+google-en-wolof,1953+.html?lang=fr.

DREYFUS (Martine) et JUILLARD (Caroline), *Le Plurilinguisme au Sénégal, Langues et identités en devenir*, éd. Karthala, 2004.

ELIUFOO (S. N.), *Education: A New Era Begins*, Dar es Salaam, Tanzania: Ministry of Education, 1968.

GOTTNEID (A. J.) (ed.), *Church and Education in Tanzania*, East African Publishing, Nairobi, 1976. http://www.socialstudies.org/system/files/publications/se/6107/610708.html.

KREBS (Viola), « Bilinguisme, interculturalité et communication politique », *L'anglais et les cultures : carrefour ou frontières ? Droit et cultures*, 54/2007, L'Harmattan.

La ville de Rufisque est située à 25 km au Sud Est de Dakar. Sa superficie est de 42 km², voir http://mairiederufisque.org.

Lexilogos Wolof Dictionnaire, http://www.lexilogos.com/wolof_dictionnaire.htm.

Liste de Wikipedias disponibles : https://en.wikipedia.org/wiki/List_of_Wikipedias.

Ministère de l'éducation de base, Secrétariat général, République du Mali. *Note sur les éléments de politique des langues du Mali*, Plan d'action triennal 2000-20002.

NATIONS ONLINE, *Les familles de langues africaines, selon leur origine,* http://www.nationsonline.org/oneworld/map/african-language-map.htm, http://www.nationsonline.org/oneworld/african_languages.htm.

NGONYANI (Deo), *The Failure of Language Policy in Tanzanian Schools*, ed. Eric, Social Education, v. 61, n°7, p. 412-18 Nov-Dec 1997, http://www.socialstudies.org/system/files/publications/se/6107/610708.html.

OSBORN (Donald Z.), *Les langues africaines et la technologie de l'information et de communication. localiser le futur ?* 2005, visité le 3 novembre 2015. https://www.academia.edu/3997023/Les_langues_africaines_et_la_technologie_de_l_information_et_de_communi cation_localiser_le_futur_.

PIETER (René and Muysken), *Language contact and bilingualism*, Institute for General Linguistics, University of Amsterdam, Edward Arnold, London, England, 1987.

Programme de développement de l'éducation et de la formation (Education pour tous), P.D.E.F / E.P.T, mars 2003, http://planipolis.iiep.unesco.org/upload/Senegal/Senegal %20PDEF-EPT.pdf

Publié par SIL International, *Ethnologue: Languages of the World* est un ouvrage de référence exhaustif qui catalogue toutes les langues vivantes connues du monde. Depuis 1951, l'Ethnologue a été un projet de recherche actif impliquant des centaines de linguistes et d'autres chercheurs du monde entier. Il est largement considéré comme la source la plus complète d'informations de ce genre, https://www.ethnologue.com.

Réseau Mondial pour la Diversité Linguistique, Maaya, www.maaya.org

RUBAGUMYA (C.), «Language Promotion for Education Purposes: The Example of Tanzania», *International Review of Education* 37, 1, 1991, 67-85.

Study on International Internet Connectivity in Sub-Saharan Africa, ITU, March 2013. https://www.itu.int/en/ITU-D/Regulatory-Market/Documents/IIC_Africa_Final-en.pdf

Sub-Saharan Africa Mobile Observatory 2012, Deloitte, GSMA, 13 November 2012. https://www.itu.int/en/ITU-D/Regulatory-Market/Documents/IIC_Africa_Final-en.pdf

UNESCO, *Atlas on endangered languages*, http://www.unesco.org/webworld/babel/atlas.

Annexes

Annexe 1 : Langues officielles en Afrique

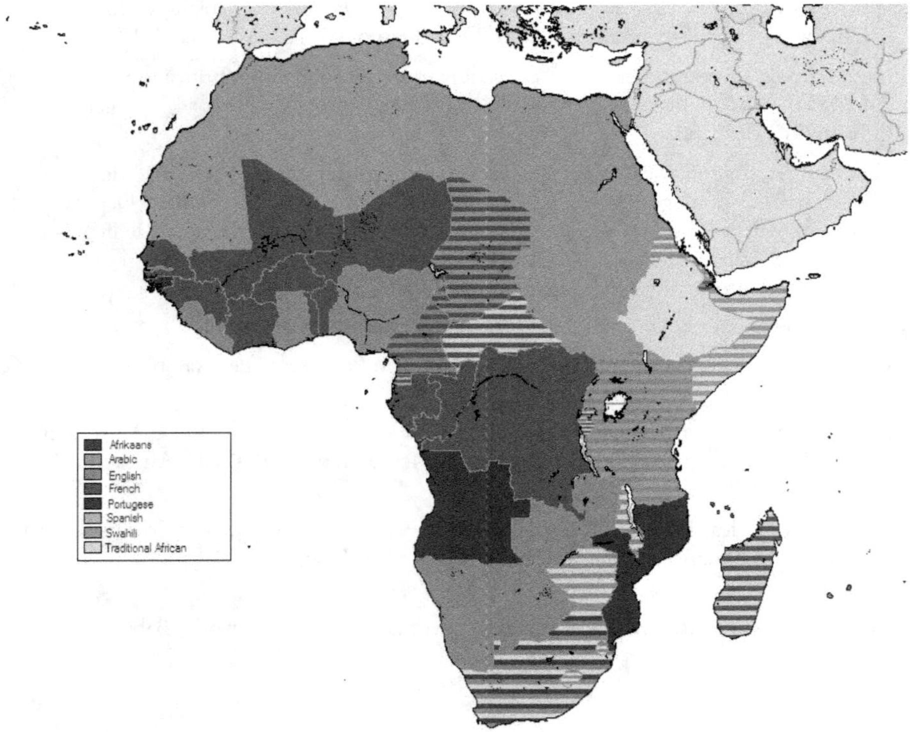

Figure 1 :
Langues officielles d'Afrique, Source : Wikipedia,
dernière mise à jour du 20 août 2015,
https://commons.wikimedia.org/wiki/File:Official_languages_in_Africa.svg

Annexe 2 : Familles de langues représentées en Afrique

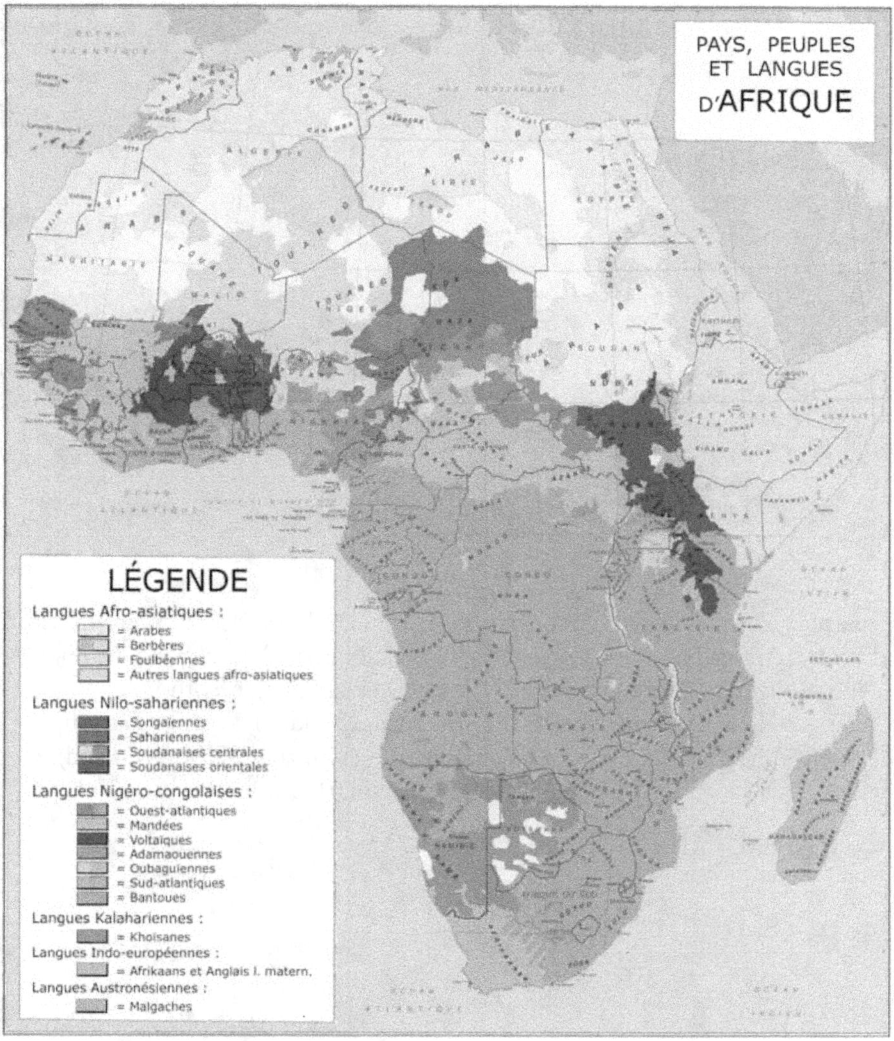

Figure 2 : Carte simplifiée des familles linguistiques en Afrique, Auteur : Spiridon Ion Cepleanu

Annexe 3 : Langues disponibles sur Google

Figure 3 :

afrikaans (Afrique du sud), arabe, hausa (Benin, Burkina Faso, Cameroun, Côte d'Ivoire, Arabie Saoudite, Cameroun, Ghana, Nigeria, Niger, Soudan, Togo), igbo (Nigeria), hébreu (Israël), Malagasy (Madagascar), sésotho (Lesotho, Afrique du sud), somali (Somalie), soudanais (Soudan), swahili (Tanzanie, Kenya), yiddish (Israël), yoruba (Bénin, Nigeria), zulu (Afrique du sud). Visité le 3 novembre 2015.

Annexe 4 : Langues africaines disponibles sur Wikipedia

Tableau 1 : liste des langues africaines disponibles sur Wikipedia, https://en.wikipedia.org/wiki/List_of_Wikipedias, liste établie le 3 novembre 2015.

LANGUES AFRICAINES DISPONBILES DANS WIKIPEDIA	
Langues	**Pays**
Afrikaans	Afrique du sud
Akan	Ghana, Côte d'Ivoire
Amharique	Ethiopie
Bambara	Mali
Arabe égyptien	Egypte
Ewe	Ghana, Togo
Hausa	Nigeria
Igbo	Nigeria
Kabyle	Algérie
Kikuya	Kenya
Kinyarwanda	Rwanda
Kirundi	Burundi
Kongo	Congo RDC
Lingala	Congo RDC
Luganda	Ouganda
Northern Soto	Afrique du sud
Oromo	Ethiopie
Pulaar (Fula)	Sénégal
Sango	République Centre Africaine
Seseotho	Lesotho
Shona	Zimbabwe
Somali	Somalie
Swahili	Tanzanie, Kenya
Swazi	Swaziland, Afrique du sud, Lesotho, Mozambique
Tsonga / Xitsonga	Mozambique, Afrique du sud, Swaziland, Zimbabwe
Tswana	Botswana
Twi	Ghana
Venda	Afrique du sud
Wolof	Sénégal
Xhosa	Afrique du sud
Yiddish	Israël
Yoruba	Nigeria
Zulu	Afrique du sud

Annexe 5 : Abonnements de téléphones mobiles

Tableau 2 : Abonnements de téléphones mobiles par pays, source : Statistiques de l'UIT sur l'utilisation des téléphones portables: http://www.itu.int, site web du Factbook : https://www.cia.gov/library/publications/the-world-factbook/index.html.

Pays	Nombre d'abonnements de téléphonie mobile					
	en 2003 (milliers)	en 2011 (milliers)	Facteur d'augmentation en 8 ans	% population en 2011	Population 2011 (milliers)	Ratio téléphones mobiles / lignes fixes 2011
Mali	247,2	10 821,9	43,78	68,32	14 533,5	103,4:1
Sénégal	782,4	9 352,9	11,95	73,25	12 969,6	27,0:1
Afrique du Sud	16 860,0	64 000,0	3,80	126,83	(*) 48 810,4	15,5:1
Suisse	6 189,0	(**) 10 017,0	1,62	130,06	7 655,6	2,1:1
France	41 702,0	66 300,0	1,59	105,03	(*) 65 630,7	1,9:1
États-Unis	160 637,0	331 600,0	2,06	105,91	31 3847,5	2,2:1
Monde	1 417 810,7	5 972 000,0	1,48	85,7	(*) 7 021 836,0	5,0:1

Données 2012. (**) Estimations.

Annexe 6 : Pénétration d'Internet

Tableau 3 : Nombre d'utilisateurs d'Internet 2015, source : http://www.internetworldstats.com, information prises de Nielsen Online, Union Internationale des Télécommunications, GfK, des Régulateurs TIC locaux et autres sources fiables.

	Population (2014/5 est.)	**Utilisation d'Internet, 30-June-2015**	**% Population (Pénétration)**	**Utilisateurs % monde**	**Facebook 31-Dec-2012**
Afrique du sud	54 777 809	26 841 126	49.0 %	8.6 %	6 269 600
États-Unis	321 362 789	280 742 532	87.4 %	89.5 %	163 817 940
France	66 259 012	55 221 000	83.3 %	9.5 %	66 259 012
Mali	16 955 536	1 186 888	7.0 %	0.4 %	212 020
Sénégal	13 975 .834	3 194 190	22.9 %	1.0 %	675 820
Suisse	8 .061 516	7 180 749	89.1 %	1.2 %	8 061 516
Tanzanie	51 045 882	7 590 794	14.9 %	2.4 %	705 46

Annexe 7 : L'hypothèse des seuils

L'hypothèse de seuil

Type de bilinguisme	Effets cognitifs	Niveau-seuil de compétence linguistique
Bilinguisme additif même plus élevé dans les deux langues que les monolingues respectifs	Positifs	
		Elevé
Bilinguisme dominant même niveau que les monolingues dans l'une des langues	ni positifs, ni négatifs	
		Inférieur
Bilinguisme soustractif niveau bas dans les deux langues (qu'il soit équilibré ou dominant)	Négatifs	

Figure 5 : l'hypothèse des seuils développée par Cummins (1976, 1981)

Partie 3

Minorités et autochtonie en Europe

Claudine Brohy, Doris Schüpbach

Protection des minorités ou promotion du plurilinguisme ?

Droits linguistiques, politique et pratiques dans deux villes bilingues suisses

Résumé : Toutes les villes du monde sont multilingues, étant donné que le plurilinguisme individuel et sociétal est plutôt la norme que l'exception. Par contre, les villes qui jouissent d'un statut multilingue officiel sont plutôt rares. Dans cette contribution, nous allons nous concentrer sur deux villes bilingues suisses, Biel/Bienne and Fribourg/Freiburg. Nous nous concentrons en particulier sur le contexte institutionnel, c'est-à-dire le bilinguisme et la politique locale, l'administration publique et l'enseignement, en soulevant les questions suivantes : Comment le bilinguisme s'est-il développé ? Quel est son statut dans la législation et comment est-il mis en œuvre ? Quel est le recoupement entre le discours officiel et le discours privé sur le bilinguisme ? Dans quelle mesure le paysage linguistique reflète-t-il la répartition démographique, le discours et la législation ? Nos données proviennent de l'analyse de documents officiels et privés, de l'affichage municipal et commercial, ainsi que de l'analyse ethnographique.
La recherche comparative montre que si l'on peut dégager quelques conclusions générales, chaque municipalité bilingue représente une niche linguistique unique qui est façonnée par l'histoire, la culture et les individus.

Mots-clés : droits linguistiques, minorités, politique des langues, bilinguisme, multilinguisme, frontière des langues, histoire des langues, Suisse, Biel/Bienne, Fribourg/Freiburg.

Protecting Minorities or Fostering Multilingualism?

Language Rights, Policy, and Practice in two Bilingual Cities in Switzerland

Abstract: All cities of the world are multilingual, individual and social multilingualism being the norm rather the exception. However, cities with an officially multilingual status are scarce. In this contribution, we concentrate on two bilingual cities (French and German) in Switzerland, Biel/Bienne and Fribourg/Freiburg. We focus on the institutional level, i.e. on bilingualism in local politics, public administration, and education, and address the following questions: How did official bilingualism develop? How is it legislated and implemented? How far do official and private discourses of bilingualism map? To what extent does the linguistic landscape mirror demography, discourse and legislation? Methods combine the analysis of official and private documents, of municipal and commercial signage, and ethnographic analysis.
The comparative perspective shows that although some general conclusions can be drawn, each bilingual city represents a unique linguistic niche shaped by history, culture and individuals.

Keywords: Language rights, Minorities, Language policy, Bilingualism, Multilingualism, Language border, Language history, Switzerland, Biel/Bienne, Fribourg/Freiburg.

Introduction

Des quelque 220 pays du monde, une minorité possède plusieurs langues officielles, même si le plurilinguisme individuel et social est largement répandu et que la protection des minorités au niveau régional et dans différents domaines de la société est parfois assurée. Les villes ou municipalités officiellement bi- ou plurilingues ne sont pas légion, malgré le fait que toutes les villes du monde sont plurilingues, conséquence soit d'une cohabitation linguistique et culturelle ancestrale, de l'exode rural, de la mobilité ou des migrations internes ou externes, migrations forcées, subies ou choisies. Les villes officiellement bilingues ont une certaine latitude pour la mise en œuvre de leur bilinguisme. Nous allons le voir au travers de deux villes bilingues suisses dans lesquelles le français et l'allemand jouissent d'officialité, Biel/Bienne et Fribourg/Freiburg, des villes qui malgré leur proximité géographique d'environ 50 km vivent leur particularité linguistique et culturelle de manière très différente.

Avant de traiter des deux villes en question, nous allons brièvement décrire la politique linguistique suisse, ainsi que la politique linguistique des deux cantons impliqués, Berne et Fribourg. Et comme les villes ne peuvent être considérées comme des îles, nous tiendront également compte, dans la mesure du possible, de leur appartenance à des entités plus grandes, tels que des districts, cercles administratifs, arrondissements, agglomérations, etc.

Fondements de la politique linguistique suisse

Le territoire suisse était autrefois habité par les Helvètes, un peuple celte qui parlait une langue indo-européenne et qui n'a laissé que peu de traces linguistiques, si ce n'est dans quelques toponymes et hydronymes, ainsi que dans des termes de la culture alpine. Puis, le territoire a été romanisé, et ensuite germanisé par les Alamans depuis le nord-est. Les Burgondes, peuple d'origine germanique mais romanisé, vinrent s'établir dans la région de l'actuelle Suisse romande.

La politique linguistique helvétique repose sur plusieurs piliers. Son fédéralisme et son principe de subsidiarité d'abord qui garantit à chacun des 26 cantons une souveraineté, entre autres, en matière de culture, de langue et d'enseignement, puis sur un jeu subtil des trois éléments de la politique linguistique, la liberté de la langue, le principe de territorialité et le principe de personnalité. Ensuite, la démocratie directe garantit à la population de participer aux décisions et d'initier des projets, donc de prendre son destin en main, aussi dans la thématique des langues et des cultures.

Quatre cantons sont plurilingues (Berne, Fribourg, Valais, Grisons), quatre sont francophones, un italophone, et dix-sept germanophones[1], l'allemand est donc largement majoritaire face aux trois langues nationales minoritaires latines, le français, l'italien et le romanche (cf. Tab. 1). Les communautés germanophone, francophone et italophone sont bien sûr influencées culturellement et linguistiquement par l'Allemagne, la France et l'Italie, dans des domaines et des proportions variables. Il existe également une grande variété interne aux communautés linguistiques, des dialectes pour les communautés germanophone et italophone, les patois pour la communauté francophone, ainsi que cinq idiomes écrits et une langue de synthèse pour la petite communauté romanchophone. Le terme de « röstigraben » sert à décrire les différences culturelles, réelles ou imaginaires, entre les germanophones et francophones, les disparités de comportement, de mentalité, par exemple lors de différences entre les résultats des votations en Suisse alémanique et romande, le terme est très présent dans le discours privé et médiatique.

La Constitution fédérale du 18 avril 1999[2] évoque dans plusieurs articles le plurilinguisme et la cohabitation linguistique et culturelle. Dans le préambule figure la détermination du peuple et des cantons « à vivre ensemble leurs diversités », l'art. 2 al. 2 mentionne la cohésion interne et la diversité culturelle du pays. L'art. 4 énumère les langues nationales qui sont l'allemand, le français, l'italien et le romanche, l'art. 18 évoque la liberté de la langue. L'art. 69 al. 3 mentionne la diversité culturelle et linguistique du pays dans l'accomplissement de ses tâches de promotion d'activités culturelles. L'art. 70 est la pièce maitresse des dispositions sur les langues. Il évoque les langues officielles que sont l'allemand, le français et l'italien, le romanche étant une langue officielle partielle (art. 70, al. 1), la tâche des cantons de déterminer leurs langues officielles et de veiller à la répartition territoriale traditionnelle des langues en prenant en considération les minorités linguistiques

1 La population par canton varie considérablement, de 1.5 mio pour le canton de Zurich à 16000 pour celui d'Appenzell Rhodes-Intérieures, cf. Office fédéral de la Statistique (OFS), 2014, http://www.bfs.admin.ch/bfs/portal/fr/index/themen/01/02/blank/key/bevoelkerungsstand/02.html.

2 Cf. https://www.admin.ch/opc/fr/classified-compilation/19995395/

autochtones (art. 70, al. 2), la compréhension et les échanges entre les communautés linguistiques (art. 70, al. 3), le soutien aux cantons plurilingues (art. 70, al. 4), ainsi que le soutien des mesures pour la sauvegarde et la promotion du romanche et de l'italien (art. 70, al. 5). Finalement, l'art. 175 al. 4 traite de la composition du Conseil fédéral (le gouvernement) qui doit refléter les diverses régions et communautés linguistiques de la Suisse. Des discussions ont régulièrement cours au sujet de l'augmentation du nombre de ses membres de sept à neuf, ceci afin de mieux représenter les régions linguistiques, en particulier la région italophone qui n'a plus eu de représentant depuis 1999. Actuellement (septembre 2015), le gouvernement suisse est composé de cinq germanophones et de deux francophones.

La Suisse s'est dotée d'une Loi sur les langues en 2007 et d'une Ordonnance sur les langues en 2010. Celles-ci règlent l'utilisation des langues officielles de la Confédération et l'encouragement du plurilinguisme dans le service public, les mesures pour encourager la compréhension et les échanges, le soutien aux cantons plurilingues, ainsi que la sauvegarde et la promotion des langues et des cultures romanche et italienne. Une déléguée au plurilinguisme a été nommée, elle s'emploie en particulier à la tâche de veiller à une représentation équitable des minorités latines dans l'Administration fédérale.

En ce qui concerne la répartition démographique des communautés linguistiques (cf. Tab. 1), le dernier recensement fédéral sur l'ensemble de la population a eu lieu en 2000. Il a été remplacé dès 2010 par les données des registres, des relevés structurels par échantillon et des enquêtes thématiques. Ce procédé fournit des données annuelles. Pour les langues, les résultats ne sont plus que partiellement comparables avec les recensements précédents, étant donné qu'il s'agit d'échantillons et que seule la population dès 15 ans est prise en compte[3]. Jusqu'en 1980, on demandait la langue maternelle, puis la langue principale. Depuis 2010, il y a la possibilité de mentionner plusieurs langues principales, le total dépasse les 100%.

3 La question posée est la suivante : « Quelle est votre langue principale, c'est-à-dire la langue dans laquelle vous pensez et que vous savez le mieux ? Si vous pensez dans plusieurs langues et les maîtrisez très bien, indiquez ces langues ».

Tab. 1 :
Évolution démographique des communautés linguistiques suisses (en %)[4]

Année	Allemand	Français	Italien	Romanche	Autres
1888	71.4	21.8	5.3	1.3	0.2
1910	69.1	21.1	8.1	1.1	0.6
1930	71.9	20.4	6.0	1.1	0.6
1950	72.1	20.3	5.9	1.0	0.7
1970	64.9	18.1	11.9	0.8	4.3
1990	63.6	19.2	7.6	0.6	9.0
2000	63.7	20.4	6.5	0.5	8.9
2010	65.6	22.8	8.4	0.6	18.7

En matière de plurilinguisme, l'enseignement est un domaine important. Il lui incombe d'assurer la pérennité des langues nationales, et en même temps de développer les compétences linguistiques des élèves afin qu'ils se préparent au mieux à vivre et travailler dans un pays plurilingue au cœur de l'Europe. En Suisse, l'enseignement est essentiellement affaire des cantons, il n'y a pas de ministère de l'Éducation. Mais ceux-ci s'emploient de plus en plus à collaborer au sein de diverses institutions afin de coordonner et harmoniser les systèmes scolaires et les plans d'études (Conférence suisse des directeurs cantonaux de l'instruction publique, Conférence intercantonale de l'instruction publique de la Suisse romande et du Tessin, HarmoS, Plan d'études romand, Lehrplan 21, Passepartout), dans le domaine des langues également. L'école est obligatoire pendant onze ans, l'école publique est gratuite et les écoles privées sont plutôt une exception.

La Suisse a ratifié la Charte européenne des langues régionales ou minoritaires en 1997, et la Convention-cadre pour la protection des minorités nationales en 1998. En général, on essaie de faire preuve de pragmatisme en matière de cohabitation linguistique, et, en dehors des constitutions et législations fédérales et cantonales, de nombreuses règles non écrites existent.

Les thématiques récurrentes en matière de langues et plurilinguisme sont la place du dialecte en Suisse alémanique, le rôle de l'anglais, la représentation des minorités latines au sein de l'Administration fédérale, le nombre et l'ordre des langues étrangères à apprendre à l'école primaire, l'amélioration de l'enseignement des langues. Bien que le plurilinguisme fasse partie de l'identité individuelle et collective de nombre de Suisses, il reste un objet du discours très présent et discuté tant par les spécialistes que le grand public.

---

4 Office fédéral de la statistique (OFS) : *Encyclopédie statistique de la Suisse* www.bfs.admin.ch/bfs/portal/fr/index/infothek/lexikon/lex/0.html.

Les cantons de Berne et de Fribourg

Les cantons de Berne et de Fribourg sont deux cantons officiellement bilingues (allemand-français pour Berne ; français-allemand pour Fribourg, comme le canton du Valais). Ils se considèrent les deux comme des ponts[5] et des liens entre les deux principales communautés linguistiques de Suisse, selon leurs constitutions et leur discours officiel. Toutefois, ils présentent de grandes disparités culturelles, historiques, démographiques et religieuses. Avant d'aborder le cas des deux villes bilingues de Bienne et de Fribourg, nous esquissons la situation linguistique au niveau cantonal.

Le Canton de Berne

Le canton de Berne possède deux langues cantonales officielles, dont l'usage est réglé par le principe de territorialité. Il est de ce fait constitué d'un petit territoire bilingue – au niveau cantonal de l'arrondissement administratif de Bienne, au niveau communal des communes bilingues de Biel/Bienne et d'Évilard/Leubringen (c'est-à-dire de l'ancien district de Bienne[6]), ainsi que de deux territoires monolingues. Dans l'arrondissement administratif du Jura bernois, le français est la langue officielle, alors que dans le reste du canton, dans huit arrondissements, il s'agit de l'allemand. D'une population totale d'environ un million de personnes en 2013, 5,2% vivaient dans le Jura bernois officiellement francophone, 9,6% dans l'arrondissement bilingue de Bienne et 85,2% dans le reste du canton[7]. Tout comme la Suisse, le canton est ainsi majoritairement de langue allemande et les francophones sont donc minoritaires (cf. Tab. 2).

Lorsque l'État-Canton de Berne rejoint la Confédération en 1353, il est de langue allemande. Partant de son centre, de la ville de Berne, il a exercé une politique de conquête et d'expansion dès la fin du moyen-âge. Ainsi, à l'ouest, le Pays de Vaud, francophone, devient territoire sujet de Berne en 1536, sans que le canton ne perde toutefois son caractère germanophone. Ce n'est qu'en 1815 que le canton devient bilingue, lorsque le Congrès de Vienne lui attribue le territoire de l'Évêché de Bâle avec Bienne en tant que compensation pour la perte du Pays de Vaud et d'autres

5 L'idée de passerelle entre les communautés linguistiques n'est pas le seul apanage des cantons bilingues, le canton de Soleure, ancien domicile des ambassadeurs français, « se considère comme un médiateur entre les communautés culturelles de la Suisse » (Constitution, art. 2, al. 2).

6 L'ancien district de Biel/Bienne était constitué de la ville de Biel/Bienne et de la commune d'Évilard/ Leubringen (2 376 habitants en 2000). Dans la nouvelle structure territoriale cantonale (depuis 2010), le district administratif de Biel/Bienne comprend en plus de Biel/Bienne et d'Évilard/Leubringen 17 communes germanophones de l'ancien district de Nidau.

7 Cf. http://www.fin.be.ch/fin/de/index/finanzen/finanzen/statistik/bevoelk/bevoelkerungsstandund-struktur.html .

territoires. La majeure partie de cette région était de langue française, le Nord en plus catholique. Beaucoup de Jurassiens ne se considéraient pas vraiment comme partie intégrante de Berne, avec une identité propre. Le long conflit au sujet de l'indépendance[8] trouva un épilogue provisoire en 1979 lorsque les trois districts francophones du Nord, Delémont, Porrentruy et les Franches-Montagnes, rejoignirent la Confédération en tant que canton indépendant. Les trois districts francophones du Jura Sud, Courtelary, Moutier et La Neuveville, restèrent avec le canton de Berne, tout comme le district bilingue de Biel/ Bienne. Par la suite, la Constitution bernoise a été adaptée et des droits spécifiques de participation ont été introduits pour les minorités francophones désormais réduites (cf. ci-dessous). Une étude menée par l'Assemblée interjurassienne (AIJ)[9] au sujet de l'avenir institutionnel du Jura (2005-2009) a débouché en 2013 sur des votations parallèles dans le canton du Jura et l'arrondissement administratif du Jura bernois au sujet de l'ouverture d'un processus ayant pour but la création d'un nouveau canton constitué du Jura bernois et du canton du Jura, ce qui a été clairement accepté dans le canton du Jura et toute aussi clairement refusé dans le Jura bernois. Ainsi, l'arrondissement administratif du Jura bernois reste au sein du canton de Berne ; toutefois, certaines communes pourront voter sur un changement de canton.

La réduction du territoire bernois à l'issue de la création du canton du Jura francophone en 1979 est également visible dans les statistiques linguistiques (cf. Tab. 2). La proportion de la population indiquant le français comme langue principale a ainsi chuté de 13,7% en 1970 à 7,8% en 1990.

Tab. 2 :

Évolution démographique des communautés linguistiques du canton de Berne (en %)[10]

Année	Français	Allemand	Italien	Autres
1888	15.9	83.8	0.2	0.1
1910	16.2	81.6	1.9	0.3
1930	15.4	83.5	0.8	0.3
1950	15.0	83.0	1.5	0.5
1970	13.7	77.5	6.1	2.7
1990	7.8	83.8	2.8	5.7
2000	7.6	84.0	2.0	6.4
2010	11.0	85.7	3.6	13.9

8 Cf. par exemple Jecker & Rérat, 2001 ; Pichard, 2004 ; Schwander, 2005.

9 L'AIJ a été instituée en 1992. Elle est composée de douze membres du canton de Berne et de douze membres du canton du Jura et d'une présidence neutre. Sa tâche consiste à entretenir le dialogue interjurassien et de fournir des solutions politiques et démocratiques pour résoudre le conflit jurassien.

10 Office fédéral de la statistique (OFS) : *Encyclopédie statistique de la Suisse* www.bfs.admin.ch/bfs/portal/fr/index/infothek/lexikon/lex/0.html.

Les Constitutions bernoises du 19e siècle (1831, 1846, 1893) contenaient toutes un article sur les langues qui reconnaissait l'allemand et le français comme langues cantonales officielles. Toutefois, cela impliquait une division claire du canton entre territoire germanophone et francophone : le français n'était reconnu en tant que langue officielle que dans la partie francophone du canton et l'allemand était toujours considéré comme langue originale pour la législation. De surcroît, les territoires n'étaient pas définis quant à leur appartenance linguistique allemande ou française et il n'y avait pas de réglementation pour des territoires bilingues, c'est-à-dire pour le district de Bienne qui était considéré comme germanophone[11]. La révision constitutionnelle de 1950 fixa finalement le français en tant que langue officielle dans le Jura et reconnut le bilinguisme officiel du district de Bienne, pour lequel on établit des dispositions spécifiques. Celles-ci concernaient en particulier l'utilisation des langues dans les domaines du droit, poursuites et faillites, ainsi que les registres officiels[12]. En même temps, on élargit la portée légale des lois en français : alors que jusqu'à présent seules les versions allemandes faisaient foi, les deux versions deviennent désormais légalement officielles[13].

Selon l'état actuel de la Constitution bernoise[14], le canton de Berne « se considère comme un lien entre la Suisse romande et la Suisse alémanique » (Art. 2, al. 2). L'article 6 règle l'utilisation des langues et va jusqu'à fixer les langues officielles des communes, arrondissements et régions :

Art. 6 Langues

1 Le français et l'allemand sont les langues nationales et officielles du canton de Berne.

2 Les langues officielles sont

- a le français dans la région administrative du Jura bernois,
- b le français et l'allemand dans la région administrative du Seeland ainsi que dans l'arrondissement administratif de Biel/Bienne,
- c l'allemand dans les autres régions administratives ainsi que dans l'arrondissement administratif du Seeland.

3 Les langues officielles des communes des arrondissements administratifs de la région administrative du Seeland sont

- a le français et l'allemand dans les communes de Biel/Bienne et d'Evilard,
- b l'allemand dans les autres communes.

---

11 Kaestli, 2001, p. 14.

12 Kaestli, 2001, p. 19-20 ; 37.

13 Werlen, 2000, p. 179.

14 Constitution du Canton de Berne du 6 juin 1993 (révision du 24 septembre 2006), https://www.sta.be.ch/belex/f/1/101_1.html.

4 Le canton et les communes peuvent tenir compte de situations particulières résultant du caractère bilingue du canton.

5 Toute personne peut s'adresser dans la langue officielle de son choix aux autorités compétentes pour l'ensemble du canton.

L'égalité des langues et le principe de territorialité sont ainsi inscrits dans la Constitution – même de manière implicite[15] et nuancée[16]. En outre, celle-ci garantit la liberté de la langue (Art. 15) et la protection des minorités : « Il est tenu compte des besoins des minorités linguistiques, culturelles et régionales » (Art. 4, al. 1). Un statut particulier est octroyé au Jura bernois francophone (Art. 5, cf. ci-dessous) et douze (des 160) sièges du Grand Conseil (parlement cantonal) lui sont réservés (Art. 73, al. 3), ainsi qu'un siège (sur 7) du Conseil-exécutif (gouvernement cantonal, Art. 84, al. 2). Le statut particulier ne s'étend toutefois pas à la minorité francophone de l'ancien district bilingue de Biel/Bienne, mais la Constitution exige pour la minorité de langue française du cercle électoral de Bienne-Seeland « une représentation équitable » au Grand Conseil (Art. 73, al. 3).

Comme le constate aussi Werlen les dispositions constitutionnelles en matière de langues du canton de Berne vont plus loin que celles des autres cantons plurilingues[17]. En particulier, la garantie de la liberté de la langue inscrite dans la Constitution de 1993 en était la première mention en Suisse. Il existe néanmoins une contradiction potentielle entre liberté de la langue et limitation territoriale des langues officielles, contradiction qui n'est ni mentionnée ni désamorcée. La protection explicite et détaillée des minorités linguistiques dans la Constitution bernoise peut être mise en relation avec le conflit jurassien[18].

Pour le fonctionnement des autorités et de l'administration cantonale, ces dispositions signifient que tous les documents officiels et toutes les lois doivent être disponibles dans les deux langues officielles et qu'ils doivent faire également foi. Cela signifie aussi que le canton dispose d'un service de traduction interne et que les débats au parlement cantonal soient traduits de manière simultanée[19]. Ces services sont réglés dans les *Directives sur les prestations linguistiques dans l'administration centrale du canton de Berne*[20] qui

15 Brohy, 2009, p. 310.

16 Wilson, 1999, p. 308.

17 Cf. Werlen, 2000, p. 162, 170.

18 Cf. aussi Werlen, 2000, p. 199.

19 Contrairement au canton de Fribourg, les débats en allemand se déroulent ici dans la forme dialectale.

20 Cf. http://www.sta.be.ch/sta/fr/index/ein_kanton-zwei_sprachen/ein_kanton-zwei_sprachen/amtssprachen.assetref/dam/documents/STA/ASR/fr/Texte/20090512_directives_sur_les_prestations_linguistiques_et_rapport.pdf.

sont entrés en vigueur en 2009. La spécificité linguistique bernoise est réglée dans d'autres domaines législatifs, en particulier pour les tribunaux et l'enseignement.

La Loi bernoise sur l'école obligatoire[21] stipule entre autres que les élèves fréquentent l'école publique de la localité où ils résident (art. 7, al. 1) et que l'école obligatoire pour tous dure onze ans, deux ans d'école enfantine (maternelle), six ans d'école primaire et trois ans d'école secondaire I (art. 3). La langue d'enseignement est le français dans les écoles de la partie francophone du canton et à l'École cantonale de langue française à Berne[22], le français ou l'allemand dans les communes de Biel-Bienne et d'Évilard-Leubringen, et l'allemand dans les autres communes du canton (art. 9a, al. 1). L'enseignement immersif dans l'autre langue cantonale dans certaines disciplines est possible si la commission scolaire donne son accord et si le corps enseignant dispose des qualifications requises (art. 9a, al. 3). La première langue étrangère (l'allemand ou le français) est enseignée dès le 5e degré (3e classe primaire), sans qu'il n'y ait toutefois des évaluations durant la première année. L'enseignement de la deuxième langue étrangère (l'anglais) débute en 5e primaire.

Des différences entre les régions linguistiques existent au niveau de la numérotation des années scolaires, la structure de l'école secondaire I et des plans d'études. Dans la région francophone, les années scolaires sont comptées de manière continue dès la maternelle (années 1 à 11), dans la partie germanophone dès la première année de l'école primaire (maternelle 1-2, puis 1e à la 9e classe). Dans la partie francophone, le secondaire I est divisé en trois niveaux déjà à partir de la 9e dans la partie germanophone seulement à partir de la 11e. Les écoles francophones suivent le *Plan d'études romand* depuis 2013, les écoles germanophones le *Lehrplan 95* complété dès 2011 par le plan d'études *Passepartout* pour les langues étrangères ; le Lehrplan 21 sera introduit dès 2017 ou 2018, plan d'études qui a été élaboré par les 21 cantons germanophones et plurilingues.

Les droits de participation de la minorité francophone du canton de Berne sont réglés dans la *Loi sur le statut particulier du Jura bernois et sur la minorité francophone du district bilingue de Bienne* de 2004[23]. Ceux-ci sont conférés

21 Loi du 19 mars 1992 sur l'école obligatoire (LEO), https://www.sta.be.ch/belex/f/4/432_210.html.

22 L'*École cantonale de langue française* est une école située dans la capitale cantonale et fédérale, Berne, fondée en particulier pour les enfants des employé-e-s francophones, italophones et romanchophones du canton et de la Confédération (LEO, art. 49 b-l).

23 Loi du 13 septembre 2004 sur le statut particulier du Jura bernois et sur la minorité francophone du district bilingue de Bienne, https://www.sta.be.ch/belex/f/1/102_1.html.

au *Conseil du Jura bernois* (CJB), ainsi qu'au *Conseil des affaires francophones du district bilingue de Bienne* (CAF). Le CJB est constitué de 24 membres, élus tous les quatre ans par la population de l'arrondissement administratif du Jura bernois ayant droit de vote. Ses compétences s'étendent à la politique culturelle et éducative, la coordination scolaire avec la Suisse romande et la participation politique. Le CAF remplit des tâches similaires pour la population francophone de l'ancien district de Bienne. Il est constitué de 15 membres élus des communes de Bienne et d'Évilard pour une période de quatre ans, et il travaille étroitement avec le CJB. Actuellement (2015), des propositions sont élaborées au niveau cantonal, propositions qui visent un renforcement de la participation et des compétences du CJB et du CAF. En outre, on examine la possibilité d'élargir le CAF au territoire entier du nouvel arrondissement administratif de Bienne[24].

En plus de l'AIJ (cf. ci-dessus), qui est chargée des affaires interjurassiennes entre les cantons du Jura et de Berne, d'autres institutions traitant de coexistence linguistique existent au sein des autorités bernoises. La *Délégation du Conseil-exécutif pour les affaires jurassiennes* (DAJ) est formée de trois Conseillers d'État (ministres) ; elle a pour tâche d'examiner et de préaviser les affaires jurassiennes. La *Députation* a une tâche similaire au sein du Grand Conseil. Celle-ci est formée de tous les député-e-s du Jura bernois et des membres francophones du cercle électoral Bienne-Seeland et elle représente les préoccupations et les intérêts de la population francophone de ces régions au Grand Conseil.

Le Canton de Fribourg

Avec le canton du Valais, le canton de Fribourg partage la particularité d'être bilingue avec une minorité germanophone, la minorité est donc inversée par rapport à la situation au niveau de la Confédération[25]. La proportion des langues cantonales est restée relativement stable au fil des années, on enregistre toutefois une forte augmentation des autres langues (cf. Tab. 3), ce qui est aussi dû au fait qu'on peut, dès 2010, désormais indiquer plusieurs langues premières.

Pris en sandwich entre l'Arc lémanique et la région de Berne, le canton connaît ces dernières années le plus fort développement démographique de Suisse. Il abrite environ 300 000 habitant-e-s, sa population a quadruplé en 200 ans. Après avoir été longtemps terre d'émigration vers d'autres cantons et vers l'étranger[26], il est à son tour devenu territoire d'immigration. Le

24 Cf. http://www.rr.be.ch/rr/de/index/dossiers/dossiers/berner_jura/dokumentation.html.

25 Pour une comparaison entre les cantons bilingues de Fribourg et du Valais, cf. Windisch *et al.*, 1992.

26 La ville de Nova Friburgo au Brésil, par exemple, a été fondée par des émigrés fribourgeois.

canton a été longtemps rural, catholique[27] et conservateur. Il a connu une Révolution tranquille dans les années 1960-1970, et il est désormais essentiellement orienté vers une économie des services, avec des niches industrielles et agricoles.

Tab. 3 :
Évolution démographique des communautés linguistiques du canton de Fribourg (en %)[28]

Année	Français	Allemand	Italien	Autres
1888	68.5	31.2	0.3	-
1910	67.7	30.6	1.3	0.4
1930	66.7	32.1	0.8	0.4
1950	65.7	32.9	0.9	0.5
1970	60.3	32.4	4.0	3.3
1990	61.0	29.7	1.9	7.5
2000	63.2	29.2	1.3	6.3
2010*	68.1	29.4	2.0	18.2

Depuis 1848, il est composé de sept districts, dont cinq sont de langue française (Broye, Glâne, Gruyère, Sarine, Veveyse) et un de langue allemande (Singine) ; un district est bilingue (Lac). Le district de la Gruyère a la particularité d'héberger une commune périphérique et enclavé de langue allemande, Jaun en allemand, Bellegarde en français, une situation particulière qui est néanmoins bien gérée par les autorités du district de la Gruyère à Bulle. Les districts correspondent à des préfectures et à des tribunaux de première instance. Ils constituent également des cercles électoraux, sauf pour la ville de Fribourg qui représente à elle seule un cercle électoral. Le Tribunal de l'arrondissement de la Sarine, bien qu'officiellement francophone, traite également des litiges en allemand[29], ce qui avait été contesté par la majorité francophone pendant un certain temps. Le canton compte 163 communes (municipalités, état au 1.1.2015) ; il encourage les fusions.

Les Constitutions cantonales successives ont traité de manières très diverses les aspects de la cohabitation linguistique. Après l'invasion des troupes napoléoniennes et la chute de l'Ancien Régime en 1798, le français obtient la primauté durant la République helvétique (1798-1803) et la Médiation (1803-1814)[30]. Puis, nouveau retour de manivelle en 1814 avec la

27 Sauf pour le Moratois (District du Lac) qui est de tradition réformée, et une certaine immigration bernoise en ville de Fribourg et en Singine.

28 Office fédéral de la statistique (OFS) : *Encyclopédie statistique de la Suisse* www.bfs.admin.ch/bfs/portal/fr/index/infothek/lexikon/lex/0.html [1.8.2015].

29 Cf. Loi sur la justice, art. 116 al.1, art. 117 al.1, http:// bdlf.fr.ch/data/130.1/fr.

30 En 1803, la ville et le canton sont formellement séparés.

Restauration qui ramène l'aristocratie et l'allemand au pouvoir, même si la connaissance des deux langues était exigée. À nouveau, renversement de vapeur avec la Constitution de 1831 qui stipule dans son art. 15 : « La langue française est la langue du gouvernement ». La Constitution de 1857 était très peu diserte en matière de politique linguistique et de protection de la minorité. Elle entérine certes le bilinguisme du canton dans son art. 21 « Les lois, décrets et arrêtés devront être publiés dans les langues française et allemande. Le texte français est déclaré être le texte original », ainsi que dans son art. 61 : « La majorité tant des membres que des suppléants du tribunal cantonal doit posséder la connaissance des langues française et allemande ». Le bilinguisme officiel couvrait bien plus que les aspects mentionnés dans la Charte cantonale, mais la mention d'une langue originale était une discrimination difficilement acceptable par la minorité germanophone. Dès le milieu du 20e siècle, les Alémaniques revendiquent l'égalité des droits en matière de langue dans les domaines scolaires, administratifs, politiques, culturels, topographiques, etc., ce qui motive la création d'une association qui s'emploie à la défense de l'allemand – dans ses formes standard et dialectale –, des Alémaniques et du bilinguisme, la *Deutschfreiburgische Arbeitsgemeinschaft* (DFAG), engendre des interventions parlementaires en faveur des Alémaniques et de l'allemand, une pétition, ainsi que et la rédaction d'une charte[31].

Toutefois, ce n'est qu'en 1982 qu'une intervention parlementaire demande l'inscription, dans la Constitution cantonale, de la garantie de la liberté de la langue, la reconnaissance des langues française et allemande comme langues officielles du canton, l'égalité des langues et le mandat de légiférer en matière de langues. Et ce n'est qu'en 1990 que l'art. 21 révisé est accepté par votation cantonale. Il entérine pour la première fois en Suisse le principe de la territorialité des langues, principe qui avait été déclaré jusque là – tout comme la liberté de la langue d'ailleurs – comme un principe non écrit du droit linguistique suisse par le Tribunal fédéral. Les discussions autour de la teneur du nouvel art. 21 avaient suscité de vives tensions, tant entre les individus que les communautés linguistiques. Il stipule : « Le français et l'allemand sont les langues officielles. Leur utilisation est réglée dans le respect du principe de la territorialité. L'État favorise la compréhension entre les deux communautés linguistiques ». Aucune loi n'a toutefois dessiné les contours des territoires francophones, germanophones et bilingues, ni matérialisé des dispositifs en faveur de la compréhension linguistique. L'article sur les langues a été étoffé avec la révision totale de la Constitution (2004), mais les discussions ont à nouveau été vives durant les travaux de la Constituante.

31 Institut fribourgeois, 1969.

Dans la Constitution actuelle[32], la première référence à la diversité est contenue de manière générale dans le Préambule (« désireux de vivre notre diversité culturelle dans la compréhension mutuelle »), puis l'art. 2, al. 2, fait référence aux deux noms de la capitale, Fribourg/Freiburg. L'art. 3, al. 1, lit. f reprend dans les buts de l'État l'idée du préambule en inversant toutefois les énoncés « la cohésion cantonale dans le respect de la diversité culturelle ». L'art. 6 constitue la pièce maitresse du droit des langues. L'art. 6, al. 1 mentionne le français et l'allemand en tant que langues officielles du canton, l'art. 6, al. 2 règle utilisation des langues selon le principe de la territorialité tout en invoquant la prise en considération des minorités linguistiques historiques[33] ; l'art. 6, al. 3 règle la ou les langues officielles des communes ; l'art. 6, al. 4 adopte un autre discours et donne à l'État la tâche de la promotion de la compréhension, de l'entente, des échanges et du bilinguisme, ce qui est étendu au niveau national à l'art. 6, al. 5. L'art. 17, al. 1 entérine la liberté de la langue, tandis que l'art. 17, al. 2 prévoit le principe de personnalité pour les autorités dont la compétence s'étend à l'ensemble du canton. L'art. 64, al. 3 fixe la première langue étrangère enseignée à l'école, qui doit obligatoirement être l'autre langue officielle, et ne peut donc pas être l'anglais comme dans nombre de cantons alémaniques. La proposition d'adjoindre que l'usage des langues est réglé par la loi a à nouveau été écartée, contrairement à la Confédération et au canton des Grisons[34].

Les dispositions constitutionnelles sur les langues sont complétées par celles dans la législation cantonale, en particulier les lois sur l'école et les tribunaux. La politique linguistique éducative est l'un des piliers de la gouvernance linguistique. Domaine important pour le maintien et le développement d'une langue minoritaire, l'école peut également être une courroie de transmission puissante pour le changement de langue dans une famille ou un groupe linguistique. En plus, l'école est porteuse de valeurs, de culture, d'identité, par sa mission et son caractère obligatoire, elle concerne toute la population qui a toujours un avis à son égard. Dans une ville et un canton bilingues, le croisement entre langues et école est donc forcément un thème qui focalise toutes les attentions et qui peut mener à des tensions parfois vives. Dans le canton de Fribourg, les discussions autour de la Loi

32 Constitution du Canton de Fribourg du 16 mai 2004 (révision du 20 juin 2008), http://bdlf.fr.ch/data/10.1/fr.

33 Ceci par opposition aux « nouvelles minorités », ou « minorités récentes », ou encore « minorités immigrées ». Le village officiellement bilingue de Courtepin, par exemple, comptait en 2000 16,1% d'autres langues, essentiellement le portugais, pour 57,7% de français et 26,3% d'allemand. Il comptait en 2015 3612 habitants, dont 45,2% d'étrangers (État de Fribourg, Service de la statistique).

34 La Communauté romande du Pays de Fribourg (CRPF) défend un principe de territorialité rigoureux et la maxime « légifère le mieux qui légifère le moins ».

scolaire, au milieu des années 1980, a engendré des dissonances par rapport à la possibilité de changements de cercles scolaires pour des raisons de langue, ce qui a mené à la création de la Communauté romande du Pays de Fribourg (CRPF), association qui s'emploie à la défense des locuteurs francophones et dont la fondation a été saluée par la DFAG. Une nouvelle Loi scolaire[35] est entrée en vigueur le 1er août 2015. Au niveau des langues, celle-ci règle à l'art. 11 la langue de l'enseignement selon l'appartenance linguistique des communes, dans les cercles scolaires mixtes et les communes bilingues, le principe de personnalité s'applique donc dans ces cas. L'art. 12 traite la promotion de l'apprentissage des langues, à savoir la langue de scolarisation, la langue partenaire[36] ainsi qu'une langue étrangère au moins. Pour ce faire, le Conseil d'État met en œuvre des dispositifs particuliers pour favoriser le bilinguisme dès la première année de scolarisation (dès 4 ans). Les besoins des élèves allophones sont également pris en compte. Le projet de Règlement d'exécution de la loi sur la scolarité obligatoire règle plus dans les détails les échanges scolaires[37], la 12e année linguistique, les séquences enseignées dans l'autre langue, les classes bilingues. Les modalités de l'enseignement/apprentissage des langues reposent sur le Concept cantonal de l'enseignement des langues[38]. Un avant-projet de ce Concept avait mené en septembre 2000 à une votation populaire qui refusa de justesse l'instauration de classes bilingues dans le canton de Fribourg. Les informations générales sur l'école obligatoire sont publiées, en plus du français et de l'allemand, en albanais, anglais, espagnol, portugais et tigrinya par la Direction de l'instruction publique, de la culture et du sport (ministère cantonal de l'Éducation).

En 1889, la fondation de l'Université bilingue de Fribourg, abritant une forte proportion d'étudiants et d'enseignants étrangers, en particulier d'Allemagne, vient renforcer l'allemand et le bilinguisme du canton et de la ville, ce qui a toutefois aussi mené à des tensions entre les deux communautés linguistiques, en particulier durant la première guerre mondiale.

Le Gouvernement cantonal, le Conseil d'État, fort de sept membres, compte cinq francophones et deux Alémaniques. Les deux Alémaniques et une Conseillère d'État francophone fonctionnent très bien dans l'autre langue, y compris le dialecte. Les publications officielles paraissent dans les

---

35 Loi sur la scolarité obligatoire du 9 septembre 2014, www.fr.ch/publ/files/pdf68/2014_068_fr.pdf.

36 Le terme « langue partenaire » est un exemple d'aménagement de corpus. Ce terme est préféré à ceux de langue seconde ou langue étrangère, pour souligner l'égalité des langues et leur complémentarité dans la société.

37 Le canton dispose d'un Bureau d'échanges scolaires qui propose différents modèles de séjours et d'échanges linguistiques.

38 Concept cantonal de l'enseignement des langues. http://appl.fr.ch/friactu_inter/handler.ashx?fid=1022.

deux langues, mais le Conseil d'État travaille essentiellement en français à l'interne. Le mode d'élection par cercle électoral correspondant aux districts garantit à la minorité une représentation adéquate au sein du Grand Conseil, le parlement cantonal, fort de 110 membres. Il dispose d'une traduction simultanée pour les débats au plénum, mais pas pour les travaux de commission.

Dans le canton de Fribourg, les discussions autour des trois piliers de la politique linguistique, la liberté de la langue, le principe de territorialité et le principe de personnalité ont toujours été vives. Si les trois ont pour objectif la protection des minorités et la promotion de la paix des langues, le principe de territorialité vise à maintenir des territoires linguistiquement homogènes. L'absence de partie grise dans les armoiries du canton « Coupé de sable et d'argent » (un champ noir superposé d'un champ blanc) sert parfois de métaphore contre la reconnaissance de territoires bilingues.

À partir du 26 septembre 2015, une journée annuelle dévolue au bilinguisme sera célébrée, ceci grâce à une motion populaire déposée par le Conseil des jeunes du canton de Fribourg.

Bienne et Fribourg : deux villes bilingues dissemblables

Les enjeux liés au bilinguisme dépassent les limites des communes ; d'une part, parce que des personnes cherchant à s'établir dans ces communes-centres, qui ne disposent plus de logements en suffisance, vont habiter des communes périphériques, et, d'autre part, parce que la ville fait partie d'entités plus vastes ou qu'elle collabore avec d'autres communes, par exemple dans les domaines de la gestion de l'eau, de l'école et de la culture. À la frontière des langues, la mobilité géographique est donc souvent aussi une mobilité linguistique, habiter, travailler, faire ses achats, pratiquer ses loisirs, entretenir des contacts sociaux dans une région bilingue est certainement synonyme de passages multiples entre des frontières.

Dans le contexte suisse, parler de bilinguisme urbain est quelque peu réducteur. En effet, le français côtoie l'allemand sous deux formes, le suisse-allemand, appelé aussi dialecte, et l'allemand standard dans sa version suisse. Cette relation entre deux formes est appelée *diglossie*, un domaine qui génère de très nombreuses recherches dialectales et sociolinguistiques. C'est bien sûr aussi le cas de Bienne et de Fribourg.

Au-delà de ces considérations linguistiques, les deux municipalités présentent des différences importantes au niveau de leur histoire, de leur statut, de leur fonction cantonale, de leur emplacement géographique, de leur répartition démographique. Ces facteurs ont une influence réciproque sur le comportement langagier, l'identité et les attitudes des habitantes et habitants des deux villes.

Bienne

Histoire de la politique linguistique

La ville de Bienne fut fondée en 1220 par le prince-évêque de Bâle. Bien que germanophone, Bienne faisait ainsi partie de l'Évêché bilingue de Bâle. La ville était située à sa frontière sud, avec le canton de Berne, germanophone, comme voisin immédiat, et un arrière-pays francophone au nord. En tant que ville semi-autonome, Bienne conclut une alliance avec la ville de Berne dès 1279 et s'allie à l'ancienne Confédération au 15e siècle.

Après la conquête par les troupes françaises en 1798, Bienne et le Jura furent annexés par la France, tandis que le reste de la Confédération devint la République helvétique. Le Congrès de Vienne en 1815 attribua Bienne et le Jura au canton de Berne. À l'exception du bref intermède de 1798 à 1815 et malgré des contacts réguliers avec ses voisins jurassiens francophones, Bienne resta une ville germanophone durant une grande partie du 19e siècle.

La frontière des langues autour de Bienne avait donc peu bougé pendant plusieurs siècles. Ce n'est que l'industrialisation qui allait induire des changements significatifs. Le déclin de l'industrie textile locale incita les autorités biennoises à attirer des horlogers du Jura francophone par des avantages fiscaux. Ce sont ainsi environ 1700 horlogers, en partie avec leurs familles, qui vinrent s'installer à Bienne entre 1844 et 1859. Ce nombre important libéra les nouveaux venus d'une pression d'assimilation à la majorité germanophone, et ils gardèrent donc leur langue. Ceci provoqua un changement rapide et important de la composition linguistique de la population biennoise (cf. Tab. 4 et 5). En 1860, des classes françaises furent donc ouvertes à l'école primaire et secondaire, et, dès 1863, un quotidien de langue française parait. Le Gymnase (lycée) français ouvre ses portes en 1955, et il est donc désormais possible de parcourir toute la scolarité en français. Avec l'implémentation complète du bilinguisme institutionnel dans le domaine de l'enseignement, une revendication importante de la minorité francophone de Bienne est ainsi remplie)[39].

De petite ville <u>à</u> la frontière des langues, Bienne se développe donc rapidement en ville industrielle de moyenne importance <u>sur</u> la frontière des

---

39 Cf. Racine, 2001, p. 18-19.

langues, ainsi que de localité à dominance allemande en centre bilingue. À partir de la première moitié du 20e siècle, le bilinguisme et sa mise en œuvre sont orchestrés avec succès par les autorités locales jusqu'à devenir une image de marque de la ville)[40]. Ce discours sur le bilinguisme est bien ancré à l'heure actuelle et appartient sans aucun doute à l'identité biennoise. L'accueil sur son site Internet est formulé de la sorte : « Bienvenue à Biel/Bienne – la plus grande ville bilingue de Suisse et capitale mondiale de l'horlogerie »[41], et le bilinguisme est souvent considéré comme un atout économique prépondérant. Kaestli estime même que le statut du bilinguisme à Bienne est une idéologie locale[42].

Lors des discussions autour du Jura, les autorités biennoises ont adopté une posture de « neutralité active »[43] : elles considéraient que le bilinguisme de la ville serait en danger si Bienne était le seul territoire bilingue à rester dans un canton devenu germanophone. Les Biennois-e-s francophones craignaient pour leur statut en tant que minorité encore plus réduite. Alors qu'on ne reconnaissait aucun statut particulier à Bienne, la minorité francophone biennoise possèdent des droits de participation particuliers garantis par le CAF (cf. 3.1).

Statistiques démographiques

Le Tab. 4 et la Fig. 1 illustrent le développement des groupes linguistiques à Bienne. Les chiffres sont basés jusqu'en 2000 sur les recensements officiels ; cela concerne la langue principale (jusqu'en 1970 la langue maternelle), le plurilinguisme n'était pas pris en compte. En 2000, 36,9% de la population se déclaraient monolingues, 32,9% bilingues et 20,3% tri- et plurilingues (9,9% sans indication)[44].

---

40 Brohy, 2009, p. 315.

41 Cf. www.biel-bienne.ch.

42 Kaestli, 2001, p. 15.

43 Kaestli, 2001, p. 52.

44 Biel/Bienne, *Statistisches Fact Sheet, Données statistiques* 1.1.2015. https://www.biel-bienne.ch/files/pdf5/pra_sm_fact_sheet_01.01.2015_d_f3.pdf [1.8.2015].

Tab. 4 :
Évolution démographique des communautés linguistiques de la ville de Bienne (en %)[45]

Année	Français	Allemand	Italien	Autres
1888	29.8	69.0	1.0	0.2
1900	33.4	63.4	2.7	0.5
1910	34.6	62.1	2.6	0.7
1930	30.9	66.1	2.5	0.4
1950	30.2	66.6	2.7	0.6
1970	27.0	56.5	12.9	3.5
1990	30.7	53.0	7.6	8.8
2000	28.1	55.4	6.0	10.4
2010	40.9	57.1	7.0	24.8

Fig. 1 :
Évolution démographique des communautés linguistiques de Bienne 1888-2000 (en %)

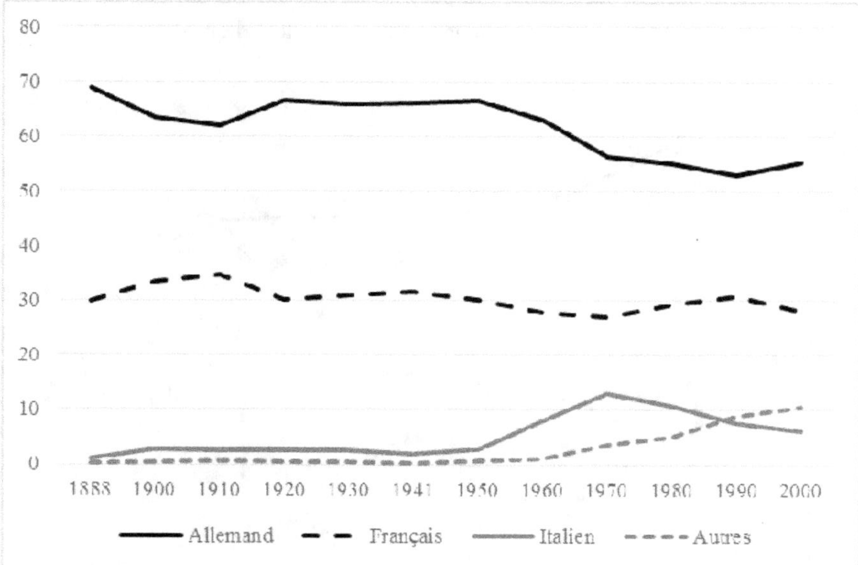

La ville de Bienne enregistre la population d'après la langue officielle locale choisie pour les échanges avec les autorités, c'est-à-dire l'allemand ou le français (cf. Tab. 5 et Fig. 2).

45 Office fédéral de la statistique (OFS) : *Encyclopédie statistique de la Suisse* www.bfs.admin.ch/bfs/portal /fr/index/infothek/lexikon/lex/0.html [1.8.2015].

Tab. 5 :
Population de Biel-Bienne selon la langue officielle indiquée 1793-2014[46]

Année	Français (%)	Allemand (%)	Population totale
1793	1.2	98.8	1'747
1860	15.9	84.1	8'725
1888	25.6	74.4	20'954
1900	29.1	70.9	28'740
1910	29.5	70.5	31'226
1930	31.9	68.1	36'619
1950	31.2	68.8	46'786
1970	32.4	67.6	53'831
1980	34.6	65.4	45'399
1990	40.3	59.7	52'185
2000	38.3	61.7	48'942
2010	39.6	60.4	52'477
2014	41.4	58.6	54'971

Fig. 2 :
Population de Biel-Bienne selon la langue officielle indiquée 1793-2014

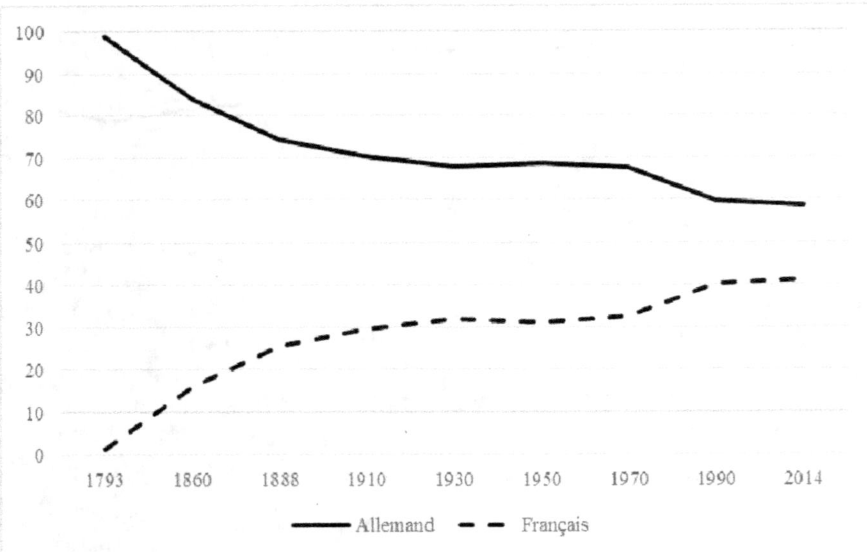

Le développement de la population est étroitement lié au développement économique de la ville. L'augmentation de la population au 19e siècle et après la deuxième guerre mondiale est due à l'implantation de nouvelles

46 Racine, 2001, p. 12 ; Service de la statistique de la ville de Bienne, communication personnelle, 3 mars 2008 ; Biel/Bienne, *Statistisches Fact Sheet, Données statistiques* 1.1.2015. www.biel-bienne.ch/files/pdf5/pra_sm_fact_sheet_01.01.2015_d_f3.pdf. [1.8.2015].

industries et donc à la croissance économique. La baisse marquée dans les années 1970 reflète la crise dans l'industrie horlogère et la fermeture d'une grande usine de montage automobile. La baisse vers l'an 2000 semble plutôt être imputable à l'exode vers les communes périphériques.

Alors que les chiffres dans le Tab. 5 ne prennent en compte que l'allemand et le français et excluent ou masquent donc les autres langues, en particulier les langues de la migration, ainsi que le bi- et multilinguisme, ils illustrent néanmoins le développement historique des communautés linguistiques. Au 19e siècle, le taux de francophones augmente fortement et se stabilise vers 30% à partir de 1900. Depuis 1970, leur pourcentage est de nouveau en augmentation, ce qui est essentiellement dû à l'immigration, étant donné que les nouveaux arrivants, surtout ceux de langues romanes, choisissent le français comme langue officielle. Ainsi, en 2007, seuls 21,6% des Biennois de langue allemande n'était pas de nationalité suisse, tandis que 36,3% des francophones ne l'étaient pas[47].

Mais il faut souligner qu'il n'y a pas de répartition des communautés linguistiques à l'intérieur de la ville, il n'y a donc ni ségrégation géographique ni sociale[48].

De manière générale, la minorité francophone va croissante à Bienne, du moins si on la considère en relation binaire avec la majorité germanophone. Malgré tout, elle reste triplement minoritaire : à Bienne, dans le canton de Berne, ainsi qu'en Suisse.

Législation

Dans le *Règlement de la ville* du 9 juin 1996[49] Bienne se déclare d'emblée bilingue dans son premier article : « La Ville de Bienne est une commune bilingue autonome du canton de Berne ». L'importance de cet aspect est encore renforcée par le fait que la particularité linguistique est également mentionnée à l'art. 3 du Règlement :

1. Le français et l'allemand sont les deux langues officielles de même valeur employées dans les relations avec les autorités de la Ville et l'Administration municipale.

2. Tant les règlements et les ordonnances de la Ville de Bienne que les communications officielles à l'attention de la population doivent être rédigés et promulgués en français et en allemand.

---

47 Service de la Statistique de la Ville de Bienne, communication personnelle, 3.3.2008.

48 Cf. Conrad, Matthey et Mattey, 2002, p. 165 ; Brohy, 2009, p. 316.

49 www.biel-bienne.ch/lawdata/RDCo/pdf/100/101.1.pdf [1.8.2015].

Avec les dispositions cantonales sur les langues, cet article jette les bases pour une mise en œuvre conséquente du bilinguisme institutionnel à Bienne.

Tous les règlements et toutes les ordonnances sont rédigés dans les deux langues et les deux versions font foi. 25 des environ 160 règlements et ordonnances actuellement en vigueur contiennent des dispositions d'ordre linguistique (Recueil du droit communal[50], état juin 2015). Ils contiennent en particulier des mesures qui règlent de manière générale l'égalité des langues ou l'égalité de traitement des communautés linguistiques, ainsi qu'une représentation linguistique équitable, à l'instar de l'art. 2, al. 1 du *Règlement concernant la représentation de la Ville de Bienne dans les collectivités et institutions* : « De plus, il y a lieu de veiller à avoir, dans l'ensemble, une composition équilibrée des représentants, en particulier en ce qui concerne la langue et le sexe »[51].

Les domaines dans lesquels les langues sont réglées de manière plus exhaustive, concernent le fonctionnement des autorités locales et de l'administration municipale, l'information et la communication avec la population, ainsi que la signalétique et l'enseignement (cf. 4.1.6).

Autorités et administration

Autorités locales

Le parlement communal, le Conseil de ville compte 60 membres et le gouvernement, le Conseil municipal, cinq membres ; présentement, deux francophones et trois germanophones. Étant donné que les deux conseils sont élus à la proportionnelle, les deux communautés linguistiques sont représentées de manière équitable et il n'y a pas de quotas. Les deux plus grands partis politiques (le parti socialiste et le parti libéral-radical) ont des sections selon les langues qui choisissent les candidat-e-s correspondant-e-s ; les plus petits partis sont bilingues et veillent à une représentation équilibrée sur leur liste, ce qui est dans leur propre intérêt. Il n'y a que le maire/la mairesse de la ville qui est élu au système majoritaire. Concernant la vice-présidence, élue par le Conseil municipal, l'*Ordonnance sur le Règlement du Conseil municipal* précise que « … Dans la mesure du possible, le maire/la mairesse et le vice-président/la vice-présidente du Conseil municipal ne sont pas […] de même langue maternelle »[52]. Pour la présidence du Conseil de ville, il n'y a pas de dispositions contraignantes, il est simplement stipulé que, lors de

50 Cf. www.biel-bienne.ch/fr/pub/services/recueil_du_droit_communal.cfm [1.8.2015].

51 www.biel-bienne.ch/lawdata/RDCo/pdf/100/190.0.pdf [1.8.2015].

52 www.biel-bienne.ch/lawdata/RDCo/pdf/100/152.12.pdf [1.8.2015.]

l'élection de la présidence et du Bureau du Conseil de ville, l'on doive prendre en considération les minorités.

Dans les deux conseils, les délibérations sont bilingues, leurs membres en effet « sont libres de s'exprimer en français ou en allemand (dialecte ou allemand) » (Règlement du Conseil de ville de Bienne, art. 4, al. 1)[53]. Les procès-verbaux des séances du Conseil de ville sont bilingues, ils rendent les prises de paroles dans la langue utilisée. Par contre, les rapports adressés au Conseil de ville ainsi que l'ordre du jour sont rédigés en allemand et en français (art. 4, al. 2 ; art. 23, al. 2). Comme il n'y a ni au parlement ni au gouvernement une traduction simultanée, cette pratique présuppose des compétences au moins réceptives dans l'autre langue officielle de la part des membres des deux conseils.

Les enjeux linguistiques sont régulièrement débattus par les autorités biennoises[54], et la ville a mandaté et financé plusieurs études sur le bilinguisme de la ville, par exemple les enquêtes régulières du Baromètre du bilinguisme, qui mesurent l'état et le développement du bilinguisme, ainsi que les attitudes réciproques des communautés linguistiques)[55]. Sur initiative des autorités municipales, on a créé en 1996 la fondation *Forum du bilinguisme* qui a pour but de promouvoir le bilinguisme et qui est financée conjointement par la Ville de Bienne, le canton de Berne, ainsi que l'Office fédéral de la culture. Ses activités comprennent entre autres l'information, l'organisation de Tandems linguistiques et l'attribution du Label du bilinguisme à des entreprises et institutions. Celui-ci consiste en une certification quant à la gestion interne et externe du bilinguisme (concernant l'administration municipale)[56].

Administration municipale

Comme le précise le *Règlement de la ville* à l'art. 3, al. 1, le public peut utiliser le français ou l'allemand pour les contacts avec les autorités et l'administration. Ceci exige bien entendu qu'une grande partie des employé-e-s soient à même de communiquer dans les deux langues. Toutefois, le bilinguisme n'est pas visible dans les statistiques du personnel, étant donné que les employé-e-s sont ventilés par langue. Ce qui frappe, c'est que les germanophones sont légèrement surreprésentés : en 2014 34,4% des employé-e-s étaient francophones[57], alors que ceux-ci représentent 41,4% de la population

---

53 www.biel-bienne.ch/lawdata/RDCo/pdf/100/151.21.pdf [1.8.2015].

54 Kaestli, 2001, p. 53.

55 Cf. Brohy, 2009, p. 317-318 ; Brohy, 2012.

56 Cf. aussi Brohy, 2009b, p. 22-23.

57 Ville de Bienne, 2015, Rapport de gestion de l'administration municipale de Bienne 2014, p. 36. www.biel-bienne.ch/files/pdf6/VB_Geschaeftsbericht_20143.pdf [1.8.2015].

biennoise. Ceci confirme l'observation de Racine que les germanophones mettent leur empreinte sur l'administration communale[58]. Dans les postes à responsabilité, les francophones sont toujours sous-représentés, ce qui avait déjà été dénoncé en 1993[59]. Toutefois, une comparaison avec les années précédentes démontre que la situation évolue peu à peu : en 2006, par exemple, seuls 28,1% des employé-e-s étaient francophones[60]. Ce sont probablement les premiers résultats des mesures de promotion en faveur de la minorité francophone. L'*Ordonnance sur le personnel* prévoit, en effet, qu'à chaque fois qu'un poste est repourvu, l'on examine « si le poste vacant doit être mis au concours a) exclusivement ou b) essentiellement en français et occupé par une personne francophone ou c) si la langue maternelle a une importance moindre » (art. 3, al. 3)[61]. Malgré cela, la plupart des postes de l'administration communale sont mis au concours dans les deux langues et les candidat-e-s doivent faire montre de compétences dans les deux langues. Un échantillon des mises au concours début août 2015 indique que des compétences dans l'autre langue sont exigées même si le poste est mis au concours dans une seule langue (par exemple : « De langue française, vous avez de bonnes connaissances d'allemand », ou vice-versa). En outre, le Département du personnel peut exiger des explications si une postulation française ou féminine n'a pas été prise en compte (Ordonnance sur le personnel, art. 6, al. 3).

Les pratiques linguistiques de l'administration communale ont été évaluées récemment et la Ville a obtenu en décembre 2014 le *Label du bilinguisme*. Le rapport d'évaluation constate que si le bilinguisme fonctionne très bien dans l'ensemble pour la communication externe et les services à la population, à l'interne, l'allemand est trop souvent la langue de communication principale[62]. Sur la base des recommandations du rapport, le Conseil municipal a donc décidé d'autres mesures en 2015 ; entre autres, le recrutement ciblé de francophones, en particulier pour les postes de cadres, ainsi que des cours de langues pour le personnel[63].

58 Racine, 2001, p. 18.

59 Cf. Kaestli, 2001, p. 54.

60 Ville de Bienne, 2007, *Rapport de gestion de l'administration municipale de Bienne 2006*. www.biel-bienne.ch/files/pdf1/pra_stk_geschaeftsbericht_rapport_de_gestion_2006_d_f1.pdf.

61 www.biel-bienne.ch/lawdata/RDCo/pdf/100/153.013.pdf [1.8.2015].

62 Ville de Bienne, 2015, *Rapport de gestion de l'administration municipale de Bienne 2014*, p. 35. www.biel-bienne.ch/files/pdf6/VB_Geschaeftsbericht_20143.pdf [1.8.2015].

63 Bieler Tagblatt, 16 juin 2015.

Information, communication et signalétique

Toute communication officielle de la ville doit paraître dans les deux langues. Cette exigence est contenue dans le *Règlement de la ville* (art. 3, al. 2) et dans l'*Ordonnance concernant l'information par les autorités communales* (art. 3, al. 2)[64]. Elle vise tous les canaux d'information de la ville, en particulier le site Internet et la Feuille officielle.

Le site Internet est bilingue, c'est-à-dire que le contenu complet est disponible en version française et en version allemande (avec les URL www.bienne.ch, www.biel.ch et www.biel-bienne.ch). Dans la *Feuille officielle* hebdomadaire, l'*Organe de publication officiel pour Bienne et Évilard* (sous-titre) toutes les communications officielles sont publiées dans les deux langues. La publication contient aussi des annonces de privés et d'entreprises, pour lesquelles il n'existe pas d'exigences linguistiques. Les annonces paraissent donc en allemand, en français et sous forme bilingue, les textes en allemand dominent toutefois. En outre, la publication *À propos - le journal de la Ville de Bienne* parait trois fois par année. Il s'agit d'une publication bilingue qui informe sur le développement de la ville et qui est distribuée dans tous les ménages. Ici aussi, tout comme dans la *Feuille officielle*, les deux textes sont ordonnés un à côté de l'autre, le texte allemand paraissant dans la colonne de gauche (donc en premier dans le sens de lecture), ce qui donne l'impression qu'il s'agit de la langue la plus importante. Ceci corrobore le résultat de la labélisation que la ville de Bienne fait preuve d'une bonne communication bilingue, mais que l'allemand est la langue de communication principale.

Un service de traduction municipal est la condition pour une information bilingue. Celui-ci est réglé dans l'*Ordonnance relative au Service de traduction municipal*[65]. L'art. 2, al. 1 détaille les documents qui doivent être traduits dans l'autre langue (les documents pour le Conseil de ville, les règlements et ordonnances, les informations pour les médias et la population), l'al. 2 précise au contraire ceux qui ne doivent pas l'être, comme les rapports au Conseil municipal, ainsi que des rapports internes et la correspondance. Ceci démontre à nouveau qu'on attend des compétences au moins réceptives dans l'autre langue officielle de la part des collaborateurs et collaboratrices, ainsi que des membres des autorités politiques travaillant à plein temps.

Les publications qui ne sont pas traduites et qui paraissent de manière bilingue sans traduction en mode mixte, sont le *Rapport de gestion de la ville de Bienne* et les *Annales biennoises*. Pour les *Annales biennoises*, on veillera qu'un

64 www.biel-bienne.ch/lawdata/RDCo/pdf/100/152.05.pdf [1.8.2015].

65 www.biel-bienne.ch/lawdata/RDCo/pdf/100/103.24.pdf [1.8.2015].

nombre adéquat d'articles paraissent dans les deux langues (Ordonnance sur l'édition des Annales biennoises, art. 4, al. 1), toutefois, les articles « paraissent dans la langue maternelle de l'auteur » (art. 5, al. 2)[66]. Ce qui est intéressant, c'est à nouveau cette représentation binaire ; on ne s'imagine même pas qu'un-e auteur-e soit bilingue.

L'affichage, la signalétique et la toponymie en général font partie de l'image extérieure (*branding*). L'affichage officiel est pratiquement toujours bilingue, la version allemande figurant presque toujours en premier. C'est le cas pour les noms sur les plaques des rues (par exemple *Bahnhofplatz* est placé en dessus de *Place de la Gare*). Parmi les exceptions figurent quelques noms de quartiers : Madretsch ou Fuchsenried, par exemple, sont connus sous le nom allemand, alors que Beaumont ou Champagne le sont sous le nom français. En outre, quelques toponymes sont traduits de manière 'minimale' : *Büttenbergstrasse* devient en français *Rue du Büttenberg*, l'*Allée de la Champagne* en allemand *Champagneallee*.

Les plaques officielles sur les bâtiments publics, qui sont de l'autorité communale ou cantonale, sont également bilingues, l'allemand à nouveau avant le français, par exemple *Polizei – Police*, *Stadtbibliothek – Bibliothèque de la Ville*. Pour les plaques et les affiches innofficielles ainsi que pour la publicité dans l'espace public il n'existe pas de règlementation en matière de langue (mais des recommandations, par exemple de la part du *Forum du bilinguisme*). Ainsi, l'espace linguistique est très diversifié, mais l'allemand domine globalement[67].

La dénomination officielle de la ville est également intéressante : depuis 2005, le double nom innofficiel utilisé depuis fort longtemps, Biel/Bienne, est reconnu officiellement par le canton et la Confédération[68]. Le logo bilingue de la ville (cf. Fig. 3) fait preuve de créativité. En 1991, le Conseil de ville avait encore refusé le nom Biel-Bienne dans sa double appellation. À part l'aspect financier, on évoqua le fait que le nom allemand placé en tête pouvait heurter la minorité francophone[69]. Le nom double Biel/Bienne est utilisé en particulier dans des contextes où les deux communautés sont concernées, par exemple sur les panneaux indicateurs ou dans des statistiques, dans les autres cas, on utilise soit Biel, soit Bienne, selon la langue. Conrad remarque que l'utilisation parallèle des noms renforce l'impression de deux unités distinctes représentant deux groupes monolingues séparés[70].

---

66 www.biel-bienne.ch/lawdata/RDCo/pdf/400/424.31.pdf [1.8.2015].

67 Brohy et Schüpbach, 2012.

68 Brohy, 2009b, p. 19.

69 Bieler Tagblatt, 29 décembre 2011.

70 Conrad, 2004, p. 92.

Fig. 3: Logo de la ville de Biel/Bienne

Dans l'ensemble, on peut constater que le bilinguisme institutionnel est mis en œuvre de manière adéquate et en accord avec la règlementation. Il faut toutefois souligner[71] – que l'offre généralisée de services et informations dans les deux langues officielles n'encourage pas le bilinguisme individuel, mais permet de fonctionner de façon monolingue, soit en français, soit en allemand. Dans ce sens, l'image du bilinguisme qui se reflète dans le discours ne renvoie que partiellement la réalité linguistique.

Enseignement

L'enseignement public bernois est – du point de vue organisationnel et financier – une tâche parallèle du canton et des communes. La part financière des communes s'élève à un peu plus de 50% ; elles sont responsables des établissements scolaires et de l'organisation selon les dispositions cantonales (cf. 3.1). Cela implique qu'en ville de Bienne, il existe deux systèmes scolaires parallèles séparés, un en français, l'autre en allemand (Règlement concernant le domaine scolaire[72], art. 5, al. 1), systèmes qui reflètent les différences mentionnées ci-dessus. Au niveau de l'organisation, la ville de Bienne possède deux zones scolaires, une pour chaque langue, qui couvrent tout le territoire de la ville (art. 18). En plus, il existe deux commissions scolaires séparées (art. 22-24), lesquelles coordonnent néanmoins leurs tâches lors d'une conférence de coordination (art. 25-26). Les deux zones scolaires sont divisées en entités scolaires (art. 19), et, dans la mesure du possible, les zones de recrutement des deux entités sont coordonnées (art. 19), ce qui est pratiquement toujours le cas. Il existe en effet six unités primaires francophones et sept unités germanophones[73] ; seules dans les quartiers Mâche et Boujean, les zones de recrutement ne semblent pas être complètement identiques, et les unités primaires germanophones de Madretsch et Champ du Moulin sont regroupées avec l'unité francophone de Rivières. La plupart des bâtiments scolaires sont utilisés par des classes germanophones et francophones, qui sont toutefois à nouveau gérées de manière séparée sur le

71 Cf. aussi Brohy, 2009 et Schüpbach, 2008.

72 www.biel-bienne.ch/lawdata/RDCo/pdf/400/430.1.pdf [1.8.2015].

73 Cf. www.biel-bienne.ch/files/pdf4/bks_sus_schuleinheiten_f_140124.pdf et https://www.biel-bienne.ch/files/pdf3/bks_sus_schuleinheiten_d_130820.pdf [1.8.2015].

plan organisationnel et administratif, et disposent également de directions d'écoles et d'un corps enseignant séparés. Malgré cela, le contact informel entre germanophones et francophones est affaire courante, en particulier au sein des Écoles à journée continue communes qui existent dans la plupart des établissements scolaires.

Le développement du système scolaire d'une ville bilingue parcourt trois phases[74]. Durant la première, qui a duré à Bienne jusqu'en 1955, il s'agissait d'établir une offre scolaire complète dans la langue minoritaire. De manière paradoxale, les locuteurs de la langue minoritaire acquièrent durant cette période un haut degré de bilinguisme, comme ils parcourent une partie au moins de leur scolarité dans la langue majoritaire. Dans une deuxième phase, ces deux systèmes parallèles se développent de manière séparée, les élèves en sortent généralement monolingues[75]. Lors de la troisième phase, dans laquelle se trouve actuellement Bienne, le potentiel du bilinguisme est reconnu, et des programmes et projets bilingues sont initiés. La ville de Bienne soutient de tels projets par deux *responsables des projets bilingues* employées à temps partiel. Les bases se trouvent dans la *Loi cantonale sur l'école obligatoire* (LEO, art. 9a, cf. 3.1 ci-dessus) et fixées en 2008 dans les deux plans d'études par des compléments concernant l'enseignement immersif[76]. Que des projets bilingues aient été initiés si tardivement dans le canton bilingue de Berne et à Bienne est en partie explicable par le besoin compréhensible de la minorité francophone de disposer d'un droit à l'enseignement dans sa langue, et de renforcer ainsi son statut, sa culture et son identité.

L'école de Boujean a un rôle de pionnier en matière de programmes bilingues. Elle a réalisé de 1998 à 2006 le projet *Ponts-Brücken*[77]. Dans le cadre de ce projet immersif partiel, les élèves de la 1e à la 4e classe primaire ont bénéficié de quatre leçons hebdomadaires (dès 2003 de deux) dans l'autre langue officielle ainsi que d'autres activités bilingues. Ce projet a directement contribué au développement d'autres projets bilingues et à l'introduction de bases légales. Depuis 2010, il existe une filière bilingue dès la maternelle composée chaque année de deux classes, avec une immersion réciproque

---

74 Cf. Werlen, 2000, p. 211.

75 Roos, 2005, p. 1.

76 Dispositions générales complétant le plan d'études romand, Annexe 1, www.erz.be.ch/erz/fr/index/kindergarten_volksschule/kindergarten_volksschule/9_schuljahr.assetref/content/dam/documents/ERZ/AKVB/fr/Comeo%20nouveau/Plan/13.03-DispositionGen_Inh.pdf; Lehrplan für die deutschsprachige Volksschule : Zusätze für den Immersionsunterricht, www.erz.be.ch/erz/de/index/kindergarten_volksschule/kindergarten_volksschule/informationen_fuereltern/lehrplaene/volksschule.assetref/dam/documents/ERZ/AKVB/de/03_Lehrplaene_Lehrmittel/lehrplaene_lehrmittel_vs_immersionsunterricht_d.pdf. [1.8.2015].

77 Cf. Roos, 2005 ; Merkelbach, 2007.

(50% en français et 50% en allemand), comprenant un tiers de francophones, un tiers de germanophones et un tiers d'allophones, cette filière se trouve donc en 2015 en 4e primaire.

Le secondaire II – c'est-à-dire les lycées, les écoles de culture générale et les écoles professionnelles – est réglé et géré au niveau cantonal. Le Gymnase français de Bienne et le Gymnase germanophone Biel-Seeland offrent conjointement une Maturité (Baccalauréat) bilingue sur la base de l'immersion réciproque. Dans les écoles professionnelles, il y a quelques cours bilingues, mais en principe, les cours sont séparés selon les langues. Au niveau tertiaire, plusieurs sections de la Haute école spécialisée bernoise sont implantées à Bienne, à l'intérieur desquelles certaines enseignent de manière bilingue.

Choix de la langue de scolarité

Lors de l'inscription des enfants à l'école, les parents biennois choisissent une langue de scolarité qui reste la même pour toute la scolarité obligatoire[78] ; un changement de la langue de l'école n'est possible que dans des cas exceptionnels[79]. Il est donc possible qu'une famille francophone envoie son enfant à l'école allemande, et vice-versa. Ceci semble récemment être de plus en plus souvent le cas[80]. Il faudra voir si le phénomène perdure.

La disposition cantonale selon laquelle les enfants fréquentent en principe l'école obligatoire de leur domicile (LEO, art 7, al. 1) signifie qu' « il n'a en général pas le droit d'être admis gratuitement à l'école d'une commune voisine où l'enseignement sera donné dans sa langue maternelle »[81]. Ceci peut mener à des problèmes, particulièrement dans des régions urbanisées le long de la frontière linguistique, par exemple dans l'agglomération biennoise, comme le « cas Nidau » l'illustre. Domiciliés dans des communes officiellement germanophones bordant Bienne, 125 élèves ont fréquenté en 2013/14 des écoles francophones en ville de Bienne, desquels 93 venaient de Nidau[82]. La commune de Nidau, voisine directe de Bienne, comptait fin 2014 6 984

---

78 Règlement concernant le domaine scolaire, art. 5, al. 2, www.biel-bienne.ch/lawdata/RDCo/pdf/400/430.1.pdf [1.8.2015].

79 Ordonnance concernant le domaine scolaire, art. 1, www.biel-bienne.ch/lawdata/RDCo/pdf/400/430.11.pdf [1.8.2015].

80 D'après un reportage radiophonique du 26 mars 2015 (cf. www.rts.ch/info/regions/berne/6651572-les-classes-enfantines-en-allemand-prisees-par-les-francophones-biennois.html) la ville de Bienne ouvre six nouvelles classes maternelles en 2015/16, toutes en allemand ; ceci est dû à la demande accrue.

81 Wilson, 1999, p. 312.

82 *Journal du Jura*, 21 mai 2014.

habitant-e-s, dont environ 16% de francophones[83]. Nidau est officiellement germanophone selon la Constitution cantonale (art. 6, al. 3) et les écoles nidowiennes sont donc exclusivement germanophones. Selon l'art. 4 du Règlement scolaire de Nidau, les enfants peuvent fréquenter une classe francophone à Bienne. Toutefois, pour des raisons financières, les autorités nidowiennes ont décidé d'abolir cet art. 4, et, par conséquent, les enfants francophones auraient dû fréquenter l'école allemande de Nidau dès 2014/15. Le Parti Radical Romand de Nidau a toutefois lancé un référendum, afin de provoquer une décision populaire. La campagne avec le slogan « Touche pas à mes Welsch[84] à Nidau » était un succès, et le 18 mai 2014, 54% des votants ont refusé la proposition des autorités. Ainsi, les enfants francophones nidowiens peuvent toujours fréquenter l'école française à Bienne à la charge de la commune de Nidau.

Ce cas illustre non seulement les problèmes potentiels dans des « zones de transitions » des deux côtés d'une frontière linguistique[85], mais aussi la tension entre la liberté de la langue constitutionnellement garantie, la protection des minorités et le principe de territorialité, en particulier dans le domaine de l'enseignement. À Fribourg également, le changement de cercle scolaire pour des raisons de langue suscite de vifs débats.

Fribourg

Histoire de la politique linguistique

Les points de suture entre les Alamans et les Burgondes (cf. chapitre 2) se situe près de la Sarine, rivière qui est devenu le symbole suisse des différences réelles ou imaginaires entre Romands et Alémaniques (le *röstigraben*). C'est à ce carrefour linguistique européen, plutôt une frange bilingue qu'une frontière linguistique, que le Duc Berthold IV de Zähringen fonda en 1157 la Ville de Fribourg en tant que bastion contre la noblesse. On se plait à dire qu'elle reflète le bilinguisme de son fondateur, issu d'une union entre une Bourguignonne et un Souabe. Son bilinguisme fait en quelque sorte partie de son ADN. Comme son nom l'indique en allemand (Frei-burg, place fortifiée libre), la ville a été affranchie et dotée de privilèges. On suppose que la population ait été linguistiquement mélangée dès le début, même si les premiers toponymes de la ville sont allemands et que les germanophones avaient au début probablement un poids numérique et politique plus

83 Commune officiellement germanophone, Nidau ne possède pas de statistique de ses communautés linguistiques. L'estimation de 16% de francophones est basée sur le recensement fédéral de la population de 2000.

84 Les Welsch étaient autrefois tous les locuteurs non germanophones, en particulier des langues romanes. Le terme qualifie aujourd'hui les francophones.

85 Kolde, 1981, p. 93.

important[86]. Les premiers actes officiels sont écrits en latin, comme cela était la coutume au moyen-âge, et la première école enseigne en latin. Puis, l'afflux de francophones devient plus important, la première école privée est française comme les premières dispositions officielles. Le premier texte législatif en allemand date de 1295[87]. Toutefois, au long des siècles, l'importance respective des langues fait des mouvements de balanciers au gré de la politique locale, nationale et européenne. À partir du 13e siècle, la Ville-République étend son influence sur les Anciennes Terres, un territoire situé de part et d'autre de la frontière linguistique mais majoritairement francophone, rattaché aux quartiers de la ville. Un réseau complexe et dense d'alliances et de traités lie Fribourg à d'autres villes, tant francophones que germanophones. En 1409, une « Loi contre les simulacres de guerre des enfants allemands et romands » est promulguée :

> [...] que dix orenavant ly enfantz grant ou pitty ne fatzent la vellye de la saint Johan ne autre jour partye en disant Alaman contre Roman [...] emportent, tentzonne, ou combattent en quelque magnere que ce soit (Recueil diplomatique 1860 :135)[88].

En 1424, les notaires de la ville sont habilités à utiliser tant le français que l'allemand pour la rédaction de leurs actes, ils peuvent stipuler « en teif [allemand] et en rommant [français] »[89]. En 1474, un visiteur, le chevalier Waldheim, écrit dans son journal que « la ville de Fribourg est une ville marrante, à moitié allemande et à moitié française. On doit élire le conseil chaque année pour moitié de personnes allemandes et française »[90].

Après une courte période savoyarde (1452-1477), la ville cherche des alliés du côté des cantons suisses qui étaient à cette époque tous de langue allemande, et en 1481, Fribourg est admis dans la ligue des cantons en tant que premier canton avec une population en partie de langue française, il est donc la première pierre à l'édifice plurilingue de la Confédération. Vers la fin du 15e siècle le français avait été d'abord majoritairement utilisé pour les procès-verbaux et les textes législatifs, puis on passe par une période bilingue et ensuite à l'allemand après l'entrée de Fribourg dans la Confédération[91]. Pour lui prouver son allégeance, les autorités fribourgeoises déploient une politique linguistique en faveur de l'allemand. Elles encouragent l'utilisation de l'allemand dans les familles et les écoles et les familles patriciennes

---

86 Zimmerli, 1895, p. 73.

87 *Recueil diplomatique*, 1839, p. 167.

88 *Recueil diplomatique*, 1860, p. 135.

89 *Recueil diplomatique*, 1863, p. 166.

90 Welti, 1920, p. 94, notre traduction, original : « Die stad Fryborg ist eyne lustige stad, vnd ist halp duczsch und halp welsch. Man muss ouch den radt do selbist alle iar halp von duczschen vnd halp von welschen luten kiesen ».

91 Schnetzer, 1979/80.

germanisent leurs patronymes, Tornare en Dreyer, Cugniet en Weck, Faulcon en Falk, Gendre en Techtermann (Tochtermann = mari de la fille). Mais il faut faire la différence entre droit et usage, public et privé, en matière d'utilisation des langues.

Aux 17e et 18e siècles, l'influence politique et culturelle de la France et du français est grande en Europe, ce qui accentue l'usage du français à Fribourg. De surcroît, les Fribourgeois ont une longue tradition de services mercenaires pour les rois de France. Les familles patriciennes utilisent les deux langues, le français étant plutôt la langue des femmes, l'allemand celle des hommes[92] qui en ont besoin pour leurs réseaux sociaux et leurs activités économiques. Fäsi, dans sa description de la Confédération suisse, décrit de la sorte la situation linguistique de la ville après le milieu du 18e siècle :

> « Le Conseil et les tribunaux traitent les affaires en allemand. Dans les chancelleries, on utilise essentiellement cette langue […] L'utilisation de la langue allemande dans les assemblées du Conseil, les chancelleries et quelques églises est la raison pour laquelle cette langue n'a pas complètement disparu face au français dans la capitale et le canton. Les personnes qui cherchent un quelconque avantage, et en particulier la gente féminine, se servent du français ou du patois, presque de la même manière que les habitants du Pays de Vaud »[93].

La République helvétique (1798-1803) et la Médiation (1803-1814) donnent le poids politique au français, et le français est déclaré langue nationale. La Restauration de 1814 redonne le pouvoir à l'Ancien régime, et, corolairement, à la langue allemande. Si les patriciens doivent savoir l'allemand et le français pour être élus au Grand Conseil et au Petit Conseil, les procès-verbaux et les décisions des deux Conseils et ceux des autorités supérieures sont rédigés en allemand, la langue nationale suisse. Ces dispositions n'ont probablement pas eu beaucoup d'incidences sur la pratique quotidienne des langues de la population.

Avant 1848, les districts de la Singine et de la Sarine étaient réunis, et Fribourg était donc la capitale d'un territoire bilingue. Le Gouvernement radical du 19e siècle n'était pas favorable à l'allemand, et le développement de la ville s'est opéré essentiellement en français, ce qui a provoqué des inégalités de traitement entre les deux communautés linguistiques, inégalités qui ont commencé à être dénoncées dès la moitié du 20e siècle, en particulier par la DFAG. Le manque de prestige de l'allemand avait poussé la communauté germanophone à s'assimiler au français. Elle voyait dans le français un moteur de l'ascension sociale ; preuve en sont les nombreuses personnes qui portent des noms de famille allemands ayant des connaissances

92 Haas, 2000, p. 4.

93 Fäsi, 1766 , p. 600-601, notre traduction.

uniquement scolaires de l'allemand. Mais, petit à petit, les discriminations ont été éliminées, ou du moins atténuées, au niveau de l'Administration communale, de l'enseignement, de la voie publique, etc.

Statistiques démographiques

La ville de Fribourg comptait fin mai 2015 une population totale de 41 447 personnes (64,9% de Suisses, 35,1% d'étrangers)[94]. Contrairement à Bienne ou l'immigration latine de l'Europe du Sud (italienne, puis espagnole et portugaise) vient renforcer la communauté francophone minoritaire, elle vient à Fribourg agrandir celle de la majorité. En effet, ces communautés choisissent généralement le français comme langue d'administration et de l'école.

Tab. 6 :

Évolution démographique des communautés linguistiques de la ville de Fribourg (en %)[95]

Année	Français	Allemand	Italien	Autres
1888	62.0	37.1	0.8	0.1
1900	61.4	35.4	2.3	0.9
1910	60.9	32.9	3.8	2.4
1930	62.7	33.3	2.2	1.8
1950	63.0	33.2	2.1	1.6
1970	56.5	28.0	8.6	6.9
1990	58.4	22.8	4.9	13.8
2000	63.6	21.2	3.8	11.4
2010*	70.4	20.4	3.5	40.8

Fig. 4 :

Évolution démographique des communautés linguistiques de Fribourg 1888-2000 (en %)

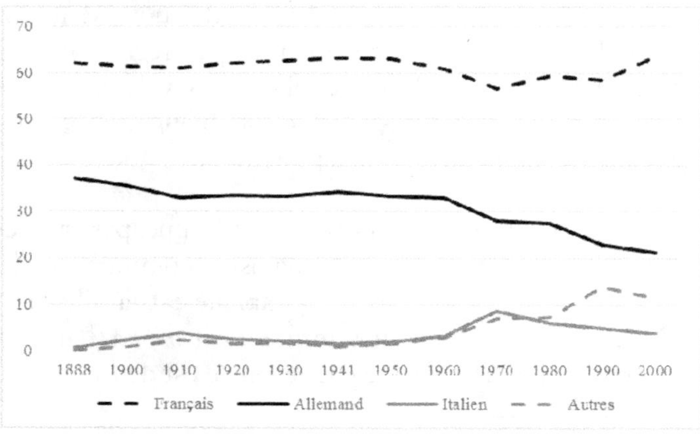

94 1700, no. 316, p. 5, http://www.ville-fribourg.ch/vfr/files/pdf76/1700_No_316.pdf.

95 Office fédéral de la statistique (OFS) : *Encyclopédie statistique de la Suisse* www.bfs.admin.ch/bfs/portal/fr/index/infothek/lexikon/lex/0.html.

Autrefois, les germanophones, souvent immigrés de la Singine, se logeaient plutôt dans les quartiers miséreux de la ville basse. À la fin du 19e siècle, Zimmerli évalue la proportion d'Alémaniques dans le quartier de l'Auge, en Basse-Ville, à deux tiers[96].

En 2013, 26,6% de la population de la ville se déclarait bilingue ou multilingue, contre 21,9% de celle du District de la Sarine ou 16,9% de celle du Canton de Fribourg (population à partir de 15 ans, Service de statistique). Nous voyons donc clairement que le multilinguisme est une caractéristique essentiellement urbaine. En 2014, la langue de diffusion (langue administrative) pour les personnes au bénéfice d'un permis d'établissement et de séjour était le français pour 83,2% et donc l'allemand pour 16,8%,[97] et la distribution des langues est de 49,5% pour les francophones, 15,5% pour les germanophones, et donc de 35% pour les allophones. Des 37,3% d'étrangers, 10,1% venaient du Portugal. Même si les langues de la migration n'ont pas de statut officiel, certaines informations sont publiées dans les plus importantes, comme par exemple celles sur le tri et la gestion des déchets qui sont publiées, en plus du français et de l'allemand, en anglais, croate/serbe, espagnol, italien, portugais et turc.

Au vu des statistiques démographiques, on ne peut manifestement ni parler de germanisation ni de reconquête territoriale[98].

Législation

La commune de Fribourg ne s'est jamais déclarée officiellement bilingue, invoquant des répercussions financières trop importantes engendrées par la traduction systématique et des services bilingues. À cela s'ajoutent des peurs identitaires de la part de la population romande, qui est minoritaire au niveau national. Il est intéressant de noter que le régime linguistique est libellé de manière diverse : « ville francophone », « ville francophone avec une minorité alémanique », « ville mixte », « ville bilingue » ou, compte tenu du fort pourcentage d'allophones, « ville plurilingue ».

La nouvelle Constitution cantonale[99] ne statue pas sur les critères applicables pour l'octroi d'un statut de bilinguisme communal officiel. Selon l'art. 2 al. 2 « Sa [du canton de Fribourg] capitale est la ville de Fribourg, Freiburg en allemand », ce qui est une mention *implicite* au bilinguisme communale, la mention plus explicite « La capitale est dénommée Fribourg/

---

96 Zimmerli, 1895, p. 73.

97 Conseil communal de la Ville de Fribourg, Rapport de gestion de l'exercice 2014, p. 24.

98 Clerc, 2000, p. 13.

99 Constitution du Canton de Fribourg du 16 mai 2004 (révision du 20 juin 2008), http://bdlf.fr.ch/data/10.1/fr [1.8.2015].

Freiburg, elle est bilingue » ayant été refusée par le plénum de la Constituante[100], et l'art. 2 al. 3 exprime le bilinguisme de manière potestative, « La langue officielle des communes est le français ou l'allemand. Dans les communes comprenant une minorité linguistique autochtone importante, le français et l'allemand peuvent être les langues officielles ». Pour éviter toute confusion avec Fribourg en Brisgau, il avait été avait proposé d'ajouter le toponyme en dialecte alémanique, Fryburg, ce qui a été refusé tant en commission qu'au plénum.

La proposition d'inscrire l'obligation de légiférer en matière de bilinguisme a également été refusée par la Constituante. Différents avis de droits et prises de positions d'associations ont été émis sur la question, dans l'opinion publique (tables rondes, lettres de lecteurs, etc.) c'est l'argument démographique et statistique qui prévaut. La Communauté romande du Pays de Fribourg (CRPF), qui défend le caractère romand du canton et le principe de territorialité, propose les pourcentages suivants pour le groupe minoritaire afin que la commune puisse jouir du statut d'entité « mixte » : pour les communes de moins de 1000 habitants : 40%, de 1000 à 5000 : 35%, plus de 5000 : 30%. Fribourg et Morat, en tant que capitale et chef-lieu respectivement, doivent bénéficier d'un statut particulier. « Ce statut reconnaît à la minorité linguistique le droit de bénéficier de facilités pour autant que celles-ci n'impliquent aucun inconvénient pour la majorité »[101]. Plus tard, la position s'est même radicalisée : « Seul l'usage officiel d'une seule langue par commune qu'il [= le principe de territorialité] permet de sauvegarder l'intégrité et l'homogénéité des territoires linguistiques cantonaux »[102].

Selon les buts énumérés à l'art. 3 de ses statuts, les domaines d'activités de l'Agglo, qui regroupe dix communes du Grand-Fribourg, concernent l'aménagement du territoire, la mobilité, la protection de l'environnement, ainsi que la promotion économique, touristique et culturelle. Elle comprend la ville bilingue de Fribourg, huit communes francophones et la commune germanophone de Guin (Düdingen en allemand) qui a demandé la sortie du périmètre de l'Agglo en 2014, demande qui a été refusé par le Conseil de l'Agglo. Le chef-lieu de la Singine, Tavel (Tafers en allemand) n'avait quant

100 Commission 1 de la Constituante, « Principes fondamentaux, relations extérieures, langues », *Rapport intermédiaire à l'intention de la Constituante pour la séance du 28 septembre 2001*, p. 12, http://appl.fr.ch/constituante/doc/fichiers/rapp_comm/rapp_imterm/rapp_interm_c1_f.doc [1.8.2015].

101 CRPF (1995) : *Le Manifeste de Marly*, p. 13.

102 Rebetez, 2004, p. 9.

à lui pas adhéré à l'Agglo. Les Statuts de l'Agglo règlent à l'art. 7 l'aspect des langues[103].

1. Les membres des organes et des commissions de l'agglomération s'expriment en français ou en allemand.
2. Les documents à l'intention du public et des communes sont rédigés dans les deux langues.
3. Les relations entre un(e) citoyen(ne) et les services de l'agglomération se déroulent en français ou en allemand selon la langue de l'intéressé.

Le Règlement administratif concernant le fonctionnement du Conseil communal et l'organisation de l'administration du 20 novembre 2012 ne comprend aucune disposition relative aux langues ou au bilinguisme.

Autorités et signalétique

En 1993, le Tribunal administratif du Canton de Fribourg a déclaré que le bilinguisme de la capitale était officiel en statuant : « La ville de Fribourg est une commune bilingue : le français et l'allemand y sont langues officielles »[104]. Cette décision était l'épilogue d'un long bras de fer entre la fraction écologique du Conseil général (Parlement municipal), qui estimait qu'un recours écrit en allemand était recevable sans traduction vers le français, et le préfet du District de la Sarine, qui exigeait une version française. De sa part, le Conseil d'État avait déjà reconnu le bilinguisme officiel de la capitale dans un arrêt en 1992, en raison de la proportion et de la stabilité de la population alémanique[105].

Le Conseil général est constitué de 80 membres. Selon l'art. 45 de son Règlement :

1. Les membres s'expriment en français ou en allemand.
2. Sur demande du Bureau, les documents importants sont fournis aux membres en français et en allemand. Dans tous les cas, les messages comportent un résumé dans l'autre langue[106].

Quelques parlementaires parlent l'allemand, ou parfois en français et parfois en allemand. Le français domine toutefois, et des Alémaniques disent parler le français « pour être compris » (communication personnelle). Certaines

---

103 L'Agglo comprend 70.4% de francophones, 24.2% de germanophones et 32.9% d'autres langues (2013, population résidante dès 15 ans, total 63'00 personnes, plusieurs réponses possibles). Nous remercions Reto Messikommer, Anne Brunschwig et Jan Märki du Service de statistique du canton de Fribourg de leurs précieuses informations. Cf. Agglomération de Fribourg (2008) : Statuts, www.agglo-fr.ch/fileadmin/user_upload/Juridiques/reglements_statuts/f_080219_Statuts.pdf [1.8.2015].

104 *Revue fribourgeoise de jurisprudence*, 1993:208.

105 Cf. *Chronique fribourgeoise*, 1992, p. 13 https://doc.rero.ch/record/10819/files/chronique_92.pdf [25.8.2015].

106 Règlement du Conseil Général de la Ville de Fribourg du 18 février 2008. www.ville-fribourg.ch/files/pdf25/012_cg1.pdf [25.8.2015].

interventions au parlement concernent les langues et le bilinguisme (classes bilingues, bilinguisme officiel, noms des rues bilingues, etc.). Des cinq membres du Conseil communal (Gouvernement municipal), un seul est bilingue et a grandi dans la périphérie germanophone de Fribourg. Les débats se déroulent en français.

La ville, qui constitue un des huit cercles électoraux du canton, délègue 15 députées et députés au Grand Conseil parmi les 110. Selon les langues indiquées dans la liste de la députation, deux personnes sont de langue allemande (13,3%).

Le site Internet officiel de la commune (www.ville-fribourg.ch) est bilingue, sans que toutefois toutes les informations ne soient fournies dans les deux langues. La publication mensuelle officielle d'information de la commune, dont le titre est *1700* et le sous-titre *Bulletin d'information de la Ville de Fribourg – Mitteilungsblatt der Stadt Freiburg*, paraît dans les deux langues. Les communications du Conseil communal et les délibérations du Conseil général figurent dans les deux langues (le français en haut ou à gauche). Les informations concernant les associations et les manifestations paraissent en français. Étant donné que la ville n'a jamais officiellement proclamé son bilinguisme, en voulant se donner une nouvelle identité visuelle en 2013, elle a remplacé son logo en français par un autre logo unilingue en français, ce qui a provoqué un tollé ; les autorités communales ont donc décidé de surseoir à ce projet[107]. Les emplois de la ville sont mis au concours dans les deux langues. En ce qui concerne le profil linguistique souhaité, on recherche par exemple un-e concierge « De langue française ou allemande avec de bonnes connaissances de la langue partenaire » ou un-e secrétaire « De langue française ou allemande avec de très bonnes connaissances de la langue partenaire »[108].

Fig. 5 : Les logos de la ville, à droite la version abandonnée

En ce qui concerne la signalétique des rues, certains lieux-dits allemands sont entrés dans des noms de rues et de quartiers (Schönberg, Windig, Lenda, Stalden), mais la dénomination des rues et des places était entièrement

[107] Cf. aussi Delphine Gendre (2013, *Le nouveau logo de Fribourg fâche les Alémaniques*, www.rts.ch/info/regions/fribourg/4710438-le-nouveau-logo-de-fribourg-fache-les-alemaniques.html [22.8.2015].

[108] www.ville-fribourg.ch/vfr/fr/pub/officielle/admin_generale/rh.htm [22.8.2015].

française dès le début du 20e siècle. Depuis les années 1970, les Alémaniques revendiquent des traductions des noms français et la restitution des noms allemands, toujours vivaces. Après une longue période d'hésitation (pose « sauvage » de plaques bilingues, intervention au Conseil général, groupe de travail, etc.), 22 rues et places sont signalées depuis 1991 par des panneaux bilingues, sur les 307 que comptent la ville, ce qui donne un taux de 7%. Les rues et places en question devaient satisfaire aux critères suivants : emplacement dans le centre historique de la vieille-ville, historicité, usage continu et actuel du toponyme allemand[109].

Le nom de la gare de Fribourg représentait également un contentieux de longue date. Finalement, en 2012, des panneaux bilingues ont été installés à la gare, en même temps que dans la ville de Murten/Morat.

Enseignement

À Fribourg, les premières écoles publiques enseignent en latin et la première école privée enseigne en français. Vers le milieu du 15e siècle, on ouvre une école allemande, et le rapprochement, puis l'intégration de Fribourg aux cantons alémaniques de la Confédération accentue l'influence de l'allemand dans les écoles. Le Conseil prie les Jésuites d'exercer les élèves le plus possible à la langue allemande. Dès le début du 20e siècle, les écoles françaises se développent tandis que les écoles allemandes stagnent et présentent des lacunes patentes, en particulier pour la formation du corps enseignant, la formation professionnelle, le lycée pour les garçons, au sein duquel les deux dernières années devaient être accomplies en français jusqu'en 1968. Les inspecteurs des classes allemandes étaient souvent de langue française, et les élèves alémaniques méritant se voyaient offrir des livres en français en guise de prix. L'amélioration de l'offre scolaire en allemand fait partie des revendications de la DFAG et des Alémaniques. L'immigration des Bernois avait mené à la création d'une école réformée au 19e siècle, l'École libre publique, qui est devenue en 2000 une école régionale de langue allemande pour la minorité alémanique résidant dans les communes francophones avoisinantes, sans connotation religieuse.

Aujourd'hui, toute la scolarité peut être accomplie en français ou en allemand, selon le principe de personnalité. Il y a sept écoles de quartier françaises pour les deux degrés de l'école enfantine (maternelle) et les six degrés de l'école primaire, ainsi que quatre écoles allemandes avec des classes

109 Cf. Schneuwly, 1995 ; Brohy, 2011.

enfantines et primaires[110]. Au niveau de l'école secondaire inférieure, appelée Cycle d'orientation (CO), la ville dispose de trois établissements de langue française et un de langue allemande. Les élèves qui ne parlent ni le français ni l'allemand sont intégrés dans des classes d'accueil. Pour le secondaire supérieur, il existe trois gymnases (lycées) et une École de culture générale qui offrent des programmes en français et en allemand, ainsi que des classes bilingues. Les écoles professionnelles enseignent en français et en allemand, certains cours sont bilingues.

Selon une brochure d'information de la ville « la scolarité peut être accomplie à tous les niveaux en deux langues »[111], ce qui induit en erreur. En effet, la scolarité peut être parcourue soit en français soit en allemand, l'enseignement bilingue n'existe partiellement qu'au niveau secondaire supérieur (Maturités bilingues, cours professionnels bilingues) et au niveau tertiaire.

L'Université pratique un bilinguisme administratif, pédagogique, scientifique, social et culturel, elle propose des formations en français, en allemand et bilingues, à géométrie variable selon les facultés. La Haute école pédagogique (HEP), qui a succédé à l'ancienne École normale, est bilingue. Elle propose une immersion légère obligatoire dans la langue partenaire, ainsi que deux modèles de bilinguisme renforcé. Des cours bilingues existent aussi dans les Hautes écoles spécialisées.

Contrairement au canton qui a de justesse refusé la révision de la Loi scolaire qui prévoyait des cours bilingues en langue partenaire, la ville a accepté la proposition lors de la votation du 23 septembre 2000.

Culture et médias

Contrairement à Bienne, Fribourg ne possède pas de médias bilingues. Deux quotidiens existent, *La Liberté*, francophone – *Quotidien romand édité à Fribourg* – et les *Freiburger Nachrichten – Seul quotidien germanophone du canton bilingue de Fribourg*[112]. Il y a une radio privée, *Radio FR*, qui émet en français et en allemand sur deux fréquences distinctes, mais qui est gérée de manière

---

110 Le Règlement des écoles enfantines et primaires de la ville de Fribourg du 22 mars 1993 (Ville de Fribourg, 1993) prévoit à son art. 11 des projets d'apprentissage de la langue partenaire, ainsi que des classes bilingues, ce qui n'a toutefois jamais été réalisé. Le Règlement ne mentionne pas l'existence d'écoles qui enseignent dans les deux langues de manière immersive. Une association, École bilingue Fribourg, a œuvré de 1991 à 1996 pour l'ouverture de classes bilingues durant la scolarité obligatoire.

111 Conseil communal, 2008-2010, p. 17.

112 Selon son site Internet (www.freiburger-nachrichten.ch) : « Il est porte-parole de la population germanophone du canton. Toutefois, il promeut également la compréhension pour la population francophone, est à l'écoute de ses préoccupations et promeut le dialogue » (notre traduction).

bilingue. La télévision privée, *La télé*, est francophone, elle représente les cantons de Fribourg et de Vaud.

Contrairement à Bienne, où la *Bibliothèque de la ville de Bienne* est bilingue, la ville possède une bibliothèque de langue française, la *Bibliothèque de la ville*, et une de langue allemande, la *Deutsche Bibliothek*[113]. Elles ont un statut différent, la bibliothèque francophone appartient à la ville, tandis que celle de la langue allemande est une association créée en 1971 qui est subventionnée par la ville.

Comparaisons entre les deux villes

Les différences entre les deux villes bilingues sont dues à des facteurs historiques, démographiques, économiques, culturels et politiques qui se manifestent et se matérialisent dans divers domaines avec des conséquences diverses :

- La ville de Bienne est 25% plus peuplée que Fribourg qui, par contre, jouit d'un statut de capitale cantonale et ville universitaire,
- Le bilinguisme se développe à un moment et à un rythme différent : Bienne devient bilingue de manière rapide et affirmée aux 19e et 20e siècles, alors que Fribourg est bilingue de fait dès sa fondation en 1157, et que la et les langues officielles changent au gré de l'histoire et de la perception du prestige des langues,
- Le statut de minorité / majorité est respectivement inversé ce qui a des répercussions sur l'identité, la culture et les revendications linguistiques : les francophones de Bienne sont minoritaires à tous les niveaux (municipal, cantonal, fédéral), alors que les germanophones de Fribourg sont minoritaires au niveau municipal et cantonal, mais majoritaires au niveau fédéral, l'immigration soutenue au 20e siècle a augmenté la minorité à Bienne, mais la majorité à Fribourg,
- À Bienne, le bilinguisme institutionnel est plus conséquent et plus proactif, il y a plus de transparence, plus de règlementation et un degré de légifération plus important, ce qui est certainement aussi dû à l'histoire du canton de Berne et du Jura,
- À Bienne, le bilinguisme est plus emblématique et visible et il y a une relation réciproque entre la politique linguistique et le paysage linguistique, par exemple dans les noms des rues bilingues et le site Internet traduit systématiquement,
- Le discours officiel autour du bilinguisme est généralement positif à Bienne et il y a une promotion active du bilinguisme, et, de manière générale Fribourg n'aime pas être comparé à Bienne en ce qui concerne la gestion du bilinguisme[114],
- Le dialecte a un autre statut à Bienne, qui peut être utilisé au niveau des autorités politique et qui est appris informellement par les Romands[115], alors qu'à Fribourg, l'allemand standard est choisi,

113 On voit clairement que l'utilisation par défaut d'une expression est l'apanage de la majorité. La minorité ajoute pour préciser « *Deutsche* Bibliothek », alors que la « *Bibliothèque* » est francophone.

114 Cf. par exemple Brachetto, 1990.

115 Brohy, 2011, p. 123 ; Elmiger et Conrad, 2005, p. 37.

- En ville de Fribourg, les relations se sont apaisées ces dernières années, il reste encore des revendications par exemple au niveau des commerces, de l'Administration communale et de La Poste, mais de plus en plus de personnes se sentent impliquées dans des liens et des réseaux plus vastes que ceux d'une ville et voient les avantages du bi- et plurilinguisme.

Conclusions : Protection des minorités ou promotion du plurilinguisme ?

Dans une ville bilingue, où les communautés linguistiques ne sont pas séparées géographiquement ou socialement, les deux principes fondamentaux de protection des minorités et de promotion du plurilinguisme se complètent de manière générale et s'opposent parfois de manière spécifique, tout comme cela peut être le cas avec la liberté de la langue, le principe de territorialité et le principe de personnalité. Le bilinguisme institutionnel protège les minorités en lui accordant les mêmes droits qu'à la majorité, mais peut mener à une séparation des communautés, ce qui à son tour peut certes aussi éviter des conflits mais entraver la prise de contact.

Comme il a été évoqué au chapitre 2, le fédéralisme et le principe de subsidiarité matérialisent au niveau local, donc aussi à la frontière des langues, la possibilité d'élaborer des conditions-cadres pour la protection des minorités et la promotion du plurilinguisme. Mais c'est justement à la frontière des langues que se côtoient de manière intense et quotidienne les communautés linguistiques, avec des sensibilités de groupe, mais aussi d'individus. Selon le cas, la priorité ou l'emphase peut être donné à l'une ou l'autre démarche.

Tout comme la protection des minorités et la promotion du plurilinguisme, le bilinguisme institutionnel et le bilinguisme individuel peuvent se compléter ou parfois se contredire. Une « réalisation extrême d'un des deux types de bilinguisme tend à affaiblir l'autre : un bilinguisme institutionnel complet ne favorise pas le bilinguisme individuel, mais protège plutôt le monolinguisme des personnes, et un bilinguisme individuel généralisé rend des institutions bilingues superfétatoires »[116].

Si l'on dépasse une représentation binaire des langues[117] dans un système scolaire séparé et des traductions complètes et systématiques, la personne bilingue aurait droit à une pleine reconnaissance de son statut de locuteur.

---

116 Brohy 2009, p. 318.

117 Cf. aussi le « linguistic dualism » canadien selon Ricento, 2013, p. 476.

Bibliographie

ALTERMATT, Bernhard (2002), «Die reformierte Freie öffentliche Schule Freiburg zwischen Konfession und Sprache», *Zeitschrift für Schweizerische Kirchengeschichte*, 95, 79-116.

BOSCHUNG, Moritz (2013), «Der Sensebezirk: das wenig bekannte deutschsprachige Hinterland der Stadt Freiburg», *Deutschfreiburger Heimatkundeverein,* 25-30.

BOSCHUNG, Peter (1959), *Freiburg – ein zweisprachiger Kanton.* Sonderdruck aus dem Alemannischen Jahrbuch. Lahr.

BRACHETTO, Roland (1990), « Biel-Bienne la ville bilingue. La paix au prix d'une passivité bienveillante », *Le Pays de Fribourg*, 14, 2-8.

BROHY, Claudine (1989), « L'histoire de la politique linguistique de Fribourg (Suisse) », In: Pupier. P. *et al.* (éds.), *Langue et droit.* Actes du Premier Congrès de l'Institut international de droit linguistique comparé, 27-29 avril 1988 à l'UQAM, Montréal: Wilson & Lafleur, 375-385.

BROHY, Claudine (1992), *Das Sprachverhalten zweisprachiger Paare und Familien in Freiburg/ Fribourg (Schweiz).* Freiburg: Universitätsverlag.

BROHY, Claudine (1999), «Bilingual cities in Switzerland». In: Herberts, Kjell; Turi, Joseph G. (eds.): *Multilingual cities and language policies*: Proceedings from the sixth international conference on law and language. Villes plurilingues et politiques linguistiques: Actes de la sixième Conférence internationale sur le droit et la langue, 10-12 septembre 1998. Vaasa-Vasa: Abå Akademi University, 29-54.

BROHY, Claudine (2000), « Bienne ». In: Mackey, William F. (éd.): *Espaces urbains et coexistence des langues. Terminogramme*, 103-120.

BROHY, Claudine (2000), « Fribourg ». In: Mackey, William F. (éd.): *Espaces urbains et coexistence des langues. Terminogramme*, 121-145.

BROHY, Claudine (2006), « Perceptions du bilinguisme officiel et interactions bilingues à Biel/Bienne et Fribourg/Freiburg », *TRANEL* 43, juin 2006. 111-127.

BROHY, C. (2009), « Protection des minorités et promotion du plurilinguisme en Suisse : mesures et dispositifs ». In: Feytor Pinto, P., Brohy, C., et Turi, J.-G. (eds.)(2009): *Direito, língua e cidadania global – Droit, langue et citoyenneté mondiale - Law, language and global citizenship*. Lisboa. APP, 307-326.

BROHY, Claudine (2011), « Les langues s'affichent: signalétique, publicité et paysage linguistique dans deux villes bilingues suisses, Biel/Bienne et Fribourg/Freiburg », *Cahiers de l'ILOB*, vol. 2, 105-124.

BROHY, Claudine (2012), «Bilingualism and the city: Measuring linguistic conviviality with a language barometer», *Law, language and the multilingual state.* Proceedings of the 12th International Conference of the International Academy of Linguistic Law. Bloemfontein, South Africa: Sun Media, 103-123.

BROHY, Claudine (2013), «Sprachenlandschaft, zweisprachige Schilder und offiziell zweisprachige Städte», *Freiburger Notizen*, 26, 6.

BROHY, Claudine ; BÜRGE-LEU, Monika (2001), « Les langues dans l'Administration fribourgeoise ». *Travaux de la Constituante*, Commission 1.

BROHY, Claudine ; PY, Bernard (2008), « Espaces plurilingues. Les discours dans la ville ». In : Zarate, Geneviève ; Lévy, Danielle ; Kramsch, Claire (éds.) : *Précis du plurilinguisme et du pluriculturalisme.* Paris: Éditions des archives contemporaines, 293-298.

BROHY, Claudine; SCHÜPBACH, Doris (2012), «Fostering multilingualism or protecting minorities? Practice and discourse in officially multilingual cities». *Sociolinguistics Symposium, Language and the City*, Freie Universität Berlin, 21-24 August 2012.

BROHY, Claudine; WERLEN, Iwar; ZIMMERMANN, Hansmartin (1994), «Bern - der Brückenkanton: vom Verbindenden und Trennenden der Sprachgrenze», *Babylonia*, 1, 2, 26-42.

BÜCHI, A. (1896), «Die historische Sprachgrenze im Kanton Freiburg», *Freiburger Geschichtsblätter* 3, 33-53.

CLERC, Denis (2000), *Eins ...Zwei ! La germanisation en marche.* Fribourg : CRPF.

CONRAD, Sarah-Jane (2004), «Namen im zweisprachigen Kontext, Teil 2», *Bulletin suisse de linguistique appliquée* 80, 81-93.

CONRAD, Sarah-Jane, ELMIGER Daniel (éds) (2005), *Villes bilingues* – Zweisprachige Städte – Bilingual cities. Akten des Kolloquiums in Biel/Bienne, 19.-20. März 2004. *Bulletin Suisse de linguistique appliquée* 82.

CONRAD, Sarah-Jane, ELMIGER, Daniel (éds.) (2010), *Vivre et communiquer dans une ville bilingue : une expérience biennoise = Leben und Reden in Biel/Bienne : Kommunikation in einer zweisprachigen Stadt.* Tübingen : Narr.

CONRAD, Sarah-Jane, MATTHEY, Alexis, MATTEY, Marinette (2002), « Bilinguisme institutionnel et contrat social : le cas de Biel-Bienne (Suisse) », *Marges linguistiques* 3, 159-178.

DAGUET, A. (1889), *Histoire de la ville et seigneurie de Fribourg, des temps anciens à son entrée dans la Confédération suisse en 1481.* Fribourg.

DFAG (1981), *La Loi scolaire et le droit des langues. Une proposition relative à la nouvelle Loi scolaire du canton de Fribourg.* Fribourg : DFAG.

FÄSI, Johann Conrad (1766), *Genaue und vollständige Staats- und Erdbeschreibung der ganzen Helvetischen Eidgenossenschaft.* 2e vol. Bd. Zürich: Orell, Gessner und Compagnie.

HAAS, Walter (2000), «Sprachen in Freiburg», *Freiburger Notizen*, 2-4.

HERBERT, Kjell *et al.* (1998), «Urbes linguas suas habent: Fribourg-Freiburg, Bolzano/ Bozen, Vaasa/Vasa», *Skrifter utgivna av svensk-österbottniska samfundet,* 59.

INSTITUT fribourgeois (1969), *Chartes des langues.* Fribourg : Chancellerie de l'Institut fribourgeois.

JECKER, Micheline, RÉRAT, Cédric (2001), *La question jurassienne : bibliographie sélective et rétrospective 1881-1999.* Genève: HEG, Information et documentation.

KAESTLI, Tobias (2001), *Der Amtsbezirk Biel und der Berner Jura* : Historischer Bericht verfasst im Auftrag der Projektorganisation 'Zweisprachiger Amtsbezirk Biel'. Berne.

KOLDE, Gottfried (1981), *Sprachkontakte in gemischtsprachigen Städten. Vergleichende Untersuchungen über Voraussetzungen und Formen sprachlicher Interaktion verschiedensprachiger Jugendlicher in den Schweizer Städten Biel/Bienne und Fribourg/Freiburg i.* Ü. Wiesbaden: Franz Steiner.

MERKELBACH, Christian (2007), *Bonjour – Guten Tag – Grüezi : de la cohabitation aux échanges entre communautés linguistiques.* Rapport final sur l'expérience d'immersion à l'école primaire de Bienne-Boujean. Tramelan : Section recherche, évaluation et planification pédagogiques, Direction de l'instruction publique du canton de Berne.

PICHARD, Alain (1975), « Les minorités alémaniques. Fribourg : Sortis du ghetto », *20 Suisses à découvrir*. Lausanne : 24 Heures, 184-192.

PICHARD, Alain (2004), *La question jurassienne : avant et après la naissance du 23e Canton suisse*. Lausanne : Presses polytechniques et universitaires romandes.

RACINE, A. Jean (2001), *Über die Bedeutung der Zweisprachigkeit im Amtsbezirk Biel*. Biel/Bienne : Forum für die Zweisprachigkeit.

LE ROUX, Patrick (2004), « La romanisation en question », *Annales. Histoire, Sciences Sociales*, 2, 59e année, 287-311. www.cairn.info/revue-annales-2004-2-page-287.htm [1.2.2015]

REBETEZ, Simon (2004), « Une Constitution bâclée », *Le Pays de Fribourg*, 32, 5-16.

RECUEIL diplomatique du canton de Fribourg, vol. 1 (1839), vol. 6 (1860), vol. 7 (1863). Fribourg: J.-L. Piller.

RICENTO, Thomas (2013), «The consequences of official bilingualism on the status and perception on non-official languages in Canada», *Journal of Multilingual & Multicultural Development*, vol. 34/5, 475-489.

ROOS, Eva (2004), *Projects bilingues dans les écoles de Bienne/Biel (Suisse)*. Conference Rencontres intersites de l'enseignement bilingue, May 13-15 2004.

SCHNETZER, Patrick (1979/80), «Das Eindringen des Deutschen in die Stadtkanzlei Freiburg (1470-1500)», *Freiburger Geschichtsblätter*, 62, 85-135.

SCHNEUWLY, Rainer (1995), *Rue de la Palme, Historique et petites histoires des vingt-deux places et rues de Fribourg portant une enseigne bilingue*. Fribourg: Saint-Paul.

SCHÜPBACH, Doris (2008), «Franco-German language contact in Switzerland: The case of Biel-Bienne». In: Warren, J, and H. Benbow (eds.): *Multilingual Europe: Reflections on Language and Identity*. Newcastle upon Tyne: Cambridge Scholars Publishing, 149-166.

SCHWANDER, Marcel (2005), *La Suisse et le Jura*. Carouge/Genève: Editions Heuwinkel.

VONLANTHEN, Hugo (1982/83), «Zur Entstehungsgeschichte des Sensebezirks», *Beiträge zur Heimatkunde des Sensebezirks*, 52, 295-319.

WELTI, F.E. (1920), *Hans von Waldheims Reisen durch die Schweiz im Jahre 1474*. Bern: Grunau.

WERLEN, Iwar (ed.) (2000), *Der zweisprachige Kanton Bern*. Bern etc. : Haupt.

WILSON, Barbara (1999), *La liberté de la langue des minorités dans l'enseignement* : Étude de droit international et de droit suisse. Bâle etc. : Helbing & Lichtenhahn.

WINDISCH, Uli *et al.* (1992), *Les relations quotidiennes entres Romands et Suisses allemands*. Les cantons bilingues de Fribourg et du Valais. 2 tomes. Lausanne : Payot.

ZIMMERLI, Jacob (1895), *Die deutsch-französische Sprachgrenze in der Schweiz*. II. Teil. Basel & Genf: Verlag H. Georg.

Crédit photo : Daphné Romy-Masliah
Musée juif de Vienne, Un boulevard juif, Exposition sur le Ring, 2015.

Michael Hornsby

Du shtetl à la ville : à la recherche d'un yiddish (presque) perdu

Résumé : Le yiddish était parlé dans la Pologne d'avant-guerre par près de 3 millions de locuteurs et, non contente d'être la langue quotidienne vernaculaire de la majorité des juifs polonais, était une langue florissante tant sur le plan littéraire et théâtral que dans le cinéma et la politique. Aujourd'hui, quelques locuteurs natifs du dialecte polonais du yiddish subsistent en Pologne mais on les trouve plus sûrement dans les centres de la culture juive dans le monde tels que Londres ou New York. Le statut du yiddish en tant que langue menacée dans le monde est attesté et de minutieuses tentatives d'en établir les caractéristiques preuves à l'appui ont déjà été entreprises (en particulier par Jacobs 2005). Cependant, la variété polonaise du yiddish, en dépit de sa supériorité numérique d'avant-guerre, fait face à un danger encore accru par la tentative de revitalisation de cette langue qui s'appuie sur la notion de « standardisation linguistique ». Aussi illogique que cela puisse paraître, c'est la forme nordique de cette langue (le yiddish lituanien et letton) qui a servi de base au yiddish standardisé par l'Institut YIVO pour la recherche juive de New York (et ce, malgré un nombre inférieur de locuteurs) et qui est à présent utilisée comme langue standard dans les manuels et les cours d'été dans le monde. Il en résulte que les descendants des survivants de l'holocauste qui souhaitent rester exposés à leur patrimoine polonais par le biais du yiddish doivent le faire à travers des caractéristiques phonologiques et lexicales non polonaises, ce qui vient contrecarrer leurs tentatives de se rapprocher de cette langue.

Mots-clés : yiddish polonais, standardisation linguistique, néo-locuteurs, transmission et éducation linguistique.

From the Shtetl to the City : à la recherche du yiddish (presque) perdu

Abstract: Yiddish was spoken in pre-war Poland by just under 3 million people and thrived as a literary, theatrical, cinematic and political language in addition to being the daily vernacular of the majority of Polish Jewry. Today, a few native speakers of the Polish dialect of Yiddish remain in Poland but are more likely to be found in centres of Jewish culture around the world, such as London or New York. The status of Yiddish as an endangered language worldwide is well establishedi and thorough attempts to document its characteristics have already been carried out (e.g. Jacobs 2005). However, the Polish dialect of Yiddish, despite its pre-war numerical superiority, faces even greater endangerment in the face of a drive to revitalize the language based on the notion of 'standard' language. Illogically, the Northern form of Yiddish (Latvian and Lithuanian Yiddish) was used for the basis of standard Yiddish by the YIVO Institute for Jewish Research, New York (despite having fewer speakers) and this is the form used in textbooks and summer schools around the world to teach the language. As a result, descendants of holocaust survivors who wish to connect with their Polish inheritance via the Yiddish language are exposed to non-Polish Yiddish phonological and lexical features, which can alienate them in their attempts to reconnect to the language.

Keywords: Polish Yiddish, Language Standardization, New-speakers, Language transmission and learning.

Introduction

Le yiddish est « la plus célèbre langue 'moribonde' ». Autrefois parlée en Europe de l'Est et Centrale, cette langue, en l'espace de six ans, de 1939 à 1945, a subi un coup quasi mortel, et à présent ne subsiste que dans deux situations spécifiques : « Dans le domaine laïque, le yiddish est une langue menacée qui n'est plus transmise d'une génération à l'autre depuis près de cinquante ans… dans le domaine juif orthodoxe, par contre, des familles de taille non négligeable permettent d'assurer la pérennité et même une croissance graduelle du nombre de locuteurs… [mais] aucun effort concerté n'est à attendre de ces communautés quant à la sauvegarde de cette langue dans le futur... »[1].

S'il demeure difficile d'estimer précisément le nombre de locuteurs de yiddish, on peut néanmoins remarquer que Katz (2004 :387) a récemment mentionné qu'on pouvait prudemment avancer à un million le nombre de locuteurs hassidiques du yiddish tandis que celui des locuteurs laïques fond rapidement pour atteindre un demi-million[2]. Le portrait d'un locuteur « type » de yiddish est celui d'un retraité ou proche de l'être (s'il est laïque ou non orthodoxe) ou d'un membre des nombreux mouvements hassidiques que l'on peut trouver en Europe occidentale, aux USA et en Israël, où le locuteur type est en âge de procréer voire plus jeune et, dans ce cas, selon toute vraisemblance, il est ultra-orthodoxe. À ce profil, on pourrait ajouter une connotation genrée mise en avant par Fader selon laquelle le locuteur type de yiddish est de sexe masculin : « Les filles hassidiques que j'ai pu observer ont graduellement arrêté de parler yiddish et ont commencé à recourir à l'anglais dans leur vie quotidienne – contrairement aux garçons hassidiques dont la langue vernaculaire est le yiddish et qui n'ont souvent qu'une connaissance limitée de l'anglais »[3]. Bien que les juifs ultra-orthodoxes

---

1 Y. Matras, *Archive of endangered and smaller languages,* 2010, (http://languagecontact.humanities.manchester.ac.uk/ELA/languages/Yiddish.html) (consulté le 20 septembre 2011).

2 D. Katz, *Yiddish and power*, London, Palgrave MacMillan, 2015, p. 289.

3 A. Fader, *Mitzvah girls: Bringing up the next generation of Hasidic Jews in Brooklyn.* Princeton: Princeton University Press, 2009, p. 119.

soient souvent perçus comme le dernier espoir pour cette langue, certains commentateurs (entre autres Matras, cité plus haut) ne considèrent pas que le futur du yiddish soit en sécurité entre leurs mains : « Aucun effort concerté n'est à attendre de ces communautés pour garantir le futur de leur langue... ». Un examen rapproché des pratiques sociolinguistiques parmi ces groupes juifs ultra-orthodoxes révèle qu'un changement linguistique en faveur de l'anglais est en train de s'opérer, notamment parmi les groupes hassidiques qui ont pour politique d'intégrer des éléments « étrangers » à leur communauté : « le yiddish n'est pas souvent parlé chez les Lubavitch, en partie en raison des nombreux *baley-tshuves* [juifs laïques repentis retournés à la foi] qui ne parlent pas cette langue ». Un autre point fait par les commentateurs s'articule autour du fait que le yiddish, comme beaucoup d'autres langues menacées, est en contact avec une langue bien plus puissante et prestigieuse aux États-Unis (et ailleurs) et que cela entraîne des pratiques diglossiques, notamment parmi les locuteurs masculins qui étudient dans les yeshivas (écoles d'études juives religieuses approfondies), ce qui contribue à en réduire l'usage en tant que vernaculaire : « Un nouveau dialecte de l'anglais, parfois appelé *yeshivish* est en train de remplacer le vernaculaire dans la vie quotidienne de certains milieux [ultra-orthodoxes] aux États-Unis et ailleurs »[4].

Certains activistes laïcs aiment à affirmer que le yiddish est très « vivace » (prenant l'exemple du mouvement culturel basé en Pologne *Yidish Lebt* (littéralement « le yiddish vit ») qui affirme dans son intitulé la vitalité (imaginaire) de la langue. « Imaginaire » en effet dans un contexte polonais où il n'y a aucun noyau significatif de locuteurs de cette langue dans quelque partie que ce soit de la Pologne.

Toutefois, certains commentateurs tels que Katz envisagent le futur du yiddish comme assuré dans un contexte communautaire juif religieux : « le destin a voulu que le yiddish soit assuré 100% pour les siècles à venir en tant que langue masculine parlée et écrite parmi les hassidim du sud (…). La vaste majorité parle *Póylish* (...). Et cela constitue la majorité du Yiddish dans le futur »[5]. Et la langue, si l'on en croit ce discours, va effectivement accroitre sa base démographique de locuteurs : « les millions de futurs locuteurs de Yiddish (...) proviendront des communautés hassidiques en rapide expansion dans le monde (...) alors que le prochain chapitre crucial dans l'histoire inachevée du yiddish est écrit par les hassidim, nous, [juifs laïques] pouvons rassembler une énergie collective nécessaire pour écrire notre propre

4 D. Katz, *Words on fire: The unfinished story of Yiddish*, New York, Basic Books, 2004, p. 384.

5 D. Katz, *id.*, p. 385.

chapitre de moindre importance numérique »[6]. Si l'accroissement attesté de 5% annuel parmi les Hassidim contribue à doubler la population de cette communauté tous les 15 ans, il devrait y avoir dix millions de locuteurs de yiddish d'ici 2075[7].

Si, comme l'indique la citation mentionnée plus haut, le yiddish est « la plus célèbre langue 'moribonde' »[8], c'est aussi une langue dont on prédit la « mort ». Cependant, les prédictions ne sont toujours pas avérées et ne reflètent pas non plus la situation *réelle* d'une langue. Elles peuvent toutefois influencer les attitudes contemporaines envers cette langue et finir par susciter chez les locuteurs une interrogation quant à savoir si cela vaut la peine de la transmettre ou même de continuer à la parler. En d'autres termes, ces attitudes peuvent créer une prophétie qui s'auto-réalise. Ce qui est certainement avéré est que l'*idée même* du yiddish jouit d'une plus grande popularité que jamais auparavant – pas d'une manière ouvertement exprimée, mais plus dans ce qu'on appelle une manière « post-vernaculaire » (Shandler 2006), dans laquelle le yiddish est utilisé pour accentuer un effet comique ou théâtral voire de simple emphase. Un tel usage post-vernaculaire encourage de plus en plus de personnes à se familiariser à nouveau avec la langue et à s'inscrire dans des cours – en particulier dans les centres urbains d'Europe Occidentale et aux Amériques. Afin d'apprendre la langue, les participants sont souvent confrontés avec une forme standardisée de celle-ci (de la même manière que les apprenants de l'anglais ou du français reçoivent un enseignement fondé sur des standards d'anglais britannique voire nord-américain ou en français « métropolitain »), mais contrairement au français ou à l'anglais, il y a un certain niveau de contestation à propos du type de yiddish qui y est enseigné. De nombreux étudiants en yiddish arrivent avec une certaine familiarité avec cette langue et cherchent à y retrouver un héritage linguistique de leurs ancêtres immédiats. Beaucoup d'entre eux gardent des souvenirs de la manière dont leur grand-père ou grand-mère parlait la langue et se trouvent confrontés dans leurs classes à une forme linguistique totalement différente. Le propos ici est d'explorer certaines difficultés que rencontrent les apprenants en yiddish dans leur tentative d'apprentissage de cette langue mais également comment certains sont prêts à accepter les formes standardisées qu'on leur enseigne, comprenant la nécessité d'une variété standardisée à des fins pédagogiques. Les personnes interrogées dans le cadre du présent article apprenaient une variété de yiddish dans une large gamme d'enseignements, de cours notamment lors d'universités d'été à

---

6 D. Katz, *id.*, p. 397-8.

7 R. Eisenberg, *Boychiks in the hood: Travels in the Hasidic underground.* London: Quartet Books, 1996.

8 M. Brenzinger (ed.), *Language diversity endangered*, Berlin, Mouton de Gruyter, 2007, p. 2.

Londres et Bruxelles auxquels j'ai également participé en tant que participant/observateur, mais également dans un certain nombre d'enquêtes que j'ai menées en septembre 2014 à Edimbourg en Ecosse grâce à une petite bourse de l'action du réseau COST sur les néo-locuteurs (IS1306)[9]. Le terme de « néo-locuteur » désigne ici la personne en phase d'apprentissage ou venant d'apprendre le yiddish hors du cercle familial, notamment en tant qu'adulte d'âge déjà mur. Beaucoup des néo-locuteurs interrogés dans le cadre de cet article se rappellent parfaitement avoir entendu leurs parents ou grands-parents parler le yiddish lorsqu'ils étaient enfants, mais la plupart d'entre eux ont grandi en immersion dans la langue majoritaire du pays dans lequel ils vivaient.

La standardisation du yiddish

La planification linguistique en ce qui concerne le yiddish n'est pas un phénomène nouveau puisqu'on assiste depuis au moins deux cents ans à des efforts visant à normaliser cette langue. Les débats entre planificateurs linguistiques du yiddish à propos d'une langue standardisée se sont concentrés sur le rôle (standard) que l'allemand devrait jouer dans la formulation d'une telle variété standardisée, avec ce qui a été désigné sous le terme du modèle *Einbau* (« construire vers » en allemand), qui date des premières tentatives de dépasser le statut de « zhargon » (jargon) et d'insister sur sa proximité avec l'allemand, la « haute » variété linguistique, à travers la référence au terme de « yidish-daytsh » (allemand-yiddish) par exemple. Ces tentatives vont diamétralement à l'encontre du modèle *Ausbau* (« construire en s'éloignant »), qui a cherché à s'écarter de néologismes inutiles fondés sur le *Hoch Deutsch* (haut-allemand) et qui peut être interprété comme autant de tentatives de purification linguistique visant notamment à atténuer les liens entre yiddish et allemand comme le souligna Weinreich en 1938 par exemple. Cette planification linguistique ou d'autres du même ordre ont conduit à une situation où le yiddish standardisé (parfois appelée *Klal* à partir du mot hébreu désignant le « tout ») est reconnu comme la norme par la plupart des locuteurs mais n'est pas toujours accepté par eux (cf. Katz plus haut). Le fait que la plupart des néo-locuteurs du yiddish soient exposés à cette variété lors de leur processus d'apprentissage linguistique ne va pas sans poser de problème cependant, comme l'indique Adler Peckerar :

> Cette norme est utilisée dans les manuels et constitue le medium parlé dans les cours de langues modernes. C'est un phénomène étrange car la langue standardisée ne fut adoptée que dans les années 1920 et que son système phonologique est basé sur une prononciation minoritaire de la langue (mais pas sa grammaire ou son vocabulaire). Cette prononciation

9 http://www.nspk.org.uk/stsms/dr-michael-hornsby.html (Consulté le 24 mai 2015).

est typique du dialecte du nord-est ou Litvak (Lituanien) du yiddish, alors même que la plupart des locuteurs du yiddish parlaient un yiddish du sud ou du sud-est[10].

Ainsi, la « légitimité » du yiddish *litvak* comme base pour un yiddish *klal* est encore soutenue par une « idéologie qui affirme qu'il y a des manières correctes et incorrectes de s'exprimer en yiddish » et qui tient le yiddish *litvak* comme la forme « la plus appropriée de yiddish »[11]. Cela peut sembler intuitivement contrecarrer un sens de l'identité de ceux des néo-locuteurs d'origine juive dont la famille pourrait au contraire s'identifier plutôt comme « Poilishe, Yekker, Galitsyaner, Bessaraber … » (polonaise, allemande, galicienne ou bessarabienne) ou un panachage de celles-là et il peut en résulter une réponse mitigée à propos du matériel pédagogique présenté dans un yiddish standardisé.

Renouer avec le yiddish

Les apprenants du yiddish peuvent se sentir concernés par la symbolique de la langue, l'indexation d'un monde perdu (perte imputable à la Shoah et aux pratique linguistiques d'après-guerre) qui résonne en eux à un niveau très personnel, bien plus que le simple but d'acquérir une parfaite maitrise linguistique du yiddish. Nombreux sont les néo-locuteurs du yiddish qui ont eu le yiddish en héritage de leurs parents ou grands-parents et qui associent leur tentative de devenir un locuteur yiddish au fait de renouer une sorte de lien avec la mémoire de ces membres de leur famille. Cependant, ce type de lien est souvent factice, non seulement d'un point de vue linguistique mais pour une myriade d'autres raisons, comme l'a démontré Avineri :

> L'ethno-développement de la notion de « métalinguistique » est inhérent à cette démarche, pour inclure non seulement des références à la structure linguistique et à son utilisation mais pour des liens procédant de l'expérience d'une histoire de la langue et de celle de ses locuteurs (tels que la cuisine, la musique, la dance et le théâtre). Les pratiques de communauté métalinguistique sont des activités nostalgiques destinées à construire une identité fondée sur des tentatives de filiation et d'identification à travers un fossé spatio-temporel[12].

De nombreux apprenants du yiddish ont été au contact de cette langue dès l'enfance, et cela peut contribuer à fournir une ressource valorisante dans la relation avec le yiddish à l'âge adulte. Ce qui apparaît chez nombre

---

10 R. J. Adler Peckerar, «Yiddish as a vernacular language: Teaching a language in obsolescence», *The Language Learning Journal 39* (2), 237-246, 2014, p. 239.

11 F. Fischman, «Using Yiddish: Language ideologies, verbal art, and identity among Argentine Jews», *Journal of Folklore Research* 48 (1), 37-61, 2011, p. 42.

12 N. Avineri, «Yiddish endangerment as phenomenological reality and discursive strategy: Crossing into the past and crossing out the present», *Language and Communication* 38, 18-32, 2014, p. 30.

de ces personnes est que ce contact n'a permis qu'un accès partiel à la langue :

> Le yiddish flottait dans l'air mais je ne le comprenais pas.
> Je me souviens avoir compris le yiddish mais avoir perdu la capacité de le parler.
> Je ne me souviens pas avoir parlé le yiddish mais me rappelle qu'on m'a parlé dans cette langue.

Ainsi un grand nombre de néo-locuteurs du yiddish ont acquis une connaissance passive de la langue dans leur enfance, à laquelle ils s'éveillent à présent à travers un processus d'acquisition résiliente en tant que nouveaux locuteurs. Ce qui était plus actif, peut-être, était leur sentiment d'être un « auditeur légitime de locuteurs natifs ». Cela leur procure un sens de relation à la langue qui a failli leur échapper. Un participant à l'enquête a remarqué en particulier la position quelque peu contradictoire que les « auditeurs légitimes » étaient censés occuper :

> Ils gardaient les trucs intéressants pour leurs conversations téléphoniques... Lorsqu'ils utilisaient certains mots yiddish avec nous, nous étions censés les comprendre, mais pas lorsqu'ils se parlaient yiddish entre eux, là c'était un territoire hors de notre portée d'après eux.

La manière d'envisager de tels locuteurs pose un problème. Ils viennent dans une situation d'apprentissage linguistique avec une connaissance préalable et un bagage culturel que d'autres apprenants n'ont pas, pour toutes sortes d'autres raisons. Les trajectoires d'apprentissage des locuteurs familiers de leur langue d'héritage sont nettement différentes de celles des apprenants de langue seconde n'ayant aucun ou très peu d'exposition à la langue cible. Par exemple, les apprenants familiers présentent un avantage phonologique sur les apprenants en langue seconde, à la fois en matière de perception et de production de la langue d'héritage, même si cette exposition à la langue d'origine fut interrompue à un stade très précoce de leur vie (Au *et al.* 2008 ; Oh *et al.* 2003). Jaffe évoque les « locuteurs potentiellement compétents »[13] ce qui peut donc inclure ces utilisateurs du yiddish qui ont certaines connaissances antérieures de la langue qu'ils mobilisent dans le cadre d'un environnement de néo-locuteurs, ainsi que ces véritables néo-locuteurs qui cherchent à développer une compétence semblable ou à l'améliorer en yiddish. Ce qui demeure inégal, cependant, est l'accès au capital culturel pour le néo-locuteur et le locuteur d'origine. Dans un contexte relatif à la langue corse, Jaffe a remarqué que « (P)our de nombreux participants "d'origine" le discours culturel s'adresse aussi à eux en tant que personnes ayant une expertise et leur offre des plages de participation qu'ils peuvent saisir et dans

---

13 A. Jaffe, «Minority language learning and communicative competence: Models of identity and participation in Corsican adult language courses», *Language and Communication* 33, 450-462, 2013, p. 460.

lesquelles ils peuvent la démontrer »[14]. Les néo-locuteurs du yiddish d'origine non juive ou sépharade peuvent alors se trouver en position moins avantageuse de ce fait.

À la recherche de l'« authentique yiddish »

Étant donné que le yiddish a peu de prestige linguistique dans une Europe dominée par les « grandes langues » et que, à quelques exceptions près, il n'a pas de statut juridique dans de nombreux pays de l'UE, le choix d'apprendre le yiddish est un acte qui n'obéit à pas réellement à la logique. Cependant, pour certains apprenants du yiddish, il est important de retrouver le lien avec un certain dialecte qu'ils identifient comme celui dans lequel s'exprimait leur famille. Un apprenant m'a dit : « Le yiddish polonais est celui dans lequel je me sens le plus à l'aise ». Avoir eu le « son » du yiddish « dans l'air » dans l'enfance, a donné à d'autres participants un certain sentiment d'une « authenticité linguistique » plus tard dans leur vie : « La musicalité du yiddish était dans l'air mais je ne le comprenais pas. J'ai entendu mon père le parler avec ses amis et avec des gens de Mea Shearim » [le quartier juif ultra-orthodoxe de Jérusalem]. Pour ce participant, les locuteurs hassidiques de yiddish sont, par conséquent, « les » locuteurs « authentiques », puisque « qu'est-ce qui peut être plus authentique que de parler la langue que vous parlez ? » Puisque ceux-ci sont des locuteurs usuels de cette langue il en ressort dans ce contexte qu'ils s'expriment dans la « langue authentique » :

> Le yiddish hassidique est plus authentique que le yiddish *klal*. Il est plus moderne puisque le *klal* yiddish s'est pratiquement figé en 1930 ... Quelle qu'en soit l'époque précise, il continuera à avoir la même grammaire et le même vocabulaire dans 500 ans, alors que le yiddish hassidique est en perpétuelle évolution.

Cette remarque fait écho à celle d'un autre locuteur de yiddish qui attribuait à *l'audibilité* et la forme simplifiée du yiddish hassidique l'essence même de son authenticité : « Quand je vais à Stamford Hill, j'entends les gens parler le yiddish polonais. En fait, c'est plus simple que celui que nous apprenons ».

Comme cela a été mentionné, une forme de yiddish localement identifiable (le yiddish polonais dans l'exemple ci-dessus) permettait de rendre cette variante plus authentique. La manière dont une des apprenantes parlait le yiddish polonais lui attirait souvent la remarque : « j'aime bien la manière dont tu chantes en yiddish parce que tu le prononces comme on le parlait

14 A. Jaffe, «Minority language learning and communicative competence: Models of identity and participation in Corsican adult language courses», *Language and Communication* 33, 450-462, 2013, p. 459.

dans ma famille ». Pour une néo-locutrice à New York, incapable (au début) de communiquer avec sa grand-mère car cette dernière utilisait le yiddish polonais alors que sa petite fille parlait le *klal* yiddish, ce fut d'abord « énervant car cela semblait moins naturel et organique que cela aurait dû être ». L'un des participants interrogé à Londres se référait au yiddish polonais comme le yiddish authentique d'après son beau-père : « Il nous dit que nous prononçons mal ou utilisons des expressions erronées ». D'autres variétés géographiquement identifiables du yiddish sont également considérées comme « authentiques », notamment le yiddish hongrois : « Mes amis parlent le yiddish hongrois – la langue est plus *contemporaine* ». Telle langue « moderne » incluait l'influence identifiable d'une Yeshiva (école religieuse), l'absence d'article marquant le genre grammatical, un accent dans lequel le yiddish domine ou des traductions directes de l'anglais en yiddish (même si par ailleurs le participant trouvait cela « très frustrant »).

Quelquefois, le yiddish standard (ou *klal*) était perçu comme en quelque sorte « inauthentique ». Le participant qui avait trouvé le yiddish hassidique authentique se faisait l'écho de l'avis des Hassidim, « qui considèrent le *klal* yiddish comme *narish* (ridicule) – ils s'y réfèrent comme si c'était de l'allemand ». Un étudiant en yiddish percevait le yiddish standardisé comme non historique : « je suis opposé au yiddish *klal* car je ne pense pas que quiconque l'ait jamais parlé en Europe de l'Est ». D'après un autre néo-locuteur de yiddish, son collègue de travail qui parle le yiddish polonais admet la légitimité du yiddish *klal*, mais c'est une forme intellectuelle avec laquelle il ne se sent pas en phase, comme il dit : « je ne peux pas l'écouter – ce n'est pas mon yiddish ».

Cependant, il y avait de toute évidence certains néo-locuteurs du yiddish capables de concevoir le yiddish standardisé comme de l'authentique yiddish, en tout cas à leurs yeux. Pour la plupart, il s'agissait d'accepter que le yiddish soit accessible précisément en raison de l'existence d'une variété standardisée de cette langue : « je suis ravi d'apprendre le yiddish *klal*. C'est comme apprendre le vrai yiddish avant de développer ton propre style ». En d'autres termes, le yiddish *klal* représente un tremplin à partir duquel on peut explorer d'autres variétés linguistiques selon le bon vouloir du néo-locuteur. S'ils choisissent de ne pas le faire, parce qu'ils n'ont aucun intérêt particulier pour le yiddish lituanien ou polonais ou hongrois, il est préférable qu'ils utilisent le yiddish standardisé, comme préconise l'un de ces étudiants : « Si vous n'êtes pas immergé dans une variété spécifique de yiddish, vous devriez opter pour le *klal* yiddish en hommage à tous les efforts des gens du YIVO avant la seconde guerre mondiale ». Comme l'indique un autre apprenant, « Ce n'est vraiment pas la peine d'apprendre un dialecte à moins d'avoir beaucoup d'occasions pour parler avec les locuteurs de ce dialecte ». Cela reflète le manque d'occasion de s'exprimer dans leur langue pour de nombreux locuteurs de langues minoritaires – de simples données démographiques peuvent signifier que les occasions de parler yiddish se raréfient. Quelques néo-locuteurs peuvent bénéficier d'un lien direct avec une variété spécifique de yiddish, mais pour les autres, le *klal* yiddish peut représenter une manière neutre de parler cette langue, comme par exemple cette participante dont le seul mot yiddish entendu dans l'enfance était *kitkeh* (tresse juive du chabat en yiddish lithuanien), donc lorsqu'elle est arrivée pour apprendre le yiddish, elle n'a pas apporté « son propre yiddish » en cours contrairement aux autres participants.

Quelles conclusions en tirer ?

Les XXe et XXIe siècles ont été les témoins de bouleversements dramatiques pour le sort de la langue yiddish. D'une langue quotidienne pour des millions de juifs en Europe de l'Est pendant le Moyen-âge et jusqu'à la seconde guerre mondiale, la langue est passé d'une base territoriale très étendue en Europe de l'Est à un vernaculaire bien plus restreint et citadin dans les villes d'Europe de l'Ouest et des Amériques. La langue est devenue minoritaire par bien des aspects – la plupart des juifs ne parlent pas le yiddish et ceux qui le parlent le font de façon si occasionnelle (sauf dans le cas des communautés ultra-orthodoxes), que lorsque des néo-locuteurs essaient de renouer avec la langue en suivant des cours de manière régulière ou lors des cours d'universités d'été, ils sont très souvent confrontés à des difficultés liées à la manière de recourir à la langue yiddish qu'ils sont en train d'apprendre. Le fait de renouer avec cette langue dans un cadre scolaire peut s'avérer perturbant – les apprenants sont confrontés à des mots et structures que leur famille « n'utiliserait jamais » et la prononciation des mots en format standardisé peut rebuter ces néo-locuteurs gardant à l'esprit le souvenir d'une grand-mère qui parlait le yiddish polonais ou d'un grand-père qui parlait yiddish ukrainien. Ce malaise peut cependant aller au-delà de la linguistique, car le fait de retrouver des mots ou expressions yiddish à demi oubliés peut entrainer le surgissement d'autres souvenirs plus profondément enfouis – un participant m'a fait part de sa joie à être capable de renouer avec la langue dans laquelle elle a grandi, mais aussi du fait qu'elle passait chacune de ces journées des cours d'été auxquels elle participait « en larmes » en raison de tous les souvenirs douloureux que ce processus d'apprentissage faisait ressurgir pour elle. Ce qui est sûr est que les néo-locuteurs du yiddish ont en commun avec les apprenants de langues dont les communautés ont souffert de pertes démographiques notables et d'un traumatisme dans l'histoire, qu'ils ne sont pas simplement impliqués dans des questions théoriques en franchissant le seuil de la classe. Ils essaient de traiter de questions qui sont à la fois personnelles et collectives et en cela, les cours vont au-delà d'une simple expérience pédagogique dans le sens que ces cours peuvent, dans une certaine mesure, mettre un terme psychologique à certains problèmes personnels et familiaux liés aux questions traumatiques de la Shoah.

Bibliographie

ADLER PECKERAR (R. J.) 2011. «Yiddish as a vernacular language: Teaching a language in obsolescence», *The Language Learning Journal 39* (2), 237-246.

AU (T. K.), OH (J. S.), KNIGHTLY (L. M.), JUN (Sun-Ah) & ROMO (L. F.) 2008. «Salvaging a childhood language». *Journal of Memory and Language* 58 (4), 998–1011.

AVINERI (N.) 2014. «Yiddish endangerment as phenomenological reality and discursive strategy: Crossing into the past and crossing out the present». *Language and Communication* 38, 18-32.

BRENZINGER (M.) (ed.) 2007. *Language diversity endangered.* Berlin: Mouton de Gruyter.

EISENBERG (R.) 1996. Boychiks *in the hood: Travels in the Hasidic underground.* London: Quartet Books.

FADER (A.) 2009. *Mitzvah girls: Bringing up the next generation of Hasidic Jews in Brooklyn.* Princeton: Princeton University Press.

FISCHMAN (F.) 2011. «Using Yiddish: Language ideologies, verbal art, and identity among Argentine Jews». *Journal of Folklore Research* 48 (1), 37-61.

HORNSBY (M.) 2015. «The 'new' and 'traditional' speaker dichotomy: bridging the gap». *International Journal of the Sociology of Language* 231, 107-125.

JACOBS (N.) 2005. *Yiddish: A linguistic introduction.* Cambridge: Cambridge University Press.

JAFFE (A.) 2013. «Minority language learning and communicative competence: Models of identity and participation in Corsican adult language courses». *Language and Communication* 33, 450–462.

KATZ (D.) 2004. *Words on fire: The unfinished story of Yiddish.* New York: Basic Books.

KATZ (D.) 2015. *Yiddish and power.* London: Palgrave MacMillan.

MATRAS (Y.) 2010. *Archive of Endangered and Smaller Languages* http://languagecontact.humanities.manchester.ac.uk/ELA/languages/Yiddish.html (Accessed 20 September 2011).

OH (J.), JUN (S.-A.), KNIGHTLY (L.) & AU (T.) 2003. «Holding on to childhood language memory». *Cognition* 86 (3): B53–B64.

SHANDLER (J.) 2006. *Adventures in Yiddishland: Postvernacular language and culture.* Oakland, CA: University of California Press.

WEINREICH (M.) 1938. «Daytshmerishtoyg nit». *Yidish far ale* 1, 97-106.

Crédit photo : Daphné Romy-Masliah
Musée juif de Vienne, Horloge en hébreu, Exposition sur le Ring, 2015

Lectures : notes et comptes rendus

Francis Janot, Denis Morin et Gérard Giuliato (sous dir.), *Le geste et la trace. Actes du deuxième colloque international 19, 20 et 21 juin 2013*, Nancy, PUN-Éditions universitaires de Lorraine, 2015, 176 pages.

Poursuivant la réflexion engagée depuis juin 2011, lors du premier colloque international « Indices et traces : la mémoire des gestes » (Nancy), ce volume regroupe les communications d'artistes et scientifiques sensibles à la question des traces laissées par les hommes au cours du temps sur une pluralité de supports.

Il s'agit là d'un champ d'étude qui s'avère non seulement prometteur, mais également pertinent au regard des indices qu'il révèle. En effet, peu de publications (archéologiques notamment) s'étaient attardées à souligner et à étudier en profondeur les indices du geste humain, de l'impulsion à la conséquence sur un support, sinon de façon anecdotique. Or, c'est bien l'addition de toutes ces traces, de la plus évidente à la plus macroscopique, qui permet à la recherche et à la science de progresser.

Les trois universitaires organisateurs sont particulièrement sensibles à la dimension interdisciplinaire et à une large ouverture chronologique que permet cette jeune matière. Ce souhait de ne limiter ni le temps, ni l'espace, ni les disciplines a donc permis de rassembler des observations à la fois innovantes, judicieuses et originales.

On aurait pu craindre un certain éparpillement devant la diversité des sujets abordés. Mais force est de constater que chaque auteur a su démontrer les enjeux du geste humain et ses conséquences en croisant les méthodes de diverses disciplines. Il en résulte ainsi une réflexion à multiples facettes, preuve que l'interdisciplinarité est indispensable à toute démarche scientifique, ce que souligne N. Grimal dans la préface (p. 5-6).

L'ouvrage est divisé en trois thèmes : le geste professionnel, créateur et enfin criminel (ce dernier ayant été aussi abordé lors du premier colloque).

La première partie regroupe quatre articles qui s'attardent sur les traces laissées par l'action d'une personne formée à un métier manuel, à savoir le chirurgien-dentiste, l'artisan-décorateur, l'embaumeur et le métallurgiste. Le premier article (« Les gestes du chirurgien-dentiste en endodontie et indices de sévérité : de l'exigence microscopique à l'erreur monumentale », p. 13-22), dans la sous-partie « Traces et santé », démontre avec clarté les étapes de l'élaboration du diagnostic et les conséquences du geste du praticien sur la dentition de son patient. Des radiographies permettent de mieux appréhender la trace du traitement apporté à une pathologie, et de sa possible évolution négative, preuve d'un protocole non respecté. M. Engels-Deutsch propose ainsi une classification de ces indices, du geste « parfait » à l'erreur grossière. La deuxième sous-partie, intitulée « Indices et Égypte ancienne », regroupe les articles de Fl. Mauric-Barberio (« Quelques exemples illustrant le travail des artisans et décorateurs de la Vallée des Rois d'après les indices fournis par les tombes », p. 25-32) et de F. Janot (« Traces et gestes d'embaumeurs de l'Égypte ancienne », p. 33-36). Le premier auteur s'attarde sur les traces des interventions d'artisans hautement qualifiés employés, au Nouvel Empire (1550-1069 av. J.-C.), au creusement et au décor des hypogées royaux dans la vallée des rois (rive gauche de Thèbes, aujourd'hui Louxor). Des carriers aux peintres, en passant par les dessinateurs et les sculpteurs, chaque profession exécutait un ensemble de gestes successifs dont les traces s'observent encore sur certaines parois. Il est possible alors de reconstituer les étapes de la création d'un décor, de sa modification par des repentirs ou des effacements, voire de sa destruction lorsque le plan initial était modifié par les architectes. L'article de F. Janot réunit en peu de pages un ensemble d'observations qui devraient interpeller tout égyptologue. En effet, l'expérience et le regard exercé de ce scientifique rompu au terrain lui a permis de constater la présence d'objets ou d'empreintes sur divers artefacts égyptiens : statuettes funéraires, coffret à vase canope, mortier d'une dalle de recouvrement d'un sarcophage, jarre à déchets de momification, et enfin une momie conservée depuis plus d'un siècle au musée de Turin. La nécessité de poser un nouveau regard, plus aiguisé, sur des objets issus des fouilles ou dans les musées est donc indispensable. L'article de D. Morin (« Archéométallurgie du bronze : du minerai à l'objet... de la trace au geste », p. 39-51) constitue la dernière sous-partie, « Traces et métallurgie », de ce chapitre. Il retrace le développement des techniques du bronze grâce à l'archéologie expérimentale qui permet de reconstituer toutes les étapes de la fabrication d'un objet, de l'extraction du minerai au polissage final. Illustrant son propos à l'aide de photographies prises lors des étapes de reconstitution, il démontre que l'expérimentation pour retrouver les gestes anciens est une « manière privilégiée de transcrire le patrimoine ».

La deuxième partie de l'ouvrage est consacrée au geste créatif, en quatre sous-parties réunissant neuf articles rédigés principalement par des artistes. Ces derniers souhaitent expliquer leur démarche et leur ressenti face à la question de la trace laissée par les œuvres. Dans « Traces et ébullition plastique », M. Collet (« Dispositifs du présent », p. 57-61) aborde la question de l'art performance, ou comment l'artiste met en scène et utilise son propre corps lors d'un spectacle qui peut réunir plusieurs expressions artistiques (musique, poésie, etc.). Ces expérimentations, qui sont au cœur de la réflexion engagée au XXe siècle sur le lien entre l'art et la société, sont éphémères et ne subsistent en tant qu'œuvre que par la photographie ou l'enregistrement vidéo. Puis J.-C. Taillandier, peintre-graveur, dans son article « Traits épars, de la gravure au dessin » (p. 63-66) s'interroge sur la portée du geste du graveur ou du dessinateur, sur la spontanéité du crayon sur le papier par opposition au geste précis et étudié du graveur sur sa plaque de cuivre. Deux façons bien différentes de concevoir une œuvre, surtout un portrait. Mettant en parallèle son travail et celui d'un artiste flamand de la Renaissance, Peter de Jode, il questionne le sens de l'œuvre, la transmission du savoir-faire et du sentiment que peut ressentir un artiste contemporain qui s'inscrit dans la continuité d'un art vieux de plusieurs siècles. Cette même interrogation s'impose dans l'article suivant, consacré au « geste du créateur de mobilier » (p. 67-71). Avec un style vif, C. Masson décrit les étapes et les traces qu'il laisse lors de la conception d'un projet, en ébénisterie ou en marqueterie mais aussi en peinture. Chaque stade de création est disséqué et tous les aspects, techniques ou problématiques, apparaissent au fil de l'avancement du travail. Dans la deuxième sous-partie intitulée « Indices et littérature », D. Agrafiotis (« Performance, diversité culturelle. Une interaction flottante ? », p. 75-81) présente son approche du concept de la « performance culturelle » dans les cultures occidentales et asiatiques. Son étude, fondée sur l'observation de gestes spécifiques propres à chaque civilisation, confronte des traditions et des approches qui semblent parfois s'opposer. Il illustre sa réflexion en présentant la performance « traces, langages, corps » qu'il réalisa le 20 juin 2013 avec l'aide du public du colloque, apposant par leurs gestes des traces (écriture, simples traits...) sur du papier blanc. A. Mollard-Desfour (« Regards croisés sur la couleur : traces anciennes, résonances contemporaines », p. 83-94) nous livre un passionnant article consacré à l'histoire, aux dénominations et aux symboliques attachés aux couleurs. Chaque couleur du spectre et ses dérivés/effets sont finement analysés pour mettre en relief les codes couleurs, toujours d'actualité quoiqu'inconscients, et encore bien présents dans le langage courant. Enfin, la troisième sous-partie « Traces et performances » laisse toute liberté à des artistes pour exprimer leur démarche comme G. Massana (p. 97) dans la « Trace du souvenir » qu'elle mit en scène dans sa performance « Montagne froide », ou encore C. Millian qui, dans « Interprétations » (p. 99-107), regroupe poésie, photographies et citations pour inviter le lecteur à faire réfléchir sur les codes mis en place par les sociétés nomades et sédentaires. La dernière sous-partie, « Indices et espaces sensoriels », présente deux articles plus techniques que les précédents. Dans « Jouer l'architecture » (p. 111-117), B. Orlandoni, architecte, montre comment la photographie de nuit, par des mouvements volontaires de l'appareil, peut engendrer des effets de lumière sur les clichés. Ces derniers deviennent alors des supports d'inspiration, le trait lumineux se confondant avec le bâti imaginaire. H. J. Kullock, dans « Le geste musical à travers le prisme des proportions » (p. 119-126), explique à l'aide de schémas comment la musique – qui réunit mélodie, rythme, harmonie et esthétique – peut se traduire par des volumes, des couleurs, voire des textures.

Le troisième et dernier chapitre consacré au « geste criminel » rassemble trois communications sous les parties « Traces et actions suspectes » et « Indices et informatiques ». En s'appuyant sur des exemples concrets puisés dans les affaires criminelles récentes, A. Maltry explique avec clarté les méthodes employées par la médecine légale, la Police Technique et Scientifique et les enquêteurs pour débusquer les indices laissés par un criminel (« Les traces en criminalistique », p. 131-137). Les définitions qu'il donne sont ensuite vérifiées par l'étude d'un cas pratique, celui du tueur Jacques Fruminet, qui sévit dans les régions Alsace et Lorraine à la fin des années 1990. W. Borella (« Collezionisti brava gente o pirati ? », p. 139-142) s'interroge sur la démarche du collectionneur, principalement en art africain, et sur le problème de l'authenticité des œuvres. Le dernier article de F. Briquet (« Les indices et les traces susceptibles d'être laissés par l'usage des nouvelles technologies », p. 145-156) aborde un sujet actuel et démontre comment la moindre navigation sur internet laisse des traces potentiellement exploitables pour les futurs chercheurs. Malgré le caractère immatériel des sites et des pages, l'auteur prouve qu'il est possible de retrouver les vestiges de fichiers effacés ou abandonnés, qui ne disparaissent jamais tout à fait.

En guise de conclusion, M. Brocard (p. 159-163) propose une réflexion poétique et philosophique sur le thème de la trace et de la mémoire.

Le volume s'achève sur la liste des auteurs avec leur courriel (p. 165-167), ce qui est très commode pour les lecteurs qui souhaiteraient les contacter, et les résumés des communications (p. 169-173).

La lecture de ce beau volume nous invite à une réflexion globale sur les traces que chacun d'entre nous peut laisser derrière lui. Finalement, les auteurs posent parfois plus de questions qu'ils ne peuvent apporter de réponses – du moins pour l'instant – tant ce domaine semble aussi vaste que prolifique. Espérons que les chercheurs soient, après la lecture de cet ouvrage, plus sensibles à ce sujet qui mérite vraiment toute leur attention.

Bénédicte LHOYER

DROIT ET CULTURES

Revue internationale interdisciplinaire

Droit et Cultures est une revue interdisciplinaire dont la réflexion est centrée sur les phénomènes juridiques.
L'idée de droit, des droits, du droit n'a de sens qu'en référence à un système de valeurs, de normes et de cultures qui révèlent des formes dynamiques d'agencement social ou sociétal. Les cultures, les organisations sociales et politiques, les ordonnancements juridiques, dans leur diversité, invitent à repenser les modèles, catégories et classifications.
Le défi de *Droit et Cultures* est de s'affranchir de la réduction du phénomène juridique à une version unique et de promouvoir une lecture plurielle des faits culturels ; il implique d'appréhender les représentations, les discours et les pratiques des acteurs. Y participent les analyses sur la pluralité des paradigmes et sur les transformations des concepts, sur les permutations des références, sur les fluctuations des champs de recherche et des terrains d'observation dans le temps comme dans l'espace. En relèvent de même les travaux sur les variations des perceptions, sur les réinterprétations des traditions aussi bien que sur les reconfigurations des relations sociales aux échelles internationales, régionales et locales.
Droit et Cultures accueille ainsi toute réflexion relative à ces processus.

International interdisciplinary journal

Droit et Cultures is an interdisciplinary journal focusing on legal phenomena.
The idea(s) of Law(s) and rights have a meaning only in reference to a system of values, norms and cultures revealing dynamic forms of social or societal arrangement. Cultures, social and political organisations, legal constructions, in their diversity, invite us to rethink models, categories and classifications.
For *Droit et Cultures*, the challenge is double: to free oneself from the temptation of reducing the legal phenomenon to a single version and to promote a plural understanding of cultural facts; this implies apprehending representations, praxis and discourse of actors. Belong to this process analyses, in time as in space, on the plurality of paradigms, on the transformations of concepts, on the permutations of references, on the fluctuations of research fields and observation sites. Are also part of it the studies on variations of perceptions, reinterpretations of traditions as well as reconfigurations of social relations on the international, regional and local levels.
Droit et Cultures thus welcomes any reflection concerning these processes.

RECOMMANDATIONS AUX AUTEURS

1. Les textes soumis à la Rédaction de la Revue Droit et Cultures doivent être adressés sous format Word par courriel à l'adresse jlahmani@u-paris10.fr. Un exemplaire sous forme de tirage papier peut également être adressé à : Jacqueline LAHMANI, Rédacteur en chef adjoint, Université Paris Ouest Nanterre La Défense, bât. F-504, 200 avenue de la République, 92001 NANTERRE CEDEX.

L'article comporte 40 000 signes environ, notes et espaces compris. Il doit être précédé d'un court résumé (10-15 lignes maximum) et de quelques (5) mots-clés en français et en anglais (le titre de l'article doit également être traduit en anglais) ; cette contribution sera accompagnée d'une brève biographie des auteurs indiquant leurs champs de recherche et leur rattachement institutionnel ainsi qu'une courte bibliographie les concernant.

L'article sera expertisé par 2 referees qui jugeront de la pertinence de sa publication dans notre revue. Cette décision sera ensuite entérinée par notre Comité éditorial.

Si le texte est une traduction, il est demandé aux auteurs de joindre le manuscrit en langue originale.

2. Les références des ouvrages, articles, sites internet doivent être placées en notes de bas de pages, numérotées en continu et présentées de la façon suivante :

– pour un ouvrage : Claude Lévi-Strauss, Anthropologie structurale, Paris, Plon, 1958.

– pour un article : Alain Testart, « Pourquoi ici la dot et là son contraire », Droit et Cultures, n°32, 1996/2, 1996, p. 10-11.

Une bibliographie générale pourra suivre le texte de l'article, les références présentées de la manière suivante :

– ouvrage : LÉVI-STRAUSS (Claude), Anthropologie structurale, Paris, Plon, 1958.

– article : TESTART (Alain), « Pourquoi ici la dot et là son contraire », Droit et Cultures, n°32, 1996/2, 1996, p. 7-35.

3. Toute proposition de dossier thématique est accueillie par la Rédaction. Cette proposition doit comporter un argumentaire et la présentation des différentes contributions (et de leurs auteurs) qui composent ce dossier, ainsi que les nom et prénom, titres et qualités, et l'adresse institutionnelle du porteur du projet.

4. Toute proposition d'article entraine, ipso facto, acceptation par l'auteur de sa mise en ligne sur le portail Revues.org (Centre pour l'édition électronique ouverte) avec lequel la revue Droit et Cultures a conclu une convention de partenariat.

REVUE DROIT ET CULTURES

– <u>Abonnement annuel (2 numéros) (Frais de port inclus)</u>

France	**41,20 Euros**
Etranger et DOM-TOM	**44,25 Euros**

La revue Droit et Cultures est disponible, sur commande, dans toutes les grandes librairies de province et par correspondance aux Editions L'Harmattan, 7 rue de l'Ecole Polytechnique, 75005 Paris.

✂...

BON DE COMMANDE

NOM ET PRENOM ....

ADRESSE ....

CODE POSTAL ....

DATE SIGNATURE

Règlement par chèque postal, bancaire ou mandat international à l'ordre des Editions L'Harmattan et adressé aux :

Editions L'Harmattan, 7 rue de l'Ecole Polytechnique, 75005 Paris

D&S Droit et Société

Revue soutenue par l'Institut des Sciences Humaines et Sociales du Centre National de la Recherche Scientifique (France)

ISSN 0769- 3362

Administration et abonnement

Librairie Générale de Droit et de Jurisprudence,
70, rue du Gouverneur Général Éboué
92131 Issy-les-Moulineaux Cedex, France
Tél. : 01.40.93.40.40 Fax : 01.41.09.92.10

Secrétariat de rédaction

Institut des Sciences sociales du Politique, ENS Cachan,
61 av. du Président Wilson F-94235 Cachan cedex
Tél. : 01.47.40.59.63 Fax : 01.47.40.59.56
e-mail : geraldine.doite@isp.ens-cachan.fr

Site Internet : ds.hypotheses.org
La revue est disponible sur www.persee.fr et www.cairn.info

Au sommaire du numéro 92/2016

Éditeur :
Presses de l'Université Saint-Louis
Boulevard du Jardin botanique, 43 1000 Bruxelles (Belgique)
Tél. : (+32) (0)2 792 36 11
Email : teresa.calderon@usaintlouis.be
Site internet : www.usaintlouis.be/riej

Diffusion et abonnements :
Presses universitaires de Namur
Rempart de la Vierge, 13 5000 Namur (Belgique)
Tél. : (+32) (0)81 72 48 84 Fax : (+32) (0)81 72 49 12
Email : commande@pun.be
Site internet : www.pun.be

RIEJ
Droit en contexte

Revue interdisciplinaire d'études juridiques
RIEJ 2015.74

5-7, rue de l'Ecole-Polytechnique, 75005 Paris

http://www.harmattan.fr
diffusion.harmattan@wanadoo.fr
harmattan1@wanadoo.fr

ISBN : 978-2-343-09533-2
EAN : 9782343095332

L'HARMATTAN ITALIA
Via Degli Artisti 15; 10124 Torino
harmattan.italia@gmail.com

L'HARMATTAN HONGRIE
Könyvesbolt ; Kossuth L. u. 14-16
1053 Budapest

L'HARMATTAN KINSHASA
185, avenue Nyangwe
Commune de Lingwala
Kinshasa, R.D. Congo
(00243) 998697603 ou (00243) 999229662

L'HARMATTAN CONGO
67, av. E. P. Lumumba
Bât. – Congo Pharmacie (Bib. Nat.)
BP2874 Brazzaville
harmattan.congo@yahoo.fr

L'HARMATTAN GUINÉE
Almamya Rue KA 028, en face
du restaurant Le Cèdre
OKB agency BP 3470 Conakry
(00224) 657 20 85 08 / 664 28 91 96
harmattanguinee@yahoo.fr

L'HARMATTAN MALI
Rue 73, Porte 536, Niamakoro,
Cité Unicef, Bamako
Tél. 00 (223) 20205724 / +(223) 76378082
poudiougopaul@yahoo.fr
pp.harmattan@gmail.com

L'HARMATTAN CAMEROUN
BP 11486
Face à la SNI, immeuble Don Bosco
Yaoundé
(00237) 99 76 61 66
harmattancam@yahoo.fr

L'HARMATTAN CÔTE D'IVOIRE
Résidence Karl / cité des arts
Abidjan-Cocody 03 BP 1588 Abidjan 03
(00225) 05 77 87 31
etien_nda@yahoo.fr

L'HARMATTAN BURKINA
Penou Achille Some
Ouagadougou
(+226) 70 26 88 27

L'HARMATTAN SÉNÉGAL
10 VDN en face Mermoz, après le pont de Fann
BP 45034 Dakar Fann
33 825 98 58 / 33 860 9858
senharmattan@gmail.com / senlibraire@gmail.com
www.harmattansenegal.com

L'HARMATTAN BÉNIN
ISOR-BENIN
01 BP 359 COTONOU-RP
Quartier Gbèdjromèdé,
Rue Agbélenco, Lot 1247 I
Tél : 00 229 21 32 53 79
christian_dablaka123@yahoo.fr

Achevé d'imprimer par Corlet Numérique - 14110 Condé-sur-Noireau
N° d'Imprimeur : 130254 - Dépôt légal : juin 2016 - *Imprimé en France*

www.ingramcontent.com/pod-product-compliance
Lightning Source LLC
LaVergne TN
LVHW010951061026
849535LV00006B/1660